浙江省重点教材

浙江省高职高专院校市场营销特色专业建设项目阶段性成果

浙江金融职业学院"985"工程建设成果

高职高专金融类"十二五"规划系列教材

保险营销实务

BAOXIAN YINGXIAO SHIWU

主编 章金萍 李 兵

中国金融出版社

责任编辑：张　超　王晓莉
责任校对：张志文
责任印制：陈晓川

图书在版编目（CIP）数据

保险营销实务（Baoxian Yingxiao Shiwu）/章金萍、李兵主编．—北京：中国金融出版社，2012.2

高职高专金融类"十二五"规划系列教材

ISBN 978-7-5049-6242-3

Ⅰ.①保… Ⅱ.①章…②李… Ⅲ.①保险业—市场营销学—高等职业教育—教材 Ⅳ.①F840.4

中国版本图书馆 CIP 数据核字（2012）第 004671 号

出版
发行　中国金融出版社
社址　北京市丰台区益泽路 2 号
市场开发部　（010）63266347，63805472，63439533（传真）
网上书店　http://www.chinafph.com
　　　　　（010）63286832，63365686（传真）
读者服务部　（010）66070833，62568380
邮编　100071
经销　新华书店
印刷　利兴印刷有限公司
尺寸　185 毫米 × 260 毫米
印张　11.75
字数　252 千
版次　2012 年 2 月第 1 版
印次　2012 年 2 月第 1 次印刷
定价　21.00 元
ISBN 978-7-5049-6242-3/F.5802
如出现印装错误本社负责调换　联系电话（010）63263947

前 言

本教材为浙江省重点教材和中国金融出版社高职高专"十二五"规划系列教材之一。为进一步贯彻落实教高〔2006〕16号文件，适应高职保险类专业教学特点，特编写本教材。

本教材由多年从事保险营销一线教学的教师，凭借他们在教学过程中积累的大量教学经验，结合国内外保险营销的实际现状及发展趋势编写而成。本教材以提升学生职业素质与职业能力为目标，以任务驱动为主线，辅以知识拓展，打破了传统教材的纯营销理论编写模式，具有下列特点。

1. 实践中学习理论，理论指导实践。本教材在编写过程中本着理论与实践一体化的原则，注重教学内容的分解与重构。教材总共5个项目，每个项目皆以突出实践操作为目标，在完成任务的过程中，掌握保险营销实践操作流程，同时实践与理论紧密结合，真正实现理论与实践一体化。这样的体系框架与内容安排突破了传统的理论与实践两层皮的模式。

2. 任务中熟悉流程，操作锻炼能力。高职教育培养的是高等应用型人才，因此本教材注重培养学生的保险营销岗位能力与素质及分析问题、解决问题的能力，摒弃传统教材叙述讲授的编写形式，采用以任务驱动、工作步骤为核心的项目化教材编写体例，既方便教师课程授课，也增加学生的学习兴趣。

3. 角色中体会职能，情景深化理念。本教材在编写过程中通过工作任务、情景教学等载体，充分调动学生学习的积极性，使更多的学生参与课堂讨论，并辅以有关图表、流程图使整个学习过程变得轻松自如。

本教材作为保险实务、医疗保险实务专业的专业课程，适合高职高专院校保险类专业学生使用，同时也适合于保险企业进行员工培训教材之用，并可供保险营销爱好者阅读和参考。

本教材由浙江金融职业学院章金萍教授、李兵副教授担任主编。项目1由浙江金融职业学院李兵编写、项目2由浙江商业职业技术学院王健康编写、项目3由浙江金融职业学院章金萍编写、项目4由浙江金融职业学院沈洁颖编写、项目5由浙江金融职业学院韩雪编写，全书由章金萍、李兵负责构思、总纂。

本书在编写过程中吸取了众多专家、学者的最新研究成果，也得到保险企业业务部门行家的指导，在此谨表示衷心感谢！但鉴于编者水平有限，且项目教学教材尚处于尝试阶段，难免有疏漏不妥之处，敬请读者批评指正。

编　者

二〇一一年十月

目 录

1	**项目1**	**编制保险商品营销计划**
1	模块1	调查保险市场环境
12	模块2	调查保险市场需求
17	模块3	调查保险商品种类
23	模块4	编制保险商品营销计划书
33	**项目2**	**训练保险营销技能**
33	模块1	熟悉保险业务流程
41	模块2	寻找保险客户
52	模块3	拜访保险客户
59	模块4	掌握沟通技巧
72	**项目3**	**制定保险营销策略**
72	模块1	制定保险产品策略
84	模块2	制定保险费率策略
92	模块3	制定保险渠道策略
103	模块4	制定保险促销策略
115	**项目4**	**拟订保险合同**
115	模块1	订立保险合同
122	模块2	保险利益分析
128	模块3	保险利益演示
139	**项目5**	**维护保险客户**
139	模块1	递送保单

148	模块 2	处理抱怨
159	模块 3	处理理赔
169	模块 4	评价保险营销绩效

177 **参考文献**

项目1
编制保险商品营销计划
BIANZHI BAOXIAN SHANGPIN
YINGXIAO JIHUA

【项目概述】

本项目共包括四个任务，分别为调查保险市场环境，调查保险市场需求，调查保险商品种类，编制保险商品营销计划书。

【教学目标】

本项目是保险营销技能训练中最重要的项目之一，旨在帮助学生在模拟的保险市场调查场景和实务操作环境下，通过教师直接的讲解、示范和答疑解惑，尽快熟悉保险营销市场调查相关业务，迅速掌握市场调查与营销策划相应技能，提高学生分析保险市场环境、保险市场需求和保险商品种类问题以及编制保险商品营销计划的能力。

【重点难点】

本项目的重点是调查保险市场需求，难点是编制保险商品营销计划书。

模块1
调查保险市场环境

一、学习目标

通过本模块的学习，学生应了解保险市场环境调查的基本内容、明确保险市场环境调查的一般步骤，从而具备从事保险营销工作所必需的保险市场环境调查知识与营销策划相应技能。

二、工作任务

实训中，要求学生能够了解保险市场环境状况及其与保险营销活动的关系，弄清保险市场微观和宏观营销环境构成因素的基本内容；要求学生认真掌握保险市场（环境）调查的步骤、掌握保险市场调查方案（调查实施计划）的设计方法以及保险市场调查报告的一般结构和写作技巧，并能编制保险商品营销计划书；在任务课题训练结束后写出参加保险市场营销调查训练的心得体会，并具体撰写一份保险市场环境调查实施计划（调查方案）。

三、实践操作

【材料阅读】

2011年4月5日中国人民银行决定，自2011年4月6日起上调金融机构人民币存贷款基准利率。金融机构1年期存贷款基准利率分别上调0.25个百分点。按一般经济规律分析，中国人民银行的加息意味着市场资金成本上升，企业利润可能受到一定的影响，这必将给股票、国债、保险等市场带来巨大的冲击。这一点可以从加息后的沪深股市的大幅下跌，尤其是地产股股价大幅下挫中得到印证。现实情况是此次加息却成为保险股的利好消息，在人民银行宣布加息0.25%之后，来自保险行业的观点是，加息提升利息差，对保险业实质利好。

（资料来源：http：//news.stockstar.com/wiki/topic/JL.20110413.00000916.xhtml。）

思考与讨论：你是一名保险公司的营销人员，管理者要求你对此次加息政策对保险营销的影响作出分析，请说明加息为什么会对保险业利好，并提出相应建议。

【工作步骤】

为了使保险市场（环境）调查工作顺利进行，保证其质量，在进行保险市场（环境）调查时，应按一定程序来进行。

保险市场（环境）调查的步骤详述如下：

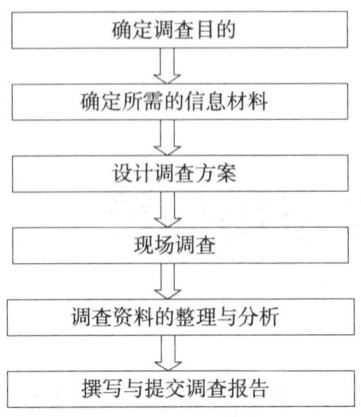

第一步　确定调查目的

保险市场调查的目的在于帮助保险企业比较准确地作出市场开拓战略和产品营销决策。在保险市场调查之前，须先针对保险企业所面临的市场现状和亟待解决的问题，如销售量、广告效果等确定保险市场调查的目标和范围。这是进行保险市场调查时应首先明确的问题，只有确定调查目的以后，整个调查工作才不至于出现太大的过失。

根据调查目的的不同，调查可以分为探索性调查、描述性调查、因果性调查和预测性调查。

保险企业应优化安排市场营销组合，使之与外部不断变化的市场营销环境相适应，为此，必须对市场营销环境和保险营销状况进行调查、分析和预测，并据此确定保险营销战略和策略。

【知识链接1-1】

保险营销环境分析

在教师指导下，学生通过集中复习，熟悉和掌握有关保险市场环境调查的各知识点。

1. 保险市场（营销）环境的概念和特点。保险市场营销环境是指与保险市场营销有关的、影响保险市场营销商品的供给与需求的、维持与目标客户间的成功交流所涉及的一切外界条件和因素的总和。保险市场营销环境具有客观性、变化性、相关性、复杂性、不可控性的特点。

2. 保险市场微观环境、宏观环境与保险企业的营销活动。保险市场营销环境由微观环境和宏观环境构成。这两种环境之间不是并列关系，而是包容和从属关系。微观环境受宏观环境制约，宏观环境借助于微观环境发挥作用。

保险市场营销环境给保险企业的营销活动既造成了环境威胁，又创造了新的市场机会。保险企业与营销环境有着相互制约、相互依存的关系（见图1-1）。

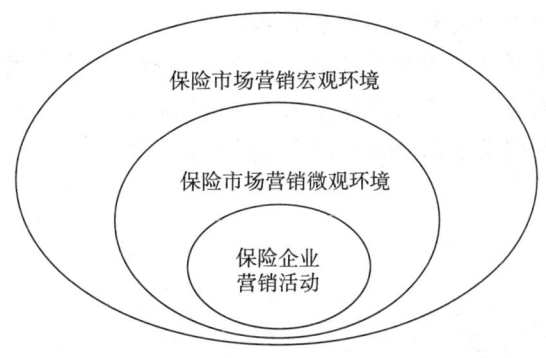

图1-1　保险市场环境与保险企业营销活动

（1）保险营销环境制约保险企业营销活动，而保险企业的营销活动受到各种环境因素及其变化的影响。

(2) 保险企业营销活动也对各种环境因素的变化有着一定的影响，它可以改变或支配营销环境的某个或某几个因素。

3. 保险市场（营销）微观环境构成因素分析。保险市场营销微观环境是指与保险企业直接有关的因素，即直接影响保险企业为目标市场客户服务的能力和效率的各种参与者。

保险市场营销微观环境因素主要包括：(1) 保险企业内部（营销部门以外的影响营销管理决策的）各个部门；(2) 供应商，即为保险企业提供生产经营要素的其他企业、机构和个人；(3) 营销中介，即保险代理人、保险经纪人、保险公估人等；(4) 保险购买者，即保险客户；(5) 竞争者；(6) 社会公众。

这样，保险企业、供应商、营销中介、客户、竞争对手和公众就构成了保险市场微观营销环境的主要影响力量（见图1-2）。

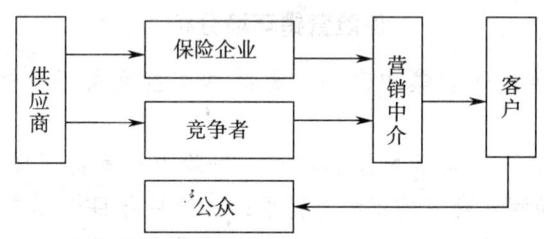

图1-2 保险市场微观环境的主要影响力量

4. 保险市场营销宏观环境构成因素分析。保险市场营销宏观环境是指影响和制约整个保险市场，而不是针对某个特定的保险企业的因素。它主要由一些可以影响微观环境各种因素的大范围的社会约束力量构成，是保险企业不可控的因素。

保险市场营销宏观环境因素主要包括：(1) 人口环境，即人口的规模及构成、教育程度、人口的发展及在地区间的转移等；(2) 经济环境，即购买力水平、消费支出模式、供求状况等；(3) 自然环境，即原料资源、能源、污染等；(4) 技术环境，主要指科学技术进步；(5) 政治法律环境，即政治体制、法律、规章制度等；(6) 社会文化环境，即价值观念、道德规范、宗教信仰、风俗习惯等。

这些宏观环境因素构成了保险企业的不可控因素，如图1-3所示。

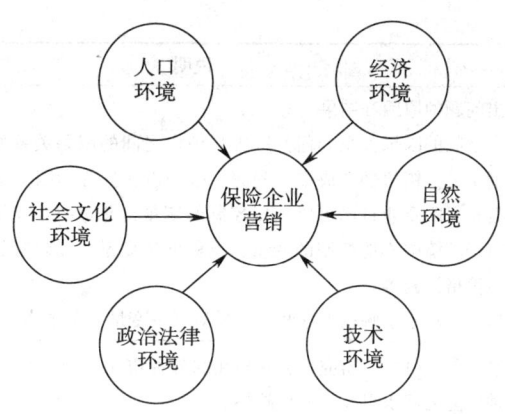

图1-3 保险市场宏观环境主要影响力量构成图

第二步 确定所需的信息资料

保险市场调查需要搜集大量的信息资料，市场信息纷繁芜杂，保险企业进行保险市场调查，必须根据已确定的目标和范围搜集与之相关的资料。

【知识链接1-2】

保险市场调查的种类与保险市场
营销环境调查的基本内容

就一般情况而言，保险市场调查的种类与保险市场营销环境调查的基本内容如下（见表1-1、表1-2）：

表1-1　　　　　　　　　　调查种类及其说明

调查种类	说明
探索性调查	当保险企业对需要研究的问题和范围不明确，不能确定调查哪些内容时，可以采用探索性调查找出问题所在，然后再作进一步研究。 例如，某保险公司近来销售额下降，公司一时弄不清楚是什么原因：是宏观经济形势不好所致，还是广告支出减少抑或是保险营销员效率低造成的，还是客户偏好转变？在这种情况下，可以采用探索性调查，从中间商或者客户那里搜集资料，以便查找出最有可能的原因。 从此例可以看出，探索性调查只是收集一些资料以确定问题所在，至于问题应如何解决，还有待于进一步调查。
描述性调查	描述性调查只是从外部联系上找出各种相关因素，并不回答因果关系问题。 例如，在销售过程中，发现销售量和广告有关，并不说明何者为因、何者为果。也就是说，描述性调查旨在说明什么、何时、如何等问题，并不解释为何的问题。 与探索性调查比较，描述性调查需要事先拟订计划，需要确定收集的资料和搜集资料的步骤，需要对某一专门问题给出答案。

续表

调查种类	说明
因果性调查	这种调查是要找出问题的原因和结果。 例如，价格和销售之间的因果关系如何？广告与销售之间的因果关系如何？通常，对于一个保险公司的经营业务范围来说，销售额、成本、利润、市场占有量皆为因变量。自变量则较为复杂，通常有两种情况：一类是保险企业自己可以加以控制的变量，又称内生变量，如价格、广告支出等；另一类是保险企业市场环境中不能控制的变量，也称外生变量，如政府的法律法规、政策的调整，竞争者的广告支出与价格让利等。 因果关系研究的目的，在于了解以上这些自变量对某一变量（如成本）的关系。
预测性调查	预测性调查是通过收集、分析、研究过去和现在的各种市场情况资料，运用数学方法预测未来一定时期内市场对某种保险的需求量及其变化趋势。 由于市场情况复杂多变，不易发现问题和提出问题，因此，在确定研究目的的阶段可进行一些情况分析。 例如，前面所述的保险公司发现近来广告没有做好，造成客户视线转移。可作若干假设，如"客户认为该公司产品较少，不如其他保险公司"、"广告设计太一般"、"客户认为该公司的地理位置不够理想"等。假设的主要目的是限制研究或调查的范围，以便使用今后收集到的资料来检验所作的假设是否成立。

表 1–2　　　　　　　　　保险市场营销环境调查基本内容

环境因素	调查内容
政治与法律环境	政府对保险业的法律规范及态度变动情况
	政府的经济政策变动情况
	政府的社会政策（如社会保障、医疗制度改革）变动情况
	涉外险中有关国家政局的变动情况
社会与人口环境	社会治安与保险情况
	人口分布特点与保险
	农村人口与保险
	家庭结构、劳动就业与保险
	文化教育水平与保险
	人口年龄结构与保险
	传播媒介与保险宣传
经济和技术环境	社会总收入与保险业的发展
	居民储蓄与信贷情况
	不同阶层的家庭及收入
	客户的保险购买力
	消费方式的变化与保险
	科技发展及风险预测
	现代化技术与风险增加等

续表

环境因素	调查内容
自然环境	季节性变化与保险
	灾害性事件与保险
	气候条件的变化与农业保险等
竞争环境	各保险公司的竞争优势及实力
	部门办保险的竞争力
	外资保险企业的实力与优势
	竞争对手的营销战略与策略
	竞争对手的新险种的费率与推销方式等
文化环境	文化与保险宣传
	文化习俗对保险观念的影响
	文化与保险价格的制定
	文化习俗对险种开发及投放市场的影响
	区域文化与保险消费等

第三步　设计调查方案

根据前面信息资料的搜集以及初步调查的结果，可以提出调查的命题及实施的计划。如近期的保险业不太景气、资金周转不灵、保单销售不畅，产生此类问题的原因是什么呢？经过分析，发现问题产生的原因主要有两点：一是国家宏观调控银根收紧，客户收入没有好转；二是广告效果不佳，没有引起客户足够的兴趣，客户持币观望。为了证明此问题是否正确，决定采用重点调查法，并配合个人访谈法和电话调查法来进行调查研究。其中，实施的计划是调查方案的重要环节。

第四步　现场调查

现场调查，即按调查计划通过各种方式到调查现场获取原始资料和搜集由他人整理过的二手资料。现场调查工作的好坏，将直接影响到调查结果的准确性。为此，必须重视现场调查人员的选拔和培训工作，确保调查人员能按时按量取得所需资料。

第五步　调查资料的整理与分析

这一步骤是将调查搜集到的资料进行汇总、整理、统计和分析，提出相应的建议和对策（见图1-4）。

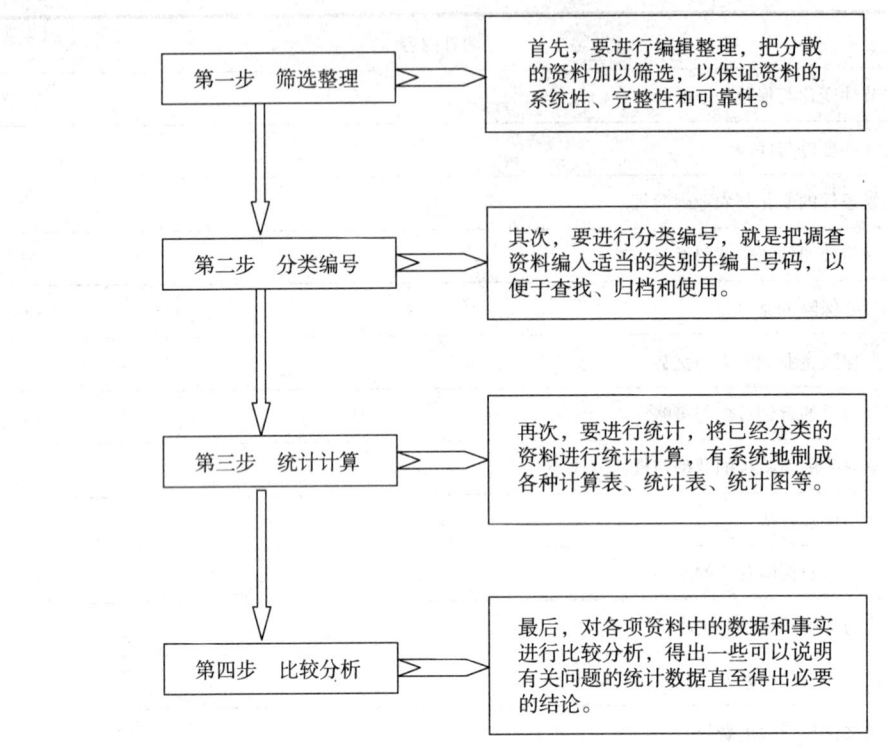

图 1-4 调查资料的整理与分析

【知识链接 1-3】

保险市场调查方案设计

调查的总体方案设计是对调查工作各个方面和全部过程的通盘考虑,包括了整个调查工作过程的全部内容。调查总体方案是否科学可行是整个调查成败的关键。市场调查总体方案设计主要包括下述内容。

1. 确定调查目的。明确调查目的是调查设计的首要问题,只有确定了调查目的,才能确定调查的范围、内容和方法,否则就会列入一些无关紧要的调查项目,而漏掉一些重要的调查项目,无法满足调查的要求。衡量一个调查设计是否科学的标准,主要就是看方案的设计是否体现调查目的的要求,是否符合客观实际。

2. 确定调查对象和调查单位。明确了调查目的之后,就要确定调查对象和调查单位,这主要是为了解决向谁调查和由谁来具体提供资料的问题。调查对象就是根据调查的目的和任务确定的调查范围以及所要调查的总体,它是由某些性质上相同的许多被调查单位所组成的。被调查单位就是所要调查的社会经济现象总体中的个体,是要调查登记的各个调查项目的承担者。

3. 确定调查项目。调查项目是指对被调查单位所要调查的主要内容,确定调查项目就是要明确向被调查者了解些什么问题,调查项目一般就是调查单位的各个标志的名称。例如，在消费者调查中，消费者的性别、民族、文化程度、年龄、收入等，其标志可分为品质标志和数量标志，品质标志是说明事物质的特征，不能用数量表示，只能用文字表示，如上例中的性别、民族和文化程度；数量标志表明事物的数量特征，它可以用数量来表示，如上例中的年龄和收入。标志的具体表现是指在标志名称之后所表明的属性或数值，如上例中消费者的性别是男性或女性、年龄为30岁或50岁等。

4. 制定调查提纲和调查表。当调查项目确定后，可将调查项目科学地分类、排列，形成调查提纲或调查表，方便调查登记和汇总。调查表一般由表头、表体和表脚三个部分组成。表头包括调查表的名称、调查单位（或填报单位）的名称、性质和隶属关系等。表头上填写的内容一般不作统计分析之用，但它是核实和复查调查单位的依据。表体包括调查项目、栏号和计量单位等，它是调查表的主要部分。表脚包括调查者或填报人的签名和调查日期等，其目的是为了明确责任，一旦发现问题，便于查寻。调查表拟定后，为便于正确填表、统一规格，还要附填表说明。内容包括调查表中各个项目的解释，有关计算方法以及填表时应注意的事项等，填表说明应力求准确、简明扼要、通俗易懂。

5. 确定调查时间和调查工作期限。调查时间是指调查资料所属的时间。如果所要调查的是时期现象，就要明确规定资料所反映的是调查对象从何时起到何时止的资料。如果所要调查的是时点现象，就要明确规定统一的标准调查时点。调查期限是规定调查工作的开始时间和结束时间。包括从调查方案设计到提交调查报告的整个工作时间，也包括各个阶段的起始时间，其目的是使调查工作能及时开展、按时完成。为了提高信息资料的时效性，在可能的情况下，调查期限应适当缩短。

6. 确定调查地点。在调查方案中，还要明确规定调查地点。调查地点与被调查单位通常是一致的，但也有不一致的情况，当不一致时，尤有必要规定调查地点。例如，人口普查，规定调查登记常住人口，即人口的常住地点。若登记时不在常住地点或不在本地常住的流动人口，均须明确规定处理办法，以免调查资料出现遗漏和重复。

7. 确定调查方式和方法。在调查方案中，还要规定采用什么组织方式和方法取得调查资料。搜集调查资料的方式有普查、重点调查、典型调查、抽样调查等。具体调查方法有文案法、访问法、观察法和实验法等。在调查时，采用何种方式、方法不是固定和统一的，而是取决于调查对象和调查任务。在市场经济条件下，为准确、及时、全面地取得市场信息，尤其应注意多种调查方式的结合运用。

8. 确定调查资料整理和分析方法。采用实地调查方法搜集的原始资料大多是零散的、不系统的，只能反映事物的表象，无法深入研究事物的本质和规律性，这就要求对大量原始资料进行加工汇总，使之系统化、条理化。随着经济理论的发展和计算机的运用，越来越多的现代统计分析手段可供我们在分析时选择，如回归分析、相关分析、聚类分析等。每种分析技术都有其自身的特点和适用性，因此，应根据调查的要求，选择最佳的分析方法并在方案中加以规定。

9. 确定提交报告的方式。主要包括报告书的形式和份数、报告书的基本内容、报告书中图表量的大小等。

10. 制订调查的组织计划。调查的组织计划，是指为确保实施调查的具体工作计划。主要是指调查的组织领导、调查机构的设置、人员的选择和培训、工作步骤及其善后处理等。必要时候，还必须明确规定调查的组织方式。

第六步　撰写和提交调查报告

保险市场调查的最后阶段是根据比较、分析和预测结果写出书面调查报告。报告一般分为专题报告和全面报告，主要阐明针对既定目标所获结果以及建立在这种结果基础上的经营思路、可供选择的行动方案和今后进一步探索的重点。

【知识链接1-4】
保险市场调查报告的一般结构

一般来说，调查报告的内容大体有标题、导语、概况介绍、资料统计、理性分析、总结和结论或对策、建议，以及所附的材料等。由此形成的调查报告结构，包括标题、导语、正文、结尾和落款。

1. 标题。调查报告的标题有单标题和双标题两类。所谓单标题，就是一个标题，其中又有公文式标题和文章式标题两种：公文标题为"事由+文种"构成，如"浙江省农村中学语文教学情况的调查报告"；文章式标题，如"××市的校办企业"、"调整教育政策，增加教育投入"等。所谓双标题，就是一个正标题、一个副标题。如"为了造福子孙后代——××县封山育林调查报告"。

2. 导语。导语又称引言。它是调查报告的前言，简洁明了地介绍有关调查的情况或提出全文的引子，为正文写作做好铺垫。常见的导语有：（1）简介式导语，对调查的课题、对象、时间、地点、方式、经过等作简明的介绍；（2）概括式导语，对调查报告的内容（包括课题、对象、调查内容、调查结果和分析的结论等）作概括的说明；（3）交代式导语，即对课题产生的由来作简明的介绍和说明。

3. 正文。正文是调查报告的主体。它对调查得来的事实和有关材料进行分析、叙述和综合性论证，对调查研究的结果和结论进行说明。正文的结构有不同的框架。（1）根据逻辑关系安排材料的框架有纵式结构、横式结构、纵横式结构，其中以纵横式结构最为常用。（2）按照内容表达的层次组成的框架有："情况—成果—问题—建议"式结构，多用于反映基本情况的调查报告；"成果—具体做法—经验"式结构，多用于介绍经验的调查报告；"问题—原因—意见或建议"式结构，多用于揭露问题的调查报告；"事件过程—事件性质结论—处理意见"式结构，多用于揭示案件是非的调查报告。

4. 结尾。结尾的内容大多是调查者对问题的看法和建议，这是分析问题和解决问题的必然结果。调查报告的结尾方式主要有补充式、深化式、建议式、激发式等。

5. 落款。调查报告的落款要写明调查者单位名称和个人姓名，以及完稿时间。如果标题下面已注明调查者，则落款时可省略。

四、知识拓展——SWOT分析

SWOT分析是企业营销环境分析中常用的一种优劣势比较分析法，它是通过对企业内部环境中的优势（strength）与劣势（weakness）、企业外部环境中的机会（opportunity）与威胁（threat）的比较分析，扬长避短，寻找最佳营销决策。

在分析时，应把所有的内部因素（包括公司的优势和劣势）都集中在一起，然后用外部的力量来对这些因素进行评估。这些外部力量包括机会和威胁，它们是由于竞争力量或企业环境中的趋势所造成的。这些因素的平衡决定了公司应做什么以及什么时候去做。可按以下步骤完成SWOT分析表。

1. 把识别出的所有优势分成两组，一组与行业中潜在的机会有关，一组与潜在的威胁有关。
2. 把识别出的所有劣势分成两组，同样一组与机会有关，另一组与威胁有关。
3. 建构一个表格，每格占1/4。
4. 把公司的优势和劣势与机会或威胁配对，分别放在每个格子中。

SWOT分析表表明公司内部的优势和劣势与外部机会和威胁的平衡。

表1-3　　　　　　　　　　　　　　　SWOT分析表

	内部优势（strengths）	内部劣势（weaknesses）
优势与劣势	设计良好的战略 强大的产品线 广阔的市场覆盖面 优秀的营销技巧 品牌知名度高 研发能力与领导水平高 信息处理能力强 ……	不良的战略 过时、过窄的产品线 糟糕的营销计划 缺乏品牌知名度与信誉 研发能力落后 领导管理水平不高 反应能力滞后 ……
	外部机会（opportunities）	外部威胁（threats）
机会与威胁	核心业务拓展潜力大 开发新的细分市场 扩大产品系列 将研发导入新领域 打破市场壁垒 发现快速增长的新市场 ……	核心业务日益衰退 国内外市场竞争加剧 新市场进入壁垒高 被强大竞争对手兼并的可能 新产品或替代品的出现 经济形势与居民收入的下滑 ……

五、能力拓展

练习1：某保险公司委托我们进行"学生宿舍财产的保险商品"的市场前景调查。将学生分为3人一组，针对该调查问题编制市场调查实施计划。

练习2：2006年4月6日，中国保险监督管理委员会颁布了《保险营销员管理规定》，提出了代理人卖保险的"22不准"。这22种行为包括：代理人不得作虚假或者误导性说明、宣传；不得擅自印制、发放、传播保险商品宣传材料；不得隐瞒与保险合同有关的重要情况；不得对保险商品的红利、盈余分配或者未来不确定收益作出超出合同保证的承诺等。对违规代理人，中国保监会将给予警告，并处以1万元以下罚款。

请分析中国保险监督委员会颁布的《保险营销员管理规定》将会给保险业带来哪些机会和威胁。

模块 2
调查保险市场需求

一、学习目标

在本任务中，学生应了解保险需求的概念、特征和种类以及保险需求现状，认识影响保险需求的因素，明确保险市场需求调查的基本目标及调查内容，掌握保险市场需求调查的组织方式和调查方法，具备从事保险营销工作所必需的保险市场需求调查知识与营销策划能力。

二、工作任务

要求学生能够全面了解并认真掌握保险市场需求调查对象的选择方法（调查的组织方式），掌握保险市场（需求）调查方法体系的基本内容；还要求学生具体了解保险市场（需求）调查方法及其操作程序，重点掌握访谈法调查表的设计，个人访谈技巧的运用以及集体座谈组织与实施的一般步骤，并在任务结束后写出参加保险市场需求调查训练的心得体会，具体撰写一份保险市场需求调查座谈报告。

三、实践操作

【材料阅读】

中国人民银行6日晚间宣布，自2011年7月7日起上调金融机构人民币存贷款基准利率。金融机构1年期存贷款基准利率分别上调0.25个百分点，其他各档次存贷款基准利率及个人住房公积金贷款利率相应调整。

这是人民银行2011年以来第3次加息，也是金融危机之后第5次加息。在此背景下，华泰人寿在近日推出全新分红型保险产品"吉富99"两全保险，是一款提供"满期保险金选择权"的分红型与万能型相结合的保险产品。泰康人寿（微博）也对其一款老产品"财富人生"进行了升级，从分红险升级为分红险与万能险两个保险品种的组合产品，并取得了很好的市场业绩。

（资料来源：向日葵保险网。）

思考与讨论：你所在的公司是华泰人寿和泰康人寿的竞争对手。为了维护自己的市场地位，必须对两家公司作出相应的反应。因此，管理者要求你在对营销环境分析的基础上，对消费者的需求加以调查和分析，以便为本公司保险商品的设计和开发提供依据。

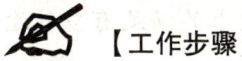【工作步骤】

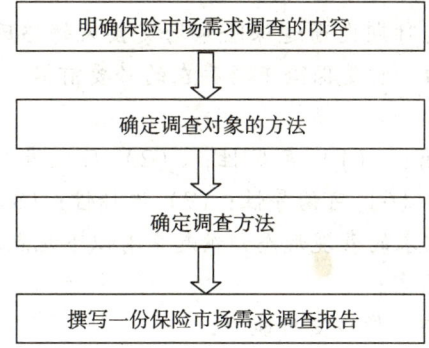

第一步　明确保险市场需求调查的内容

就一般情况而言，保险市场需求调查主要是对消费者的保险需求进行量化分析，其调查项目及基本内容见表1-4。

表1-4　　　　　　　　保险市场需求调查的基本项目和内容

调查项目	调查内容
保险消费者心理方面	保险公司在公众心目中的形象 公众对保险企业广告、宣传及公共关系的态度 客户对保险公司理赔工作的反应 保险推销效益等
保险购买动机	客户投保的主要动机是什么 投保方式（单位集体投保、个人投保、投保险种数量情况等） 客户对未来增加新险种的反应等
保险购买力	各险种保额 各险种的投保深度 保险消费的增长情况 对未来保险市场消费的预测

【知识链接1-5】

保险需求

1. 保险需求的概念、特征和现实表现形态。人类在生存和发展过程中，会面临各种各样的风险：自然风险，如地震、洪水、暴风、暴雨、雪灾、崖崩、地面下陷等造成的风险;经济风险,如在合同签订后当事人违约而引发损失的风险,在产品销售后因购买方破产使得货款无法收回而引发的风险;政治与社会风险,如盗窃、抢劫、战争、罢工、动乱、种族冲突等所造成的风险。这些风险都会给社会生产与生活带来影响、威胁甚至破坏,人们因此有了对安全、稳定和秩序的需求。人们安全需求的满足有多种途径,若购买了保险,就转化为对保险的需求。

保险需求是人们在一定时期内通过保险市场交换来转移风险而产生的要求与欲望,是促成投保行为的内在动力。它是保险市场存在的必要前提,是保险需求者产生购买动机和购买行为的基础。

保险需求的特征主要有:(1)客观性;(2)层次性与渐进性;(3)伸缩性;(4)多样性;(5)发展性;(6)可诱导性;(7)选择性;(8)周期性;(9)环境性。

在现实中,我国保险需求的表现形态归纳起来有以下几点。
(1) 尚未意识到保险需求;
(2) 意识到保险需求但无货币支付能力;
(3) 意识到保险需求但对保险存在错误认识;
(4) 意识到保险需求但保险公司营销活动不到位;
(5) 意识到保险需求并现实购买。

[案例1-1] 上海保险市场调查

据上海市经济学会与金盛人寿保险有限公司1999年上半年进行的一项"上海市民与保险"的调查,上海市民的风险意识增强,那种生老病死一切依赖国家的观念已经改变。在被访问者中,表示"担心将来是多余的"只有10.75%,而表示"既关心现在,也要为将来做好财务安排"的却高达59.84%。调查也显示出上海市民保险意识滞后于风险意识,愿意拿钱来买保险的不足10%。可见,仍有相当多的人还是把保险拒之门外。影响市民购买寿险的因素是多种多样的,其中包括对保险品种及条款不信任、认为买保险不如储蓄、不熟悉保险知识、听购买过保险的人讲买保险意义不大、想买的险种没有等。

2. 保险需求的种类。按保险需求的内容分类,可以分为财产保险需求、人身保险需求、责任保险需求;按保险需求主体分类,可分为团体保险需求、个人保险需求;按保险需求存在的表现方式分类,可分为现实保险需求、潜在保险需求;按保险需求的层次分类,可分为低层次保险需求、高层次保险需求、特殊保险需求;按保险需求持续时间的长短分类,可分为长期需求、短期需求。

第二步　确定调查对象的方法

调查对象的选择方法可分为全面普查、重点调查、抽样调查。抽样调查又可分为随机抽样和非随机抽样,如图1-5所示。

第三步　确定调查方法

直接调查法是被广泛使用的对直接资料的搜集方法,直接资料是指通过实地调查搜

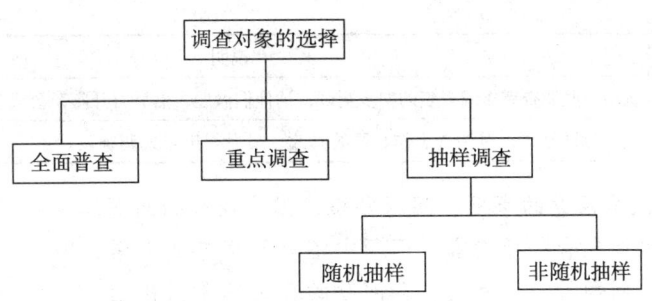

图1-5 调查对象选择方法

集的资料,也称第一手资料。实地调查的基本方法有三种:访谈法、观察法和实验法。其中,访谈法又是最常用的一种保险市场直接调查方法。

访谈法通过直接或间接问答方式搜集保险市场信息。采用这种方法,调查人员可以灵活地提出各种设计好的问题,使搜集资料过程富有弹性,通过倾听回答,不但可以听其语气,而且可以观察到被调查对象的表情或环境状况,有利于辨别回答真伪,甚至获取意想不到的信息。

第四步 撰写一份保险市场需求调查报告

一般来说,在一个集体座谈完成后,要撰写一份主持人报告。报告通常以描述调查目标、回答主要问题、叙述集体成员的性质和特点以及他们是如何被招募来的等作为引言,接着是摘要部分,然后是调查发现的主体部分。

【知识链接1-6】

设计调查表

科学设计调查表,有效地运用个人访谈技巧是运用此方法取得成功的关键。

1. 设计调查表的步骤。调查表要反映保险企业的决策思想,是保险企业最关心、最想得到的重要信息来源之一,是搞好调查的前提。设计调查表的步骤见表1-5。

表1-5 调查表设计的步骤

步骤	说明
列出所需收集的信息	根据调查目的,明确列出调查表所需收集的信息。产品在销售地区客户对保险商品的兴趣、客户的收入以及经济承受能力、客户对保险商品的要求等。
写出问题,并确定问题的类型	按照所需收集的信息,写出一连串问题,并确定每个问题的类型。保险公司要想占领市场,既要了解目前该城市的人口分布、年龄情况、家庭结构、客户已购保险情况,又要了解居民的收入水平(基本工资、奖金收入以及客户购买生活必需品和一些耐用消费品后随意可支配货币的多少),还要了解客户目前是否有存款,客户对购买保险的兴趣、欲望以及当地政府和银行等金融系统对客户购买保险的有关政策。
确定问题的次序	按照问题的类型、难易程度、题型(单选、多选、是非判断)安排好询问的次序。

续表

步骤	说明
进行初步测试	选择一些调查者作调查表的初步测试，请他们做题，然后召开座谈会或个别谈话征求意见。
得出正式调查表	按照测试结果，对调查表作必要的修改，最后得出正式调查表。

2. 设计调查表应注意的事项。问题要短，因为较长的问题容易被调查者混淆；调查表上每一个问题只能包含一项内容；问题中不要使用专业术语，因为一般客户是搞不清这些专业术语的；问题答案不宜过多，问题的含义不要模棱两可，一个问题只代表一件事；要注意提问题的方式。有时直接问问题并不见得是最好的，采用间接方法反而会得到更好的答案。例如，最近公司为了销售某种保险商品做了不少广告，调查员想知道这些广告效果时，与其直接询问被调查者的看法，还不如用迂回方式去了解他们有多少人知道该广告信息。

3. 访谈法的形式。调查表设计好之后，按照调查人员与被调查人员的接触方式，可将访谈法划分为三种形式：问卷调查、面谈调查、电话访谈。

(1) 问卷调查。通过填写问卷的形式进行调查。问卷调查是目前保险企业广泛采用的调查方式，即根据调查目的设计各类调查问卷，然后采取抽样的方式确定调查样本，通过调查员对样本的访问，完成事先设计的调查项目，最后，由统计分析得出调查结果。

(2) 面谈调查。保险市场调查人员与被调查人员进行面对面谈话，如召开座谈会，鼓励大家畅所欲言，还可针对某种重点调查对象进行个别谈话、深入调查。这种方法的最大特点是十分灵活，可以调查许多问题，包括一些看上去与事先准备好的问题不太相关的问题，可以弥补调查表所漏掉的一些重要问题，谈话气氛好，不受拘束。

(3) 电话访谈。这种方法是保险市场调查人员借助电话来了解客户意见的一种方法，如定期询问重点客户对保险企业服务的感觉如何，并请他们提出一些改进措施等。

4. 问卷调查的形式。问卷调查又分为现场答卷、邮寄答卷、留置答卷。

5. 面谈调查的形式。面谈调查又分为个人访谈和集体座谈。

四、知识拓展——影响保险市场需求的因素

1. 风险因素。保险商品服务的具体内容是各种客观风险，风险因素存在的程度越高、范围越广，保险需求的总量也就越大，反之，保险需求量就越小。

2. 社会经济与收入水平。保险是社会生产力发展到一定阶段的产物，并且随着社会生产力的发展而发展。保险需求的收入弹性一般大于1，即收入的增长引起对保险需求更大比例增长。但不同险种的收入弹性不同。

3. 保险商品价格。保险商品的价格是保险费率。保险需求主要取决于可支付保险费的数量。保险费率与保险需求一般成反比例关系，保险费率愈高则保险需求量愈小，反之，则愈大。

4. 人口因素。人口因素包括人口总量和人口结构。保险业的发展与人口状况有着密切联系。人口总量与人身保险的需求成正比，在其他因素一定的条件下，人口总量越大

对保险需求的总量也就越多，反之就越少。人口结构主要包括年龄结构、职业结构、文化结构、民族结构。由于年龄风险、职业风险、文化程度和民族习惯不同，对保险商品需求也就不同。

5. 商品经济的发展程度。商品经济的发展程度与保险需求成正比，商品经济越发达则保险需求越大，反之，则越小。

6. 强制保险的实施。强制保险是政府以法律或行政的手段强制实施的保险保障方式。凡在规定范围内的被保险人都必须投保，因此，强制保险的实施，人为地扩大了保险需求。

此外，利率水平的变化对储蓄型的保险商品有一定影响。

五、能力拓展

练习1：结合案例"上海保险市场调查"分析人寿保险购买者的消费需求，并针对购买障碍提出解决方案。

练习2：以8人为一组，组织学生召开一次以"我们需要什么样的保险商品"为主题的集体座谈会，并撰写相应的调查报告。

模块 3
调查保险商品种类

一、学习目标

通过本模块学习，学生应了解保险商品和整体保险商品的概念，认识保险商品特性，在此基础上，弄清保险商品的类别、具体险种及险种特色。

二、工作任务

明确保险商品类别调查的基本项目及其调查内容，掌握险种调查的一般步骤和市场调查问卷设计技巧，具备从事保险营销工作所必需的险种调查知识与营销策划能力。学生应重点掌握险种市场调查问卷设计技巧，并在课题训练结束后具体设计一份保险商品种类市场调查问卷，撰写出险种市场调查报告。

三、实践操作

【材料阅读】

据了解，2010年，保险公司共推出了上百种分红类险种，受益于人民银行2010年两次加息，目前分红险整体的收益水平普遍保持在3.5%至5%，已成为各家寿险公司中最抗通胀的产品。

在河南保险市场，平安人寿的"金裕人生"、泰康人寿的"财富人生"、恒安标准人寿的"恒爱一生"等，都成了人们首选的"香饽饽"。中国人寿在 2010 年 12 月推出一款号称"全能"的保险产品——国寿福禄金尊两全保险（分红型），更是掀起了一阵销售热潮。

"兼具保本与收益的分红型保险，仍是市场最受追捧的保险类型，加上新年后不少保险公司对原有的分红险都进行了升级换代，提高了这类险种的投资与保障功能，更符合当前消费群体需求。"新华保险河南分公司相关人士解释。同时，他还指出，这种火热的趋势将在 2011 年继续下去。

（资料来源：《河南商报》，2011 – 01 – 12。）

思考与讨论：为了应付加息后的竞争，取得相应的产品优势，管理者要求你对竞争对手的保险商品种类进行调查，为决策提供依据。

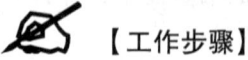【工作步骤】

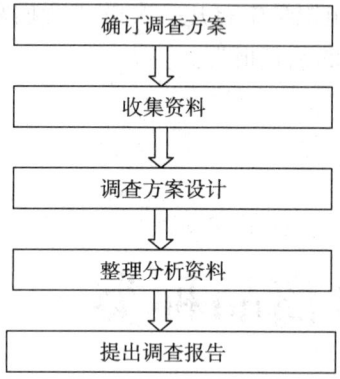

| 第一步 | 确定调查方案 |

险种调查的第一个步骤是确定险种设计中存在的问题及调查要达到的目标。由于险种调查由许多单项活动组成，因此，调查人员在实施每个调查项目之前，应设计一个完整的调查方案。只有按计划进行调查，才能既收集到有用的信息，又节省时间与资金。

险种调查方案是指导调查工作的计划，包括调查目标、具体调查问题、资料收集和分析以及调查费用与时间安排等内容。

1. 确定调查目标和调查的具体问题。确定调查问题和调查目标往往是险种调查中最困难的一步。保险营销管理人员可能已经知道了营销中的问题，但却找不出问题产生的具体原因或者不知引起问题的主要原因是什么。

如保险公司家庭财产险销售情况不好，其原因可能包括费率不合理，推销手段不力，广告途径不对等。如果调查前不将主要原因弄清楚，那么花力气调查所得到的信息对公司正确决策也是毫无价值的。因此，调查人员要细心研究，系统提出营销问题并确定调查目标。

如调查目标是了解家庭财产险的市场需求情况，应拟定的调查项目包括以下内容：

（1）公众人均收入情况；（2）公众对财险的承受能力；（3）公众对保险营销的要求；（4）哪类人能较快接受这一险种；（5）公众容易接受哪些保险宣传；（6）确定适应公众收入水平的费率。

2. 设计调查方案。险种调查方案设计是收集和分析数据资料的一项程序。一份具体适用的调查方案可以使调查人员花费较少资金获得预期价值最大的信息资料。调查方案内容一般包括确定资料收集方法、设计抽样方案、设计问卷和调查实施方法、处理和分析资料、准备调查报告等。

3. 调查费用预算和时间安排。受调查时间和费用限制，险种调查方案也应有所不同。在作市场调查时，资金一般是有限的，时间也是比较紧迫的，因此，调查人员必须仔细估算时间和资金方面的需求，从设计的调查方案出发，决定每项调查活动所需的时间与成本。

第二步　搜集资料

主要是确定采取实地调查方式还是利用现有资料进行调查来收集险种调查资料。在进行具体调查时，可根据调查目标、资料来源、时间紧迫程度、调查费用多少来决定采取何种方法。

1. 利用现有资料进行调查。现有资料又称二手资料，这种调查是将已收集到的各种资料和数据作为调查项目的资料来源，为编制调查计划提供依据、进行调研的方法。

现有资料的来源。内部资料来源，即保险公司的会计账目、销售记录、以前所作调查报告和各种信息资料等；外部资料来源，即公司之外机构所作保险市场调查报告、国内外保险报刊和书籍、各种金融和统计年鉴、其他与保险有关的调研报告、官方与民间信息资料等。

利用现有资料的利弊。这种调查在市场调查中有重要作用，具有所需时间少、费用低和资料来源广泛等优点。其缺点是收集的资料难以完全符合调查目标要求，历史数据资料多、不能及时反映现实，资料分析技术难度大。

险种调查应在充分了解调查目标的基础上来确定搜集资料的方法。几乎所有的调查都始于收集现有资料，只有当二手资料不能提供足够的依据时，才着手收集一手资料。

2. 进行实地调查。调查人员按计划规定的时间、地点、方法、内容进行现场调查，收集一手资料，其具体方法如下。

（1）询问法。通过询问方式收集市场信息资料，包括走访、信访和电话调查等形式。走访是调查人员当面向被调查者提问以获得所需情报、资料，其优点为直观性、灵活性、启发性和真实性。信访是将设计好的调查表格邮寄给被调查者，其费用低，可使被调查者有充分时间考虑作答，但回收率较低。电话调查费用低、迅速及时，但不适宜进行分析比较，也无法看到样品和说明。

（2）观察法。它是由调查人员或借助仪器在现场进行观察并记录被调查行为的一种方法。其优点是只记录实际行为而不依赖于调查对象的回答，但对于被调查者的态度、意见和行为动机无法通过观察来了解，因而其使用受到一定的限制。在核保或保险事故发生时，保险理赔人员一般都采用实地观察法来掌握保险标的风险度或保险标的损失程度，以保证保险核保质量和保险赔偿的准确性。

（3）实验法。又称为市场实验，市场试销是实验法应用于险种调查的主要方式，在将新险种介绍进全部目标市场之前，在一个有限地区收集有关营销活动的信息和经验，预测营销计划应用于全部目标市场的结果。实验法的意义在于开发新险种、激发新的保险需求。例如，保险公司在开发某个新险种前，并不知道消费者的需求反应，该新险种在某个地区试销后，公司可以了解到人们对该险种的需求愿望以及险种本身存在的问题，这将有利于该险种的推广和改进。

第三步　调查方案设计

确定调查资料收集方法后就进入了方案设计阶段。常见调查方案设计分为问卷设计和抽样设计。

1. 问卷设计。问卷是一种最常用的调查工具，经常应用于市场调查等经济学、社会学领域。问卷中可向被调查者提出较多的问题，也可运用多种提问方式提出问题。

问卷设计人员需具备统计学、心理学、社会学、经济学、传播学和计算机等知识。问卷一般设计成表格形式，根据调查方式和问题的不同，表格形式也不同。问卷设计过程如下：

（1）问卷内容的确定。应集思广益确定问卷内容，设计任何调查项目都应查阅现有资料。

（2）调查项目设计。将问卷项目设计为疑问句或陈述句，包括多项选择、评价分析、核对表、排序式、开放式和态度分级等。

（3）问卷初稿拟订。按逻辑对问卷项目进行分类、分组，着手拟订问卷初稿，包括拟订回答说明、问卷格式，对初稿进行批评性检查等。

（4）问卷实验测试。对问卷进行实验性测验，以确定问卷在收集调查所需信息方面能起多大的作用。

（5）问卷定稿。必须做到仔细、精确，并考虑对初稿的所有批评性意见和实验性测试的结果。

2. 抽样设计。在进行市场调查前，要设计并确定对抽样对象采用什么样的抽样方法以及抽样样本大小等问题。参加实地调查的人员必须严格按照抽样设计的要求进行抽样，以确保调查质量。

第四步　整理分析资料

运用科学方法，将得到的大量资料和数据进行整理、分类、编号，去粗取精，去伪存真。

1. 资料整理。主要看调查人员是否严格按方案进行调查、问卷填写是否有不清楚之处、问卷中是否有比较明显的逻辑错误，以确定资料的真实性和准确性。

2. 数据处理。可分为编码、录入、编辑、汇总4个步骤。数据编码方法有圈定项按圈填、代码项按表填、填数项按数填、顺序项按序填；根据现有计算机软件编写录入程序和要求；数据编辑阶段主要是查找录入错误并及时纠正；按调查目标要求拟订包括频率汇总和分组汇总在内的汇总方案。

频率汇总给出本次抽查样本特征的分布情况。分组汇总显示保险营销人员感兴趣的内容，如在月平均收入为500元的家庭中，有多少家庭投保了人身险和家财险；当月平均收入达到1 000元或1 500元时，这种保险消费又会发生什么变化。

3. 质量评价。主要是为了提供准确的调查基础资料，为以后的调查工作打下良好基础。具体包括：事后质量抽查，这种方法效果好，但费用较高；资料逻辑关系检查，剔除相互矛盾和明显错误的资料；抽样误差检查，调查误差与样本量成反比，而样本量与调查费用投入又有密切关系。

4. 资料分析。分析方法有定性和定量两种。前者是凭借分析者经验判断，后者是利用数学、统计学、经济计量学等方法进行分析。如果在保险市场调查中把两种方法结合起来进行分析，就能得出比较恰当的结论。

第五步　提出调查报告

在综合分析调查资料的基础上，得出结论，提出建议，写出调查报告。

调查报告的编写原则：报告内容要紧扣主题，以客观态度列举事实，方案要简练，尽量使用图表说明问题。

调查报告的内容和形式可依调查的专题而不同，一般来说，其内容应该包括报告题目、报告目录、内容概要、调查项目情况及背景材料、调查经过（包括调查方法、结果和局限性）、结论（主要提出改善建议）、附件（有关附图、附表和相关资料）。

问卷调查是目前保险市场调查中广泛采用的调查方式。在调查过程中，这一方式的调查效果除了受到样本选择、调查员素质、统计手段等因素影响外，问卷的设计质量是一个前提性条件，对险种调查工作的成效有关键作用。

【知识链接1-7】

保险商品种类调查的有关知识点

学生应首先在教师指导下熟悉和掌握保险商品种类调查的有关知识点。

1. 保险商品的定义、条件和特征。保险商品是保险营销的客体，是保险营销的主体在实施营销活动过程中，向保险需求方提供和交易的商品。当人们把保险当做一种商品来对待时就会发现，保险商品是保险人提供给保险市场的、能够引起人们注意和购买以满足人们减少和转移风险的需要，并在必要时能得到一定经济补偿的一种承诺性服务组合。

理想的保险商品，既要满足保险服务提供者的需要，又要满足保险服务需求者的需要。因此，理想的保险商品应具备以下条件：（1）是被保险人真正需要的；（2）能保证被保险人的利益不受侵害；（3）费率合理公正，能令双方接受。

2. 整体保险商品和保险商品的特性。从营销学的角度来看，保险商品是一个整体的概念，商品的整体概念既包括具有物质形态的商品实体和商品的品质、特色、品牌，也包括商品所带来的非物质形态的利益，如服务、策划、主意等。具体地说，商品的整体概念包括核心商品、有形服务和附加商品（以人寿保险商品为例，如图1-6所示）。保险商品有如下特性：（1）保险商品的不可感知性；（2）保险商品的不可分离性；（3）保险商品的不稳定性；（4）保险商品的不可储存性；（5）保险商品的价格稳定性。

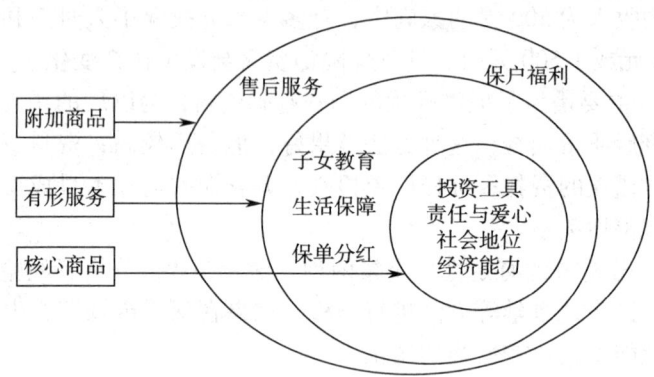

图1-6　整体保险商品示意图

3. 保险商品的一般分类

（1）个人保险商品。个人保险商品是指为个人、家庭提供保障的保险商品，具体包括家居保险、私人汽车保险、人寿保险、人身意外和旅行保险、宠物保险、健康保险等险种，一般是以人寿保险为主。人寿保险商品的种类从以养老保险为主的传统性商品扩展到终身保险、年金保险、医疗保险、趸缴养老保险等，并且出现了万能保险、利率感应型保险、变额保险等创新险种。

个人人寿保险商品中，传统型商品包括死亡保险、生存保险、两全保险、年金保险，现代型商品包括万能保险、利率感应型保险、变额保险。

（2）团体保险商品。团体保险商品是指对一个团体的全体成员或大部分成员所提供的保险保障。它是为了改善企业中雇主与雇员的关系，建立在员工福利基础上的一种特殊关系的保险计划。在美国，团体保险、个人保险和社会保险并列为经济保障制度的三大支柱。

团体保险商品包括团体人寿保险、团体年金保险和团体信用人寿保险。

4. 保险商品具体种类及险种特色

（1）人身保险商品。包括人寿保险商品及意外伤害和医疗保险商品，前者包括以下四种类型：①定期寿险又称为定期死亡保险，是一种以被保险人在规定期间内死亡由保险人负责给付保险金的保险。②终身寿险是保险公司对被保险人从投保之日起直到死亡始终承担给付死亡保险金责任的保险。③年金保险是保险公司在收取趸缴保费或分期保费的前提下，承诺每隔一个确定时期向指定人给付约定年金的保险。④两全保险是既保生存又保死亡的保险，主要有普通两全保险、满期双倍保额两全保险和联合两全保险。后者包括以下两种类型：①意外伤害保险是指以被保险人遭受意外伤害导致的死亡和残疾承担给付责任的保险。②医疗保险是指被保险人因患病或伤害需支付医疗费用，保险人按约定予以赔付的保险。

（2）财产保险商品。财产保险是以物质财产和相关的经济利益及损害赔偿责任为保险标的的保险。

四、知识拓展——网站推荐

中国保险网：http：//www.china-insurance.com/xianzhongdaquan/。

保险之家：http：//www.ins-home.com/。

中民保险：http：//www.zhongmin.cn/。

向日葵保险网：http：//www.xiangrikui.com/。

五、能力拓展

练习：假定某保险公司准备推出"学生宿舍财产保险"的保险商品，完成以下作业。

1. 针对可能存在的保险需求，设计一份简单的调查问卷。
2. 在教师指导下，将学生分为3人一组，完成针对该保险商品的需求调查。

模块4 编制保险商品营销计划书

一、学习目标

通过本模块学习，学生应了解营销策划的意义、作用和效果，并认识营销策划的复杂性和超前性，对整个营销策划的来龙去脉有一个清晰思路，掌握一些必备的营销策划方法和技巧，具备从事保险营销工作所必需的保险商品营销策划能力。

二、工作任务

该任务要求学生能够全面了解保险商品营销计划的概念和分类，弄清保险商品营销策划书的编制原则和编制格式，清楚保险商品营销策划书的一般模式。还要求学生重点掌握保险商品营销计划书的内容和编制步骤以及保险营销计划控制的基本方法，并在任务结束后具体设计一份保险商品营销策划书，练习编写保险商品营销计划书。

三、实践操作

【材料阅读】

受金融危机向纵深发展的影响，人们钱包越来越瘪，对未来的保障需求越来越强烈，低保费高保障的产品越来越受到消费者的青睐。2009年6月，中国平安推出了新一代分红保险产品——"三鑫"系列保险，顺应了寿险产品"回归保障"的市场潮流，也为消费者带来了价格低廉、注重保障的新型产品。

平安新推出的"三鑫"系列产品包括鑫利、鑫盛、鑫祥三个分红型主险以及鑫利重疾、鑫盛重疾、鑫祥重疾三个附加重疾险共六个产品。六个产品各具特色，但有一个共同的特点是低保费、高保障。

（资料来源：http://blog.163.com/anla_7815/。）

思考与讨论：如果你是中国平安的营销策划人员，公司要求你负责该保险商品的营销计划撰写工作。

【工作步骤】

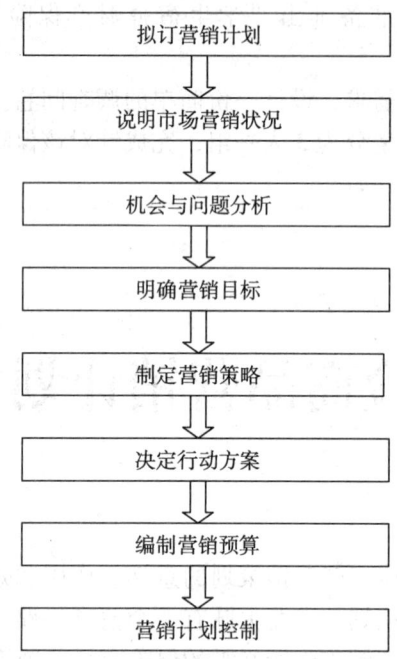

第一步　拟订营销计划

保险商品营销计划首先要有一个内容提要，即营销计划纲要，对主要营销目标和措施进行简要的说明。例如，某保险公司的营销计划内容可简要表述为：本年度要使保险金额、保费收入、利润额比上年有较大幅度的增长，其中核保金额计划实现300亿元、保费收入9 000万元、利润达到300万元，分别比上年增长20%、20%和15%。实现本年计划的有利因素是国内经济形势好，居民收入水平提高较快。为实现上述计划，保险公司需继续大力加强营销工作。具体措施是扩大个人代理人队伍，广泛开展类似商品指南的宣传。作为支撑条件，需支付代理人佣金和代理手续费100万元，宣传费、广告费50万元。

第二步　说明市场营销状况

1. 市场情况。市场的范围有多大、包括哪些细分市场、市场及细分市场近几年的保额是多少、增长的趋势如何等。

2. 险种情况。各险种市场占有率达到多少、保费收入达到多少、实现多少利润、为此所付出的各种耗费有多大等。

3. 竞争状况。公司的主要竞争者是谁,各竞争者在险种、费率、销售环节方面都采取了哪些策略,它们的市场份额及变化趋势如何。

4. 营销渠道情况。保险商品营销渠道有若干条,既有直接营销渠道,又有间接营销渠道。直接营销渠道又分为内部营销、金融超市、银行保险、网络营销和电话营销等,间接营销渠道包括经纪人和代理人。各保险公司要决定以哪种或主要以哪种营销渠道推销保险商品。

5. 保险商品营销环境分析。客户收入水平提高程度、客户购买力投向、与保险商品营销有关的经济立法情况以及人口结构变化等。

【知识链接1-8】
保险商品营销计划相关知识

1. 保险商品营销计划的概念。计划是人们事先制订的未来行动的设想方案,也是一种基本的管理手段。保险商品营销计划即保险市场营销计划,是保险企业为了占领目标市场及完成预定的营销目标任务,而事先制订的未来营销工作的行动方案。

保险商品营销计划通常规定了保险企业在未来一定时期内的营销目标、营销工作策略、实施方法及步骤等。

2. 保险商品营销计划的种类。保险商品营销计划可从不同角度按不同标准划分。其常用的分类方式有两种。

(1) 按保险商品营销计划对企业的重要性,可分为以下三种。

①战略目标计划。它是保险企业为实现长期利益目标而作的全盘考虑和统筹安排,并规定了未来一段时期内市场营销活动的总体目标及战略措施。

②目标市场计划。它是保险企业为开拓既定的目标市场而作的统筹安排和规划,包括人员与组织计划、销售计划、费用及利润计划等内容。

③整体营销计划。它是根据上述两个计划制订的保险企业总体营销工作规划,包括保险企业的总体销售计划、资源分配计划、利润计划、应付意外情况的应变计划等内容。

(2) 按照计划期限的长短,可分为以下三种。

①长期营销计划。它是保险企业在充分调研及科学预测的基础上制订的,关于未来较长时期内综合发展的战略目标及措施的规划。它具有预见性和纲领性的特点,期限多在5年以上,对保险企业的生存和发展具有重要意义。主要内容包括:一是长期营销发展目标,即规定某一险种或某一市场的发展规模、速度、效益水平及资金构成等;二是营销发展规划,即规定某一时期营销业务的发展方向,如险种开发规划、市场开发规划、利润增长计划等;三是中期计划的规划。

②中期营销计划。它是根据长期发展目标及战略制订的1~5年期营销工作规划。主要包括中期营销目标、中期市场开拓计划、市场销售计划、资金计划、利润计划等内容。

③短期营销计划。它是根据中期营销计划及市场变化情况等制订的营销工作年度计划。它对保险企业 1 年内的市场营销策略、营销目标及实施步骤等要作出比较详细的规定。一般包括年度经营目标、战略规划的短期实施计划、市场销售计划、组织人事计划、费用及利润计划等内容。

第三步　机会与问题分析

1. 机会分析。所谓机会，是指在营销环境中存在的对保险公司有利的因素。一个市场机会能否成为保险公司的营销机会，要看它是否符合保险公司的目标。

每个保险公司都有其追求的主要目标，如保费收入、利润总额、市场占有率等，如果有些市场机会不符合这些目标，也就不能转化为公司的营销机会。例如，抓住某一市场机会能使公司在短期内提高利润水平，但却可能破坏公司形象，不利于公司的长远发展，这样的机会则不可取。再如，核保出租汽车的车身险能大幅度增加保险公司的保费收入，但由于难以控制道德风险而导致高赔付率，公司不但不能增加利润，还需以其他险种的盈余来弥补其收支缺口，对这样的机会只能放弃。

有些市场机会符合公司目标，但苦于公司的资金和技术力量达不到要求，也只能放弃。例如，面对居高不下的通货膨胀率，开展分红保险是很有前途的，但如果公司没有精通这方面保险的人才，美好的愿望也难以变为现实。当然，保险公司可以付出一定的代价取得必要的资源，以换取成功。

2. 优势与劣势分析。与机会相反，优势是内在因素，而机会是外在因素。公司的优势是指公司可以成功利用的某些方面，公司的劣势是指公司需要改进的方面。一般地，保险公司的主要优势体现为公司形象好、在客户中信誉度高、市场占有率高；主要的劣势则是体制陈旧、历史包袱较重。

3. 问题分析。公司利用机会分析、优势与劣势分析的研究结果，来确定计划中必须强调的主要问题，以便为营销目标和营销策略的拟定打下基础。

保险公司需考虑的主要问题是：是否开办分红保险，技术力量不足怎么办，是否仍需以较多的投资用于企业形象塑造和产品宣传，公司的机构如何改进，人员怎样精减等。

第四步　明确营销目标

营销目标是营销计划的核心部分，是在分析营销现状并预测未来营销机会的基础上制定的。营销目标又是企业目标的具体化，是依据企业目标制定的。

企业目标又称企业目的或组织目标，是公司要实现的长期目标，它为企业的长期发展指明了方向，并有利于企业决策的连续性，从而大大加强了管理人员对经营的控制。

企业目标针对整个公司的方方面面，是在对公司进行通盘考虑的前提下制定的，其内容涉及保险金额、保险费、服务质量、销售渠道以及市场份额等，时间为 3~5 年。企业目标构成了公司内部各功能部门目标的基础，也是每项工作目标的基础。

与精算、财务、投资、核保、人力资源、理赔管理、信息咨询等其他功能部门一样，保险公司营销目标也将以整个企业目标为基础。为便于实施与控制，企业目标转化为功能部门目标时，时间会短些，内容会更详尽具体些。企业目标的具体要求是表达清楚、详细具体、尽量量化。

综上所述，保险公司的营销目标一般可罗列为以下内容：保险金额、保费总收入、首期保费收入、市场份额、吸引新客户数、续保率、代理人人数以及新招聘的代理人人数。

第五步 制定营销策略

营销策略是指达到目标的途径或手段，包括目标市场的选择、市场定位、营销组合策略等。目标市场是公司准备服务于哪个或哪几个特定的细分市场。市场定位是公司选定目标市场的行为，营销组合是公司准备在各个细分市场上采取哪些具体的营销策略。

【知识链接1-9】
保险商品营销策划书编制的相关知识

1. 保险商品营销策划书的编制原则。为了提高策划书撰写的准确性与科学性，应首先把握以下主要编制原则：层次清楚、重点突出、具体可操作、以奇制胜、领导能理解。

2. 保险商品营销策划书的编制格式。

（1）封面。策划书的封面可提供以下信息：策划书的名称、被策划的客户、策划机构或策划人的名称、策划完成日期及本策划适用时间段。

（2）目录。

（3）序言。要为本次保险商品营销策划所要达到的目标或宗旨定下明确的基调，强调其执行的意义并以此为动力，要求全体人员统一思想、协调行动，共同努力完成高质量的策划。

（4）正文。策划书正文部分的主要内容包括：

其一是保险市场分析。①保险需求分析；②竞争者分析；③保险目标客户分析；④保险商品和服务分析；⑤保险市场前景分析；⑥保险公司分析。

其二是保险公司诊断。例如，某保险营销公司成立于2000年10月，已经运行了6年之久，但美誉度却还在一个很低的水平上，公司规模一直未能扩大，经调查研究发现是以下因素影响了公司的发展：①经营管理不善；②营销人才短缺；③市场调查欠缺；④营销策划乏术；⑤服务和包装落后。

其三是机会与问题、优势与劣势分析。保险商品营销方案是对保险市场机会的把握和策略的运用，因此，分析保险市场机会就成了保险商品营销策划的关键。只要找准了保险市场机会，策划就成功了一半。①机会与问题分析；②优势与劣势分析。

从问题中找出劣势并予以克服，从优势中找机会并发掘其市场潜力。根据各目标市场或客户群特点进行市场细分，对不同的消费需求尽量予以满足。抓住主要消费群作为营销重点，找出与竞争对手的差距，把握好市场机会。

其四是公司的主要政策阐述。

其五是营销目标。营销目标是保险公司所要实现的具体目标，即保险商品营销策划方案实行期间，经济效益目标达到总销售量为×××份、预计毛利×××万元、市场占有率实现××%。

其六是营销战略。①营销宗旨；②战略思路；③消费群体；④市场定位；⑤战略步骤；⑥战略部署。

其七是营销策略。①营销理念，即品牌理念、营销理念。②营销组合。通过前面市场机会与问题分析，提出合理的策略建议，达到最佳效果，如服务策略、代理品牌策略、形象包装策略、价格策略、分销渠道、广告策略、促销活动策略、公关活动策略、事件营销、软性广告策略、人员促销。

第六步　决定行动方案

营销策略需要转化成具体的行动方案。行动方案应重视营销组合中每个部分所扮演的角色。例如，将某一保险商品的保费收入比上年提高30%作为营销目标之一，为实现这一目标，必须把广告宣传作为营销策略的一部分，选择合适的媒体、测试广告、制定广告时间表、评估效果，如果将增加分支机构作为该策略的一部分，那么就必须制订一项协调开办新机构、雇用新职员的计划。

行动方案具体内容包括要做些什么、何时开始、何时完成，由谁具体负责，需要多少费用等。应将这些内容列成详细的程序表以便执行和检查。

行动方案通常由公司的市场营销部门来协调。将每一营销功能部门的每一种产品或产品系列以及每一目标市场部门制订的行动方案加以综合，就构成了整个公司的年度营销计划。

第七步　编制营销预算

为实现公司资源的合理利用，应在对营销组合的各项要素（产品、定价、分销和促销）进行充分分析的基础上编制营销预算。

公司有关部门还必须对营销计划进行成本效益分析，了解一项计划的成本，从而知道在利用本公司资源的条件下该计划是否可行；了解实现该计划可能给公司带来的利润，从而知道该项计划是否划算。营销计划预算通常包括销售预测、营销成本、盈亏平衡分析、现金流量预测等。

第八步　营销计划控制

控制即对计划执行过程的控制，它是营销计划的最后一部分。在营销计划实施过程中将发生许多意想不到的情况，所以，营销管理者必须连续不断地监督和控制各项营销活动，以保证保险商品营销活动健康顺利地发展。

作为营销计划的组成部分，营销计划控制是保险企业用于跟踪营销活动的每一个环节，确保其按计划目标顺利运行而实施的一套工作程序或工作制度。

保险营销控制的对象是保险企业内部部门及营销人员；内容是营销计划的各种指标；目的是协调内部关系，减少差错和失误，确保整个计划的顺利实现。

保险营销计划控制的类型与方法见表1-6。

表1-6　　　　　　　　　　保险营销计划控制的类型与方法

控制类型	主要负责人	控制目的	控制方法
年度计划控制	公司高层领导人	检查目标是否实现	营销分析、市场份额分析、财务分析
盈利率控制	公司财务部门	检查公司哪些险种赚钱，哪些险种亏损	险种、细分市场、销售渠道等
效率控制	营销主管部门	评价提高费用支出所取得的效益	营销队伍、广告促销等
战略控制	公司高层领导人	检查公司是否在市场、险种、渠道等方面寻求到最佳机会	营销有效性评价手段

【知识链接1-10】
保险商品营销计划编制的相关知识

1. 具体行动方案。对策划的实施操作步骤、程序都应作成计划。这些实施程序、计划表（时间、人员、费用、操作等）、时间表（从准备执行到成果的综合整理）、各项具体行动方案等实施每一种策略所进行的各项细节都有详细说明。行动方案要细致、周密，操作性强又不乏灵活性。行动方案类型主要有：（1）广告执行方案。（2）媒体执行方案。（3）促销活动执行方案。（4）公关活动执行方案。（5）市场调查执行方案。市场调查在营销企业策划方案中是非常重要的内容。因为从市场调查所获得的市场资料与情报，是拟定营销企业策划方案的重要依据。（6）销售管理执行方案。销售管理执行方案包括销售主管和职员、销售计划、推销员的挑选与训练、激励推销员、推销员的薪酬制度（工资与奖金）等。

2. 各项费用预算。这一部分记载的是整个营销策划方案推进过程中的费用投入，包括营销过程中的总费用、阶段费用、项目费用等，其原则是以较少投入获得最优效果。

3. 效果与结果的预测。对于该策划实行之后所能期待的效果与预测可得到的效果，应尽可能依据足以信赖的根据提出。同时，费用与效果所表示出来的效率或对公司内外无形有形的效果等也要说清楚。其中之一是损益预估，就是事前预估的税前利润。把预期销售总额减去销售成本、营销费用（经销费用加管理费用）、推广费用后，即可获得税前利润。

4. 方案调整。这一部分是策划方案的补充部分。在方案执行中可能出现与现实情况不相适应的地方，因此，方案贯彻必须随时根据市场的反馈及时调整。

5. 保险商品营销计划书的基本内容。就一般情况而言，保险商品营销计划书的基本内容包括八个部分：（1）内容提要；（2）当前营销状况；（3）机会与问题分析；

（4）营销目标；（5）市场营销策略；（6）行动方案；（7）预计盈亏报告表；（8）控制。

6. 保险营销计划控制的类型。一为年度计划控制，二为盈利率控制。

（1）年度计划控制。这是根据保险企业的年度营销计划而组织实施的一种监控方法。其控制目的在于使保险公司实现本年度计划中的各项目标。为此，可分为四个步骤：分解为季或月目标；掌握正在执行的情况；对任何严重偏离行为（有可能完不成目标）的原因作出判断；采取适当的措施，以弥合目标与执行情况的缺口。控制的主要内容包括销售额、市场占有率、费用率等。做好年度计划控制的主要措施：

一是销售分析。找出实际保费收入与计划目标的差距，并说明原因。常见的销售分析方法有两种：①销售差距分析。主要用来分析不同因素对销售差距的影响程度。例如，保险公司计划中规定某险种第一季度保费收入额为 3 000 万元，保险金额 1 000 亿元，实际执行的结果保费收入为 2 520 万元，保险金额 900 亿元。保费收入少于计划目标 480 万元的原因：一是保险金额减少了 100 亿元，二是保险费率由计划的 3‰ 降至执行中的 2.8‰，两者对保费收入的影响程度是不同的，计算如下：

$$费率下降的差距：(3‰ - 2.8‰) \times 900 = 180（万元）$$
$$保额减少的差距：(1\,000 - 900) \times 3‰ = 300（万元）$$

由此可见，没有完成保费收入计划的主要原因是保额目标没达到。为此，应进一步深入分析保额下降的原因。②地区保费收入分析。这是一种用来衡量销售差距分地区分析的方法。例如，某全国性保险公司计划在 A、B、C 三个地区分别实现保费收入 5 000 万元、3 000 万元、2 000 万元，实际执行的结果为 4 000 万元、3 300 万元、1 800 万元，与计划的差距分别是 -20%、10% 和 -10%。很明显，引起保费收入差距的主要原因是 A 地区保费收入大幅度减少，所以应进一步查明原因，加强该地区的销售管理工作。

二是市场占有率分析。销售分析不能反映出保险公司在市场竞争中的地位，所以还需进行市场占有率分析。例如，保险公司的保费收入增加，可能是由于该公司竞争能力高于其他保险公司，也可能是由于整个宏观环境的改善使所有保险公司受益，而公司的相互关系没有变化。公司的高层管理人员必须密切注视市场占有率的变化，因为它标志着公司在市场中所占据的地位，关系到公司的兴衰成败。

三是营销费用率分析。要对各项费用加以分析，并将其控制在一定限度内。如果费用率变化不大、处在合理限度之内，则不必干预；反之，变动幅度大、超出上限，则必须采取有效措施予以修正。

（2）盈利率控制。盈利率控制即分析和衡量不同的险种、细分市场、客户群、营销渠道的盈利率，以帮助公司领导决定哪些方面应该发扬光大，哪些方面应该收缩或取消。盈利率分析可分两步进行。

①营销能力分析。就是通过对财务报表和数据的处理，将所获利润分摊至产品、地区、渠道、客户等方面，从而衡量每一因素对公司最终获利的贡献大小。营销管理者需依据财务部门提供的报表和数据，重新编制出各种营销损益表，并对各表进行分析。

下面根据保险公司的销售渠道损益表（见表 1-7）进行分析。

表1-7 保险公司的销售渠道损益表 单位：万元

项目	保险公司自己推销	代理人推销	经纪人推销
保费收入	200	200	100
保险金给付	140	145	75
毛利	60	55	25
营业费用	30	15	10
手续费		5	
净利润	30	35	15

表1-7显示，保险公司自己推销和代理人推销的保费收入都远远高于经纪人推销。显然，前两种推销形式是主要的营销渠道，其中代理人推销更为重要一些。但从效益上看，获得同样多的保费收入，由于代理人为赚取更多的佣金和手续费而忽视保件的质量，使其保险金支付的数额大于直接推销。保险公司自己推销的费用（主要是工资和各种福利费）却远远大于聘用代理人而支付的手续费。可见，代理制的净利润最多。

②最佳调整措施的选择。仅仅通过盈利率分析，还不能最后确定究竟选用哪种营销渠道或哪几种营销渠道。公司需在上一步分析的基础上，经过权衡之后作出最佳选择。

此外，不能因为经纪人保费收入额小、净利润少就将其从营销渠道中排除，也不能因代理制保费收入多、利润多就只致力于这一渠道而不顾其他。营销管理者应进一步深入研究，依据具体情况作出适当的决断。

营销管理者往往面临以下选择：不采取任何措施，顺其自然、任其发展，以观其优劣；取消获利能力最差的渠道；加强获利能力最强渠道推销队伍的建设。

③效率控制。效率控制即对营销活动中出现的问题加以解决，如对销售队伍不理想、广告效果不佳、促销渠道选择不准等问题加以解决和改进。

效率控制包括队伍效率控制、广告效率控制和促销效率控制三个方面。队伍效率控制要求营销管理者经常掌握营销队伍的几个关键指标，如每一名推销员每天访问客户次数、所需时间、成功率等，进而分析访问次数是多还是少，花费时间是长还是短等问题。广告效率控制是比较难的事情，因为要真正衡量从广告支出中获得多少好处几乎是不可能的，但至少要掌握每一媒体工具触及的人数，客户对广告内容的反应等。促销效率控制要求掌握每次促销活动的成本及其对销售的影响。

④战略控制。制约公司营销的各种目标、政策、战略和计划的因素经常发生变化，保险公司必须对它们及时调整，使其与营销环境相适应。为此，可以以营销审计为工具，批判性地定期重新评估公司营销战略及其实施情况。

营销审计是对公司的营销环境、目标、战略等方面进行独立的、系统的、综合的定期检查，以发现营销机会，找出问题所在，并提出改善营销工作的行动计划和建议。营销审计由六部分组成，即营销环境审计、营销战略审计、营销组织审计、营销制度审计、营销效率审计、营销功能审计。

四、知识拓展——保险计划书的特点

1. 保险计划书和一般工作计划既有联系又有区别。一般工作计划除了通常运用"计划"这一文体名称外，还包括规划、方案、设想、安排、打算、工作意见、工作要点等带有计划性质的文体，它们属于计划的一些别称。一般工作计划同保险计划书既有联系又有区别。

从相同点看，保险计划书显然也属于计划类文体，具有这类文体的基本属性，比如具有前瞻性、科学性和表达上的条理性、明了性等特点，必须紧扣"目标、措施、步骤"这些制订计划的三要素来做文章。

从相异点看，一是保险计划书和一般工作计划的出发点、着眼点与看问题的角度不同。一般工作计划大多是作者为自己所写，表述的角度是第一人称；而保险计划书则是作者为对方（客户）而写，是站在对方的立场换位思考，替对方量体裁衣，表述时时而用第二人称，时而用第一人称。二是保险计划书在三要素的具体涵义上，与一般工作计划所涉及的内容是大相径庭的。保险计划书所涉及的目标、措施、步骤具有鲜明的专业特征，是不能按照写作一般工作计划时所理解的"目标、措施、步骤"的含义去生搬硬套的。

2. 保险计划书具有产品说明书和投标书的某些功能。作为对保险了解不多的客户，接触有关的保险系列产品时，通常会觉得繁琐、复杂、难得要领。保险计划书能针对客户的保险需求，将保险产品的要髓简而化之，起到去枝叶留主干、化复杂为简单的作用，从而使客户易于理解和接受。从这个意义看，保险计划书具有类似产品说明书的功能。但保险计划书不可完全取代产品说明书和险种条款，就像学生用的复习指导书不能取代教材一样。

保险从业人员除了运用保险计划书向客户提示要髓和框架，也一定要求客户进一步地通过相关的产品说明书、险种条款来了解具体细则，了解相关的权利、义务等规定，避免客户的误解。由于保险市场竞争的存在，客户可以对多家公司提供的不同保险方案进行选择，甚至面临同一公司不同业务员推介的不同方案的选择。这些不同方案之间的竞争，就带有某种程度上的竞标性质，最终获选取决于谁的方案最科学、最完备、最优惠、最有利于客户。可见，保险计划书实际上还具有投标书的功能。

五、能力拓展

练习：学生5~8人一组，结合"实训情景"，为中国平安新推出的"三鑫"系列产品包括鑫利、鑫盛、鑫祥三个分红型主险以及鑫利重疾、鑫盛重疾、鑫祥重疾三个附加重疾险共六个产品，制订一份保险商品营销计划书。

项目2 训练保险营销技能

XUNLIAN BAOXIAN YINGXIAO JINENG

【项目概述】

本项目有四个任务实训课题,分别为熟悉保险业务流程、寻找保险客户、拜访保险客户、掌握沟通技巧。

【教学目标】

本项目的学习旨在帮助学生通过场景模拟和实务操作,熟悉相关业务并快速掌握相应技能。在技能训练中,教师将现场答疑解惑,以提高学生分析问题和解决问题的能力。

【重点难点】

本项目的重点是拜访保险客户,难点是如何掌握沟通技巧。

模块1 熟悉保险业务流程

一、学习目标

通过本模块的学习,要求学生熟悉保险业务流程,主要是展业、核保、理赔、售后服务等流程,具备熟练操作保险业务的能力。

二、工作任务

在本次任务中，学生应进一步提高营销技能。实训中，要求学生熟悉保险业务的主要流程，重点掌握保险业务流程中核保和理赔两个环节的主要内容。

三、实践操作

【材料阅读】

2005年8月，原告白某骑电动自行车与被告石家庄市某运输有限责任公司雇用的司机黎某驾驶的属该公司所有的货车在某地发生交通事故，造成原告受伤，电动自行车损坏。该地公安局交通支队认定原告白某负交通事故全部责任。原告白某就损害赔偿额问题多次与该运输公司交涉，对方以"交通事故认定书"为依据主张不负责任。白某无奈将运输公司告上法院，请求判令运输公司赔偿各项损失18 000余元，并要求第三人即为该公司承保车辆第三者责任险的中国人民财产保险股份有限公司某支公司在第三者责任险5万元范围之内承担赔偿责任。

（资料来源：法律快车网站）。

思考与讨论：你作为理赔人员应该如何处理此理赔事宜？

【工作步骤】

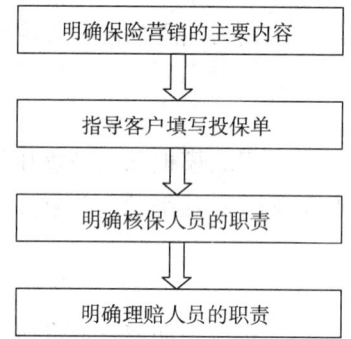

第一步　明确保险营销的主要内容

保险营销也称保险展业，是保险经营活动的起点，也是争取保险客户的过程。保险营销的主要内容有：

1. 保险宣传。保险宣传是保险营销的重要内容。保险宣传的目的是使更多的消费者树立保险意识，了解保险公司及其所提供的保险商品。

2. 帮助准客户分析风险。每名准客户的年龄、职业、收入水平及受教育程度等各不相同，所面临的风险也不一样。保险营销人员可以利用自己掌握的专业知识，帮助准客户分析所面临的风险及怎样来应对这些风险。

3. 帮助准客户确定保险需求。准客户所面临的风险并不都能形成保险需求。保险营销人员可帮助准客户区分可保风险和不可保风险，以及在可保风险中哪些又是对准客户生产、生活会产生严重威胁的必保风险。确定准客户的保险需求后,分出可投保风险的轻重缓急,由准客户根据能力选择投保。

4. 帮助准客户制订保险计划。对准客户的保险需求和投保能力有了了解后,营销人员就可利用自己的专业知识,帮助准客户制订具体的保险计划。

保险营销的方式主要有保险公司直接营销和利用保险中介间接营销两种方式。

第二步　指导客户填写投保单

保险营销人员在营销过程中,应认真指导客户填写投保单。

表2-1和表2-2分别为"人身保险个人投保单"和"机动车辆投保单"的样表。

表2-1　　　　　　　　　　　　人身保险个人投保单

兹拟向中国××保险股份有限公司投保人身保险,内容如下:

投保单编号:

保险种类						
投保人情况	姓名		身份证号码		与被保险人关系	
	地址			邮编		电话	
被保险人情况	姓名		年龄	性别		身份证号码	
	地址			邮编		电话	
保险期限		保险份数		受益人		领取日期	
领取年龄		领取方式		领取金额			
保险期限	自　年　月　日中午12时起至　年　月　日中午12时止					
基本保险金额				附加保险金额		
意外伤残保额				附加险别		
意外身故保额				保额		
疾病伤残保额				费率		
疾病身故保额						
满期保险金额						
生存给付金				附加险别		
费率				保额 费率		
保险费						
保险本金						
缴费形式	一次性缴费□年缴□半年缴□季缴□月缴□其他:					
付款方式				币种		
开户银行				账号		

特别约定：

被保险人健康状况：
  1. 目前尚在病假中？ □有 □无
  2. 因病休或因病减轻劳动量？ □有 □无
  3. 因患有其他慢性病而不能全勤工作或经常缺勤？ □有 □无
  4. 有无严重病史？ □有 □无
  5. 癌症、肝硬化、癫痫病、脑震荡、精神病、心脏病、高血压病、血管硬化、性病等？ □有 □无 投保人是否健康？ □是 □否

投保声明：
  1. 本投保单所填写的各项内容均属真实，可作为你公司签发保单的根据，并成为双方合约的组成部分，如日后发现与事实不符，即使保单签发，你公司仍可不负任何责任。
  2. 本投保单方格内填列者，即作为本投保人"同意"或"是"的答复。
  3. 保户在投保时应填具确实年龄，保户年龄计算以身份证为根据，计算办法以保户在起保日最后一个生日时的足岁年龄计算，如误将年龄报小，应随时申请更正，并补缴保费及其利息，否则在发生给付时，其应得利益当按保户所付保费与实际年龄应付保费之比例计算。

                    投保人（签章）_____年___月___日

表2-2   机动车辆投保单

投保人（名称）

  欢迎您到中国××保险公司投保。填写前，请先阅读"机动车辆保险条款"和"机动车辆保险费率"，特别是有关责任免除和被保险人义务的部分，然后请填写下列各项。
  注：保险公司对投保车辆的核保以保险单所载内容为准。

机动车辆险投保单

车牌号码：	厂牌型号：
发动机号：	车架号：
行驶区域：中华人民共和国境内（不含港、澳、台地区）□ 其他□	
使用性质：非营业□ 营业□ 座位/吨位： / 行驶证初次登记年月： 年 月	
保险期限：自 年 月 日零时起至 年 月 日24时止	
投保险别	
车辆损失险： 保险价值（新车购置价）： 元 保险金额： 元	车上责任险（人员）： 投保座位数： 座 每座限额： 元 （货物）赔偿限额： 元
第三者责任险赔偿限额： 元	车辆停驶损失险： 元/天×天
全车盗抢险保险金额： 元	玻璃单独破碎险： □
自然损失险保险金额： 元	累计免赔特约险： □
车载货物掉落责任险赔偿限额： 元	无过失责任险赔偿限额： 元
新增加设备损失险保险金额： 元	

特别约定：

当投保车辆超过一辆时，请填写投保单附表，共　　页。投保车辆合计：　　辆

本投保人兹声明上述各项填写内容均属事实，同意按本投保单所列内容和机动车辆保险条款以及特别约定向贵公司投保机动车辆保险，并对责任免除和被保险人义务条款明确无误。以此投保单作为订立保险合同的凭据。

投保人签章：　　　　　　电话：
日期：　　邮政编码：　　　联系地址：

以下内容由保险公司填写

核保情况：
核保人签字：

第三步　明确核保人员的职责

核保是保险公司对欲加入其保险计划的各个危险个体加以筛选分类，根据他们各自不同的危险程度，赋予适当的承保条件，使危险达成同质化，维持保险计划的公平、合理。各岗位保险核保人员的职责如下。

1. 预收录入岗的职责：按系统要求准确完整输入有关投保单的信息；保证投保书与计算机项目指标一致；判定新契约投保书是否为问题件；与复核人员投保资料交接；日工作量为120单/天；差错率小于2%。其职权范围为：确定新契约投保书是否为问题件。

2. 承保打印岗的职责：负责保单的打印管理。其职权范围为：承保、打印。

3. 复核岗的职责：核对预收电脑资料，保证其准确性；将投保单号准确完整地抄写在投保单相应的位置上；做好标准件的自动核保，并记录自动核保的所占比重；将录入错误的投保单交给预收人员修改，并将错单量交给考核人员；与录入人员做好交接，采取流水作业方式；复核工作量为120单/天；差错率小于0.5%。其职权范围为：确定录入岗的差错。

4. 清分岗的职责：登记每箱保单的起始号码；及时领取清分所需各类单证，确保清分时使用；打印承保清单正本，并清点正本数量是否与清单一致；根据正本的险种装订相应的条款，然后加盖骑缝章；装订完毕的正本保单连同清单交相应的人员签收；当天的正本收据财务联与财务部及时移交；将作废的保单正本及收据号码、数量及原因做好登记，与财务交接；日工作量在400件以上。其职权范围为：保单清分日常工作的处理权。

5. 核保岗职责：对标准件的标准体承保的决定；对次标准件、拒保件、延期件的核保决定并签发新契约变更通知书；对超过核保人权限的高额件作出核保意见后上报；保全件、理赔件的再次核保；标准件日工作量60件。其职权范围为：依据核保需要而要求投保人、被保险人、业务人员提供其他资料。对累计保额不超过30万元的保单进行核保，要求增加体检项目及将免生存调查件改为生存调查件。

6. 问题件处理岗的职责：问题件的处理交接工作；核保数据统计；新契约统计及报表分析与关键业绩指标分析。其职权范围为：投保单及核保件的交接。

7. 体检岗的职责：完成客户的体检工作；对各项体检结果进行综合评定；负责对体检的结果进行统计及阳性率分析。其职权范围为：对体检结果的综合评定。

8. 契调岗的职责：负责新契约件的生存调查工作；对新契约生存调查作出可否承保结论；负责对业务员及客户生存调查结果的咨询、查询工作。其职权范围为：对新契约进行契约调查。

9. 初审岗：新契约投保书的审核；投保书交接、保险合同领取及发放；问题件清单提取及发放；保单送达回执管理；保单查询；保单资料更改、修正，出单前撤件及其撤件的交接管理。其职权范围为：业务员填写投保书是否正确、问题件填写是否准确。

10. 定点医院管理岗：负责定点医院管理及沟通工作；对各定点医院参保患者治疗、用药情况的调查、反馈；负责出险客户住院情况检查核实工作。其职权范围为：对住院客户实际情况的核实。

第四步　明确理赔人员的职责

保险理赔是保险人在被保险人发生保险事故，受益人提出索赔请求后，根据保险合同审核保险责任，并处理保险金给付的法律行为。我国《保险法》第二十四条规定："保险人收到被保险人或者受益人的赔偿或者给付保险金的请求后，应当及时作出核定，并将核定结果通知被保险人或者受益人；对属于保险责任的，在与被保险人或者受益人达成有关赔偿或者给付保险金额的协议后10日内，履行赔偿或者给付保险金义务。保险合同对保险金额及赔偿或者给付期限有约定的，保险人应当依照保险合同的约定，履行赔偿或者给付保险金义务。"

保险理赔既是保险公司兑现销售保单时的承诺、履行保险合同义务的具体体现，也是权利人获得实际保险保障和实现其保险权益的重要途径。各岗位保险理赔人员的职责如下。

1. 受理岗的职责：负责受理客户直接报案材料认定，对受理报案进行系统录入，负责条款及问题的解释。其职权范围为：报案处理相关权限。

2. 立案岗的职责：进行索赔材料的立案审核，符合立案条件的案件及时登录系统；每日立案的案件及时转交核赔人员；对于应进行理赔调查的案件及时转交理赔调查主管；对不符合立案条件的及时撤销；负责接听电话咨询。其职权范围为：履行立案职责，在时效内保质保量完成工作任务，负责对条款及相关法规的解释。

3. 理赔审核岗的职责：对理赔案件的有关材料进行审核，确定证明材料的法律效力；拟订调查项目及要点；负责理赔案件的责任认定、理算及系统登录工作；负责拒付、协议给付案件与客户进行商谈及解释工作；负责条款及疑难问题的解释；负责作出二次核保的建议；参与合议案件的讨论；参与重大案件调查。其职权范围为：在权限内处理理赔案件。

4. 调查岗的职责：理赔案件调查；现场勘察；协助其他公司的委托调查；撰写调查报告并进行微机录入；调查案件的信息汇总、反馈；受益人的回访。其职权范围为：理赔案件调查及信息反馈。

5. 理赔签批岗的职责：对上报案件进行审核、认定责任，责任明确的即时签批；拟写案件调查项目及要求；参与合议案件的讨论；负责拒付、协议案件与客户的商谈工作；负责给付项目及净额的解释工作；负责条款及疑难问题的解释工作。其职权范围为：履行核配职责，在权限内处理理赔案件。

6. 给付岗的职责：负责案件给付；对理赔案件打印批单；作出二次核保的决定后的解释工作；通知客户领取赔款；抽查受益客户领取赔款金额是否及时到位；给付后案件的整理、交付档案岗。其职权范围为：全面负责给付工作。

7. 简易件岗的职责：对简易案件进行审核、认定责任，责任明确的即时审核给付，实现一站式服务；对简易案件进行汇总分析。其职权范围为：履行核赔职责，在权限内处理理赔案件。

8. 报案咨询岗的职责：电话受理、咨询；当面解答咨询；受理理赔案件，及时进行电脑录入；接理赔报案，重大案件及时联系人员出现场。其职权范围为：履行核赔职责，在权限内处理理赔案件。

9. 档案整理岗的职责：对理赔档案进行收集、整理、汇总；理赔档案进行交接。其职权范围为：档案收集、整理、交接。

10. 法律事务岗的职责：对起诉理赔案件的应诉工作；对争议案件的依法解释。其职权范围为：公司理赔业务涉及法律事务的办理。

【知识链接 2 – 1】

保险营销中的参考案例

[案例 2 – 1] 故意隐藏病情，保险公司免责

1997 年 11 月 8 日，刘某以自己为被保险人向保险公司投保"老来福终身寿险"及"附加住院医疗保险" 10 份，缴纳保险费 4 780 元。刘某在投保单健康告知栏中，对 2 年内的健康检查、5 年内疾病状况、目前患病或自觉症状等事项的回答均为"无"，并在声明栏中被保险人处签了名，表示对保险合同条款、费率规定及"投保须知"均已了解并同意遵守，所填各项内容均属实。1997 年 11 月 13 日，保险公司同意核保，并签发了保险单。

1998 年 9 月，刘某因病住院，花去医疗费 9 158 元。1998 年 10 月，刘某向保险公司申请给付医疗费。保险公司到刘某就医的医院调取了刘某的病历及各项检查记录。病历中的病史叙述中为：7 年前因患阑尾炎手术治疗，3 年前 B 超发现胆囊结石，患冠心病 4 年，高血压 3 年，糖尿病 2 年，医院的各项检查记录与病情相吻合。于是，保险公司以刘某带病投保为由拒绝给付保险金。后来，刘某以保险公司为被告向人民法院起诉，法院在查明事实后，驳回了刘某的诉讼请求。

（资料来源：杨华书、徐平：《保险营销实训》，北京，中国劳动社会保障出版社，2006。）

点评：

告知是投保人在投保时履行的一项重要义务。它是指投保人把有关保险标的重要情况如实地向保险人作口头或书面陈述。正确理解和掌握保险的告知义务，对于维护被

保险人的自身权益具有重要的作用。《保险法》第十七条规定：订立保险合同，保险人应当向投保人说明保险合同的条款内容，并可以就保险标的或者被保险人的有关情况提出询问，投保人应当如实告知。根据《保险法》的规定，投保人故意隐瞒事实，不如实履行告知义务的，或者因过失未履行如实告知义务，保险公司有权解除保险合同并不承担赔付义务。

在投保环节实训中，学生应充分认识到营销人员提醒、敦促投保人如实填写投保单的重要性，以免给保险合同双方带来不必要的纠纷，并最终影响到保险营销业务的实效。

[案例 2-2] 营销人员没有提示和说明，免责条款不能生效

1997 年 10 月，张某以自己为被保险人，妻子和女儿为受益人，在中国人寿保险公司某营业部（下称保险公司）先后买下了"99 鸿福"终身保险 3 份，缴纳保费共计 1.88 万元，保险金额分别为 10 万元 1 份和 5 万元 2 份。同年 1 月，张某被诊断患有胃癌。在此后的 3 年间，张某依照保险合同约定的金额按时向保险公司缴纳保费，直至 2001 年 5 月病故。保险事故发生后，张某的妻子向保险公司申请赔偿，但对方以张某投保时隐瞒病史、未履行如实告知义务为由，拒绝赔偿。为此，张某的妻子及女儿将保险公司起诉至县法院。

法院经审理查明，当初在办理这笔保险业务时，保险公司的营销人员不但未对合同中的免责条款进行解释和说明，就连保单中要求投保人填写"是否患有下列病症"的条款，也由营销人员代为填写，投保人张某只是在填好的投保单上签了字。况且，1997 年 12 月，张某在医院住院治疗期间，保险公司曾派人去看望并了解其病情，且在此后的 3 年间，保险公司明知张某患有胃癌，却未与其解除保险合同，并继续收取保费。据此，法院以保险合同免责条款不能生效为由，一审判决被告保险公司支付原告保险赔偿金共计 23 万元。保险公司不服，上诉至市中级人民法院。市中级人民法院作出了维持原判决的终审判决。

（资料来源：杨华书、徐平：《保险营销实训》，北京，中国劳动社会保障出版社，2006。）

点评：

《保险法》规定，保险人就保险合同的条款内容应负向投保人说明的义务，对保险合同中有关保险人责任免除条款的，保险人在订立合同时应当明确说明，否则，责任免除条款不产生法律效力。

营销人员在投保环节应提醒投保人注意如实填写投保单的重要性，应当明确说明保险人的责任免除条款。但营销人员此时的身份是保险公司的代表，不能代替投保人填写投保单，否则，将会带来严重的法律后果。

四、知识拓展——保险展业的主要方式

保险展业的方式包括直接展业、保险代理人展业和保险经纪人展业。

1. 保险人直接展业。直接展业是指保险公司依靠自己的业务人员去争取业务，这适合于规模大、分支机构健全的保险公司以及金额巨大的险种。

2. 保险代理人展业。对许多保险公司来说，单靠直接展业是不足以争取到大量保险

业务的，在销售费用上也是不合算的。如果保险公司单靠直接展业，就必须配备大量展业人员和增设机构，大量工资和费用支出势必会提高成本，而且展业具有季节性特点，在淡季时，人员会显得过剩。因此，国内外的大型保险公司除了使用直接展业外，还广泛地建立代理网，利用保险代理人和保险经纪人展业。

3. 保险经纪人展业。保险经纪人不同于保险代理人，保险经纪人是投保人的代理人，对保险市场和风险管理富有经验，能为投保人制订风险管理方案和物色适当的保险人，是保险展业的有效方式。

五、能力拓展

练习：李先生在一家公司搞营销，家有妻子、父母。2005年6月，他为自己投保了某保险公司终身寿险及附加住院补贴医疗保险。其中寿险保额10万元，身故受益人是妻子，附加住院补贴为60元/天，受益人是自己。投保不过半年，一向健康的李先生在出席一个酒会时，突感腹痛难忍并伴恶心呕吐，送至医院被诊断为急性坏死性胰腺炎。虽经抢救，但最终医治无效于10天后不幸去世。李先生的妻子向保险公司提出了理赔申请。经过理赔审核，保险公司向她支付了10万元身故理赔金。此外，保险公司还向李先生的父母及妻子分别支付了200元住院补贴理赔金。

请分析李先生的妻子对住院补贴理赔金发放产生了疑问，为什么此笔赔偿不像身故理赔金那样，均归自己所有。

模块2
寻找保险客户

一、学习目标

本模块要求学生了解寻找潜在保险客户的基本策略，认识潜在保险客户的评估管理方法，掌握寻找潜在客户的方法与途径。

二、工作任务

在本次任务中，学生应进一步提高营销技能。实训中，要求学生熟悉寻找保险客户的基本策略，重点掌握寻找保险客户中陌生拜访法和缘故法以及潜在客户的评估与管理的主要内容。

三、实践操作

【材料阅读】

李成的客户在哪里？李成今年刚从大学毕业，为了接触社会，尽快提升自己的社交往能力，李成从事保险销售工作，他认为，做保险虽然辛苦，但接触的人多，自己能学到许多东西。经过培训后，李成来到了营业部。这时李成发现，他在这个城市没有什么朋友，所有的朋友又都刚刚从学校出来，经济状况不佳，不知道该找谁谈保险。每次晨会结束以后，李成总是提着皮包，站在公司门口，不知道该往哪里去。

（资料来源：万峰：《寿险销售技巧》，北京，中国金融出版社，2003。）

思考与讨论： 从李成的实际情况出发，他应该如何开发准客户？

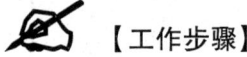【工作步骤】

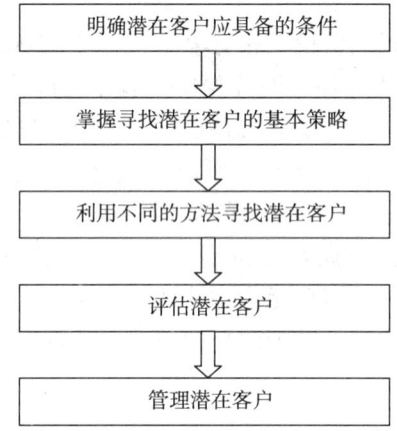

第一步 明确潜在客户应具备的条件

潜在客户是保险推销的对象，是与保险公司建立了联系并有希望参加保险的客户。寻找潜在客户是保险营销的第一步。寻找潜在客户并不是随便地列出客户的清单，而是一项讲究策略的工作。潜在客户一般应具备以下条件。

1. 需要保险。一般来说，绝大多数人都有保险的潜在需求，只不过没有觉察到保险的紧迫性罢了。只要营销员能及时加以宣传引导，指出其面临的风险威胁，就能引发其兴趣，进而产生保险需求。因而，营销员要了解客户已表明的需求，并协助他们发现被忽略的需求，把他们的潜在需求变为现实需求。

2. 有保费支付能力。保险合同是双务合同，它要求保险人与被保险人权利和义务对等。如果单位或个人没有缴付保险费的能力，推销员再努力也不会成交。因此，作为保险消费主体的潜在客户，应是有支付能力的单位或个人。以人寿保险为例，老年人比青年人更需要人寿保险或养老保险，但如果老年人支付能力不足，仍不能成为现实的客户。

3. 有投保的资格。有投保资格是指潜在客户及其投保的财产或者人身必须符合保险投保的有关条件。投保条件通常因投保险种不同而不同，对人寿保险而言，身体健康是承保的必需条件，吸收身体不符合承保条件的人参加保险，必然加大出险概率，加大其他被保险人的风险，这不但会使保险公司经营受影响，而且还会损害其他被保险人的利益。对财产保险而言，最根本的条件就是投保人对投保的财产必须有一定的经济利益。

4. 便于拜访。这不仅要求与待拜访者在地理距离上比较接近，便于及时访问面谈，而且要求在年龄、文化程度、兴趣爱好等方面有相似之处。对营销员来说，应考虑不花过多的时间就做成一笔业务。

第二步　掌握寻找潜在客户的基本策略

潜在客户来自许多方面，包括现在的和过去的客户、朋友、亲属和邻居、曾经的业务伙伴、广告和电视营销活动中的附单和咨询、国际互联网主页的咨询、报刊杂志上的文章与广告、通讯录和工商名录、公司记录和报告等。保险营销人员寻找潜在客户的基本策略主要有以下五个方面。

1. 积极的观察与正确的判断。通过观察自己周围的人寻找潜在客户，然后通过分析、判断并加以分类，看哪些人最有可能成为自己的客户。

2. 引起连锁反应。保险营销人员认识的人越多，他拥有的潜在客户也就越多，成交的机会也就越多，业绩必定会越好。请亲戚、朋友、客户等为自己介绍几个可能购买保险的人成为自己的潜在客户，如此连锁介绍，可以无限地扩展下去，就会拥有用不尽的潜在客户。

3. 养成随时发掘潜在客户的习惯。为了补充所需要的潜在客户，保险营销人员要随时随地、连续不断地发掘与收集潜在客户的资料，并要将发掘潜在客户变成自己的工作习惯，成为生活中的一部分。

4. 记录每日新增加的潜在客户。保险营销人员参加社交活动或者阅读报纸杂志时都可能获得新的潜在客户。为了不忘记，保险营销人员应随身带一个记录本，只要一听到或看到一个可能入选的潜在客户，就立即记录下来，并且对他们的资料记录得越详细越好。

5. 分析潜在客户。

【知识链接 2-2】

如何分析潜在客户

1. 将保险和服务的所有特性和利益列一张清单。保险特性无论多么微不足道，都不应忽视。所以，应当从客户角度出发，按重要程度将利益排序。

2. 列举公司的优势和劣势。例如，公司财务实力强吗？信誉良好吗？保险和服务如何？

3. 竞争者的优势和劣势是什么？

4. 描述行业中典型客户的所有主要特征。

5. 市场上是否还存在着潜在客户？准备好挑战现状。

6. 根据保险特性、利益及其重要次序，根据公司的优势、劣势和竞争的性质，分析本公司的保险和服务最适合哪一类客户，其次适合哪类客户。

第三步　利用不同的方法寻找潜在客户

寻找潜在客户就是找寻一些合适人士作为行销对象，但保险与一般商品截然不同，假若是售卖汽车或电器产品，通常只需在报刊、杂志刊登广告或把商品陈列在橱窗，客户觉得适用而价格合理，就会主动购买。而保险产品是看不见和摸不着的，一般人不易明白其好处，就不会主动购买，所以保险营销人员必须主动寻找潜在客户。保险营销人员寻找潜在客户的方法很多，具体如下。

1. 缘故法。缘故法就是利用人际关系，如亲朋关系、工作关系、商务关系等寻找潜在客户，这是潜在客户开拓的一条捷径。假如你有一个叫 M 的朋友，以他为中心，在他的周围列上他熟悉的一些人的名字，根据这种方法，大多数人都能提供 5~10 人的名字。接着，再以同样的办法，以 M 的某一位朋友或熟人为中心，无休止地发展下去，在 M 身上的圆心影响作用就会一直延续下去。这种方法的优点是：推销员对潜在客户比较了解、容易接触、客户资料收集方便，容易挖掘客户的保险需求，成功率较高；对于新业务员来说，由于专业知识不足，在销售中难免发生错误，在自己的亲人面前，较容易纠正。新业务使用这个方法容易打开局面，但是由于亲朋好友人数有限，所以仅仅靠此方法是不行的。

2. 陌生拜访法。陌生拜访是一种无预约性的拜访。是推销员有意识地在居民区、商业中心等地拜访居民、办公室人员等，通过拜访以寻找准客户、开拓客户群。这是一种对初次步入保险营销行列的营销人员的心理和意志的磨练，但由于其费时且收效不显著，一般在后期很少采用。具体做法是选择好某一区域或某一行业，然后到每家每户走访，从中找出所需要的保险推销对象，陌生拜访法是直接拜访素不相识的家庭或个人，所以在拜访前应有足够的心理准备。陌生拜访法可分为挨家挨户敲门式（又称扫楼式）和市场调查问卷。根据"大数法则"原理，只要被寻访的客户数量足够多，必然会寻找到投保的客户。

拜访的步骤一般为区域活动—收集目标区域—背景资料—编制标准接触语术—语术背诵及演练—争取复访机会。

【知识链接 2-3】

陌生拜访注意事项

1. 营销员要根据产品特色和本人优势，选准展业的行业和地区。

2. 精心作好拜访前的准备，包括如何讲好第一句话，准备好名片，对保险公司和产品的介绍资料的准备，对各种可能提出的问题，如何进行回答的设想等。

3. 第一次拜访的目的是取得准客户的姓名、地址、电话等联系方式，因此对客户的其他拒绝理由不要太注意。

3. 介绍法。介绍法就是请已投保的保户以口头、便条、信笺、电话等形式介绍新的准保户。这是寻找潜在客户的有效方法。要想成功地应用这一方法，其前提是营销人员必须取信于现有客户。介绍法的好处是可以大大地避免展业的盲目性，有助于未来业务员赢得新客户的信任。由于朋友或熟人的介绍，可以减少客户的直接拒绝，争取到面谈的机会，从而达到签单投保的目的。

4. 中心辐射法。中心辐射法是指营销人员在某一特定范围内，首先选择有较大影响的中心人物为客户，然后利用中心人物的影响与协助，把该范围内可能的潜在客户发展为客户的方法。中心辐射法可以避免营销员重复单调地向每一个客户进行展业的宣传工作，有利于节省时间和精力，同时又可借助于中心人物的威望，提高保险业和营销人员的威信。运用中心辐射法时，寻找中心人物是关键。

【知识链接 2-4】

中心人物形成的必备条件

1. 中心人物是热心的保险客户，对营销人员有相当的了解，愿意帮助营销拓展业务。

2. 中心人物对营销人员的人格和能力具有绝对的信心。

3. 中心人物必须对所推荐的人有一定的影响力。

5. 资料查阅法。指通过有关资料的查阅寻找有用的线索，寻找准客户。营销员务必通过查阅资料获取准保户。

【知识链接 2-5】

资料的主要来源

1. 统计资料。各行业、各单位以及专门的统计机关，每年都要编制和发布各种统计资料，这些统计资料对发掘潜在客户很有价值。

2. 报刊和广播、电视。尤其是地方性的报纸，常有些人物专访，并伴有照片和个人经历介绍，都在一定程度上折射出潜在客户的许多信息，营销员平时要多积累。

3. 工商管理公告。工商行政管理部门每年都要发布各种类型的公告，如商标注册公告、企业登记注册公告等，这些公告中都有有关企业情况的简要说明。

4. 电脑网络。网上聊天、网上购物已经成为时代的新宠，有意识地与对方谈及保险，会收到意外之喜。

5. 行业或职业的通讯录。例如某某学会、协会、年会、企业家名录等。

6. 电话簿、名片。目前，各地市都有专用的电话簿，不仅详细地登载了本地区企事业单位的名称、地址、电话，而且也登载了部分私人电话。另外，利用自己亲朋好友手中积存的名片，也可以寻找准客户。

6. 个人观察法。这种方法要求营销员有灵敏的嗅觉，不管对何人、何处的交谈活动，都随时保持职业的警觉，留意收集保险营销对象的线索。交通工具上、百货商店里、娱乐场所中，凡是有人群的地方都是营销员施展观察法的用武之地。

7. 咨询法。随着社会经济、文化的进步，咨询业应运而生，各类信息咨询公司如雨后春笋般涌现，营销人员可以利用这些咨询公司寻找潜在客户，只需花少量的咨询费，就可得到许多重要的资料。

8. 委托助手法。这种方法是营销人员通过委托有关人士来寻找潜在客户。在西方和日本，这种方法运用比较普遍，一些营销人员常花钱雇用一些有关人士寻找潜在客户，自己则集中精力从事营销拜访工作。被委托来寻找准客户的人,一般被称为"推销助手"或"猎犬",这种方法也叫"猎犬法"。

9. 社交寻找法。这种方法是指利用参加各种社交会议的机会寻找准客户的方法。营销人员应尽可能地参加一些社交性的活动和会议,开阔眼界、广交各界人士、建立广泛的社会关系网,从而得到无穷无尽的客户来源。

第四步 评估潜在客户

获得潜在客户名字后,不必立即约见,首先应该衡量一下他们是否具备潜在客户的条件,避免浪费时间在一些不合格的潜在客户身上。保险营销人员可以利用表2-3来评估潜在客户,也可以从投保愿望、购买能力、购买决策权三个方面进行,三个标准必须同时具备、缺一不可。只有存在投保愿望、具有投保资格,且有缴费能力的潜在客户,保险营销人员才能向他们进行营销。

表2-3　　　　　　　　　　潜在客户评估表

姓名来源:										
A. 亲戚和朋友										
B. 同学和校友										
C. 兴趣相近的朋友										
D. 过去和现在的邻居										
E. 经由配偶和子女所认识的人										
F. 社交团体所认识的人										
G. 和职业上相关的人										
H. 时常付款的对象										
日　　　期										
电　　　话										
备　　　注										
评分类别	累计总分（最高74分）									
职业	行政管理	8								
	经营商务	8								
	专业人士	7								
	公务员	6								
	业务人员	5								
	文职人员	5								
	家庭主妇	3								
	服务业	2								
	制造业	2								
	学生	1								

续表

家庭年收入	≥120 000 元	12									
	60 001~120 000 元	10									
	30 001~60 000 元	9									
	20 001~30 000 元	6									
	10 001~20 000 元	4									
	≤10 000 元	2									
年龄	≥45 岁	4									
	35~44 岁	6									
	25~34 岁	8									
	≤24 岁	2									
婚姻状况	已婚——有子女	10									
	已婚——无子女	6									
	单身	1									
相识时间	≥6 年	4									
	3~5 年	2									
	<3 年	1									
交往程度	亲朋好友	8									
	普通朋友	4									
	泛泛之交	2									
每年联络次数	8 次以上	8									
	4~7 次	4									
	1~3 次	2									
	完全没有	1									
接触程度	很容易	8									
	容易	4									
	不易	2									
	很困难	1									
人群影响力	很好	8									
	较好	4									
	还可以	2									
	没有	1									

简单地讲，潜在客户的评估是要保险营销人员回答下列五个问题。

（1）潜在客户是否存在对保险的需求？

（2）潜在客户是否有足够的购买力？

（3）潜在客户是否有购买决策权？

(4) 潜在客户是否能够接近？

(5) 潜在客户是否符合特定的资格与条件？

前两个问题分别要求保险营销人员对需求状况、购买力状况进行评估，后三个问题实际上是要求对潜在客户购买资格和实施营销活动的可能性进行审核。

1. 购买需求评估。判断某一可能的潜在客户是否真正需要保险营销人员所营销的保险。

(1) 如果有需要，可以继续其他方面的评估。

(2) 如果没有需要，说明评估对象不具备潜在客户的起码条件，应从潜在客户名单中划掉。

(3) 要把强行营销与引导需求分开。一些客户暂时意识不到自己需要某种保险，不了解保险能为其带来的利益。在这种情况下，保险营销人员完全应该帮助客户确认自己的需求，并把他们留在客户名单中。

(4) 保险营销人员只有在既了解保险又了解客户的前提下，才能判断自己所营销的保险是否能够满足客户的需求。

(5) 如果不考虑特定保险的特征，判断某一潜在客户是否对其存在需求是不容易的。

2. 购买决策权的调查。如果潜在客户确实存在需求，也拥有足够的支付能力，下一步就应考察其是否拥有购买决策权。了解在潜在客户的决策过程中谁拥有主要决策权十分重要，这有助于保险营销人员节省时间和精力，提高成交率。

3. 潜在客户可接近性评估。保险营销人员要对接近客户的可能性作出判断。有些客户既有需求和购买能力，也有决策权，但可能仍然不能作为实际营销的对象，因为保险营销人员无法接近这些人。

4. 特定资格与条件的审查。保险营销人员要对潜在客户是否具备某些特定资格与条件进行调查了解。例如，保险公司通常规定投保健康险种的潜在客户必须通过必要的医疗检查，如果投保人不能通过医疗检查，则不能作为保险公司的客户。

第五步　管理潜在客户

经过上述的评估过程，保险营销人员就可以把符合各项条件的潜在客户作为实际营销对象实施拜访等活动。但保险营销人员不可能同时拜访众多客户，因此，需要对潜在客户进行分级管理，同时对收集到的潜在客户资料也应进行认真的建档和管理。

1. 对潜在客户进行分级。保险营销人员通常把潜在客户分为6级。

【知识链接 2-6】

潜在客户的分级标准

1. 一级客户。一级客户即为理想的潜在客户。这一级的客户已处在投保的边缘，只要保险营销人员稍微做些工作便会投保。他们一般有以下特征：健康状况良好、有足够的支付能力、最容易接触、富有责任心、迫切需要保险保障。

2. 二级客户。二级客户即为较为理想的潜在客户。这一级的潜在客户相对于一级客户而言,还受某种因素影响,因而暂时不会投保。但他们也具备了相当的优势,因而要对他们做好进一步跟进工作。

3. 三级客户。三级客户即为健康状况暂时欠佳的客户。这一级的客户同一级客户基本相同。但因为健康方面的原因,目前暂时还不适宜投保。

4. 四级客户。四级客户即为经济状况欠佳的客户。这一级的客户各方面条件都不错,但经济状况欠佳。对这一级的客户可以先放一段时间,待他们经济状况改善后再行动。

一级客户到四级客户,都是保险营销人员应首先考虑的潜在客户。因为他们对保险已有正确的认识,都有投保的需要和意愿,不需要保险营销人员花太多的心思做沟通和引导工作。

5. 五级客户。五级客户即为对保险缺乏正确认识的客户。对这一级的客户应当保持联系、勤于拜访,逐步改善他们的保险意识。

6. 六级客户。六级客户即为新客户和难对付的客户。实际上,保险营销人员不可能全面了解清楚每个客户之后才去营销保险,因而,对于还未了解的客户,可以先定为六级。

2. 潜在客户的分级管理。分级管理有助于避免营销工作的盲目性,抓住良好的销售机会。保险营销人员在实际应用分级管理时,必须注意以下几个问题。

(1) 应随着情况的变化,及时改变分级标准,调整客户的级别。分级标准是依据保险的特征、客户的特点以及市场状况制定的,当上述因素发生变化时,分级标准也必须随之变化。

(2) 既要避免分散使用营销力量,做到有主有次,又要避免轻视低级别客户,做到一视同仁。保险营销人员可以把较多的时间和精力用于说服较高级别的客户,但要向低级别客户提供同等质量的保险和售后服务,要以同样热忱的态度对待每一位客户。

(3) 在无法对潜在客户实行分级管理时,保险营销人员应该考虑在不同的营销区域实行分类管理。例如,可以根据地区市场的不同容量、重要程度、购买力水平等进行分级,在不同的地区投入大小不同的力量。

3. 潜在客户的资料管理。对收集到的潜在客户的资料只有认真地进行整理、分类、储存并建立完整的客户档案,才能使之成为有用的客户资源。因此,建立以"客户资料卡"为核心的客户资料库,是客户资料管理的基础。在建立客户资料库过程中,我们对遴选出来的重点准客户,要展开重点公关活动。其目的是关心和了解客户的保险需求,争取客户的信任,树立业务员的形象,为进一步的展业活动打下良好的基础。

【知识链接 2-7】
寻找潜在客户案例

[案例 2-3] 陌生拜访案例

在介绍日本著名保险推销员原一平奋斗经历的《推销员之神》一书中,有这样一个例子。

有一天，原一平搭计程车去办事，车子在十字路口被红灯拦住停了下来，紧随其后的一辆黑色轿车也停了下来，与原一平的车子并列。原一平转头看那部豪华的轿车，看见车后座上坐着一位头发斑白但颇有气派的绅士，他正闭目养神。红灯转绿，那部黑色轿车起步较快，开到原一平车子的前面，轿车车牌号是自用车的白号码。原一平立刻掏出笔记本，记下了车牌号码。就在当天，原一平把事情办妥之后，立即打电话到监理所查询，得知那辆车是F公司的自用轿车。原一平又打电话给F公司，得知是M常务董事长的车子。原一平又问清了M常务董事长什么时候下班。随后展开了对M常务董事长的第二回合调查行动，包括M常务董事长出生的地方、兴趣、嗜好，公司的规模、营业项目、经营状况，以及住宅附近的地图。后来他登门拜访了那位M常务董事长，并成功签下了一份大额保单。

（资料来源：王淑英：《保险营销》，北京，中国人民大学出版社，2001。）

点评：

陌生拜访对于许多做销售的人来说是一个棘手的障碍，许多人都会觉得无从着手，但是你又必须得逾越它。没有谁的人脉资源是无限的，你原有的人脉资源总有用完的一天。原一平处处留心他可能要开拓的客户，时时关注客户，用心了解客户，用一颗持之以恒的心，终成大单。要想扩大你的团队，提升你的业绩，你就必须掌握陌生拜访的技巧。

四、知识拓展——电话陌生拜访的技巧

场景

推销员：您好，请问是刘先生吗？我是××保险公司的寿险顾问卢姗，刘先生您现在说话方便吗？

刘先生：是我，可是我没有打算买保险呀！

推销员：是这样的，刘先生，我主要是想跟您约个时间，谈谈我们从国外引进的家庭财务保障计划，也就是尽最大努力分散客户在家庭财务方面的风险。同时，我也想与您分享一些有价值的观念供您参考。

刘先生：这对于我有什么意义呢？

推销员：这样的财务保障计划，我们曾经跟很多像您这样的专业人士谈过，他们都觉得很有帮助。

刘先生：我好像没有这方面的需要。

推销员：至于这个计划您是否需要，它是否能对您有帮助，您最好在谈过之后再作决定。我想跟您确认一下时间，您本周一比较方便，还是本周三比较方便？

刘先生：周三吧。

推销员：那周三您是上午10点方便，还是下午2点方便？

刘先生：下午2点好了。

推销员：去您的办公室吗？

刘先生：好吧。

推销员：那我周三下午2点准时到您的办公室，我也请您记下我的电话号码139×××4656，如果您临时有事，麻烦您事先通知我。

点评分析

推销员在打电话前要做好准备，充分地了解客户的基本资料。打电话时要首先确认对方是自己的准客户，以减少时间和金钱的浪费，确保无误地与客户通话。接下来是告诉对方自己的单位和姓名，征得对方同意后，再谈正事。讲话时应简洁明了，挂电话前跟客户再次重复约见的时间地点，并提示客户记下自己的电话，以备不时之需。电话拜访是为了说明自己的想法和要求，并达到与客户约见的目的。

方式和策略

电话约访成功的要诀是：话语尽量简洁，要表现出诚恳和率直。推销员的每一句话都是对方对自己公司和自己的评价尺度。一般来讲，嘴离话筒保持5~6厘米的距离时，发出的声音是最美妙动听的。

保险推销员在电话中要给对方一个良好的印象，通话时尽量用清晰而干脆利落、令人愉悦而带着笑意的声音。要克制自己的声调但不能过分夸张，因为声音能反映出每个人的个性和态度。"带着笑意的声音，得体、机智、敏捷"是良好的电话沟通中必需的基本素质。

推销员在每次打电话前都要有充分的心理准备，最好是先列出几条重点并写在纸上，以免对方接电话后，自己由于紧张或兴奋而忘记通话内容。另外，在与对方沟通时，对于每一句话该怎么说、要表达的意思，都要有所准备，有必要的话应提前演练到最佳状态。以下几点是大家一定要注意的。

注意语气的变化，态度要诚恳。推销员的言语要富有条理性，不可语无伦次地前后重复，以避免对方产生反感。

讲话时除去必要的寒暄和客套之外，应长话短说，尽量少说与业务无关的话题。

打完电话后一定要向客户致谢，并在客户先挂断电话后，推销员才能轻轻挂上电话，以表示对客户的尊重。

电话拜访的目的是约见客户，无论使用何种技巧，都应让对方觉得很有必要与你见面，这是电话拜访的基本原则。

专家建议：要努力养成在3分钟之内就结束通话的良好习惯。

（资料来源：http://read.dangdang.com/content_771274。）

五、能力拓展

练习：谢铭是一个比较有思想的业务员，看到其他伙伴们接触到大客户，签下多单，心里既佩服又羡慕。于是他一心琢磨要挖掘出一个大客户，签一个大单，可以好好享受一整年。一个偶然的机会，谢铭看到报纸上的"2001年中国财富排行榜"，顿时豁然开朗，迅速记下前十名的名单，并做好了下一步的接洽准备。谢铭心想这十个人只要其中任何一位成为了我的客户，我就可以逍遥四五年了。于是谢铭开始了他准客户开发计划：第一步信函联系，结果数以百计的信全部石沉大海；第二步电话交流，不管什么时间段一律被秘书挡驾；第三步陌生拜访，不是总裁正在开会、宴请、剪彩、授奖，就是 CEO 不在国内。总之，谢铭费尽心思，也没能见到任何一位。时间随着努力也在不断流逝，周围的同事们无论大单、小单都有收获，半年的时间谢铭却一无所获，这使他一贯自信的思维受到颇大的打击。针对谢铭的准客户开发计划，公司的主管和同事也存在不同意见，有的认为谢铭志向远大，目前只是时候未到、还应继续；有人认为谢铭好高骛远，把这些"富豪"列为准客户是不切实际。

1. 你赞不赞成谢铭的准客户开发计划？为什么？
2. 从准客户的评估标准来看，谢铭的开发计划哪些地方需要调整？

模块 3
拜访保险客户

一、学习目标

在本模块中，要求学生了解要拜访的客户类型、应对方法及客户购买行为，了解拜访客户要准备的工具，掌握制订拜访客户的计划。

二、工作任务

在本次任务中，学生应进一步提高营销技能。实训中，要求学生熟悉要拜访的客户类型、进行分类比较，针对不同的客户提出不同的应对策略。熟悉客户购买的动机和行为，掌握拜访客户要准备的工具。重点掌握制订拜访客户的计划，能够独立完成制订拜访客户的计划书。

三、实践操作

【材料阅读】

徐必成如何取得面谈机会

面对咆哮的客户，业务员徐必成用这样一种方法给予回答。

徐：你的太太和我的太太都是太太，然而我不认为她们一样，我这样说对吗？

徐：这个世上是不是没有两个完全相同的人？所以我又怎么会和别人一样？

徐：我没见过一个会讨厌所有女人的离婚男人，我也没见过视每一个女人如他前妻的离婚男人。我说得对吗？

准客户：我想是对的。

徐：那我又怎么会和那些没能力的业务员一样呢？

徐：因为，我想你是一个讲道理的人，之前的那些人所以会使你生气和失望，必然是他们无能又无用。不然的话，你也不会这样看不起他们，对吗？

准客户：为什么你会说我看不起他们？

徐：因为刚才你看到他们对我愤怒、咆哮！

准客户：好啦！你想和我讨论什么？

（资料来源：万峰：《寿险销售技巧》，北京，中国金融出版社，2003。）

思考与讨论：

1. 在徐必成拜访客户的过程中，他的处理方式有哪些优点？
2. 请分析一下徐必成为什么会在接触中取得对客户的主动地位。

【工作步骤】

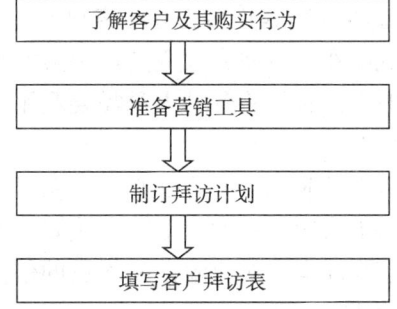

第一步　　了解客户及其购买行为

保险营销人员必须了解将要拜访的客户。保险客户的类型及应对方法具体如下。

1. 内向型客户。这种类型的保险客户生活比较封闭，对于外界事物表现比较冷淡，一般与陌生人交往要保持相当的距离，对于自己的小天地之中的变化相当敏感。他们大多讨厌保险营销人员的过分热情，因为这与他们的性格格格不入。对于这一类保险客户，保险营销人员给予他们的第一印象将直接影响他们的购买决策。因此，保险营销人员需在初次拜见时就给这种类型的客户留下良好的印象。

2. 随和型客户。这种类型的保险客户性格开朗、容易相处、内心防线较弱，对陌生人的戒备心理不如内向型客户强。这一类客户表面上是不喜欢当面拒绝人的。对于随和型客户，保险营销人员的幽默、风趣自会起到意想不到的效果。如果受到保险客户的赏识，他们会主动帮助保险营销人员营销。

3. 刚强型客户。这种类型的保险客户性格坚毅，个性严肃、正直，尤其对待自己的工作认真、严肃，决策谨慎、思维缜密。一般说来，刚强型客户不喜欢保险营销人员随意行动。由于这种类型的保险客户初次见面时难以接近，如果在拜访保险客户之前获知这类客户的特点，最好经第三者介绍，这样会对保险营销更为有利。

4. 神经质客户。这种类型的保险客户对外界事物、人物反应异常敏感，而且容易耿耿于怀；他们容易对自己已经作出的决策反悔；情绪不稳定、易激动。保险营销人员必须能在营销保险的过程中把握这类保险客户的情绪变动，顺其自然，并且能在合适的时机提出自己的观点。

5. 虚荣型客户。这种类型的保险客户在与人交往时喜欢表现自己、突出自己，比较喜欢听别人过多的劝说、比较任性，而且嫉妒心比较重、爱面子，多喜欢恭维类型的话。保险营销人员在应对这种类型的保险客户时，要主动寻找对方熟悉或感兴趣的话题，为他提供发表高见的机会，千万不能轻易反驳或打断他的谈话；在整个保险营销过程中，保险营销人员不能表现太突出，不要对这种类型的客户造成对他极力劝说的印象。

6. 好斗型客户。这种类型的保险客户好胜、顽固，同时对事物的判断比较专横，而且喜欢将自己的想法强加于别人，征服欲很强。保险营销人员在对待这种类型的保险客户时一定要做好适当的心理准备，准备好被他步步紧逼，必要时丢点面子也许会使事情好办得多。

7. 顽固型客户。这种类型的保险客户多为老年客户或者是在保险消费上有特别偏好的客户。保险营销人员不要试图在短时间内改变这类保险客户，否则容易引起对方强烈的抵触情绪和逆反心理。一般来讲，保险营销人员需要利用手中的资料、数据来说服对方，这样保险营销成功的概率会更大一些。

8. 怀疑型客户。这种类型的保险客户对于保险产品甚至保险营销人员的人格都会提出质疑。面对怀疑型客户，保险营销人员的自信心很重要，不能因为客户的怀疑而对自己所营销的保险没有信心。建立起客户对保险营销人员的信任至关重要，端庄严肃的外表与谨慎的态度会有助于营销成功。

9. 沉默型客户。这种类型的保险客户在整个营销保险的过程中表现都很消极，对营销冷淡。如果保险营销人员不擅辞令，会使整个局面陷入僵持。面对这种客户，保险营销人员可以提出一些简单的问题刺激保险客户的谈话欲。保险客户由于考虑问题过多而陷入沉默，这时应给对方一定的时间去思考，然后提一些诱导性的问题试着让对方将疑虑讲出来大家协商。如能当时解决，则迅速调整；如果问题不容易解决则先告退，避免关系更为僵化，以增加下次拜访成功的可能性。

第二步　准备营销工具

营销的目的在于成交。影响成交的因素很多，除了保险营销人员个人的形象魅力、专业知识、正确的心态、熟练的技巧以及良好的工作习惯外，若能在营销前准备好各类营销工具，辅助营销，将会起到事半功倍的效果，定能使成交机会大大提升。保险营销人员需准备的营销工具包括：

1. 客户资料。主要有：
(1) 客户的姓名、地址、电话、职称、中英文头衔及技术职称；
(2) 客户的年龄、文化程度及专长；
(3) 客户的出生地、就读过的学校，在哪些单位工作过，参加过什么社团或组织；
(4) 客户的身高、体重、性格特征、兴趣及爱好；
(5) 客户的作息时间及以往病史、以前的投保情况；
(6) 客户的经济及家庭状况，如资产、收入、支出，配偶的职业、收入、生活状况；

（7）对客户影响最大的亲戚朋友，客户是否具有购买决策权，如果没有，真正的决策人是谁；

（8）客户的家庭其他成员及他们的年龄、出生日期、性别和工作、学习情况。

2. 推销道具。主要有：

（1）身份证明。包括推销资格证书、全国保险代理人资格证书、保险公司核发的展业证书、身份证或工作证、名片等。

（2）文字资料。包括保险宣传手册、保险宣传单、推销图片、客户投保资料、报纸杂志的有关介绍、建议书等。对这些资料要筛选美化，重点在于公司形象的升华及个人专业形象的设计，以消除客户的疑虑，取得他们的信任。

（3）保单及签单所需的材料。包括保单介绍资料、保单、建议书、费率表、计算器和收据。

（4）信函。包括给可能买主的推荐信、感谢信、文具、通信工具、小礼品等。

第三步　制订拜访计划

为了顺利达到拜访保险客户的目的，保险营销人员需要制订周密详细的拜访计划。

1. 明确拜访的目的。拜访的目的明确，保险营销人员就能掌握主动权。因此，拜访前应明确对客户进行拜访的目的，如礼节性拜访、正式推销、市场调查、收集资料、售后服务、签单、受款、送保单等，这样可使保险业务员以最少的时间投放，取得最佳业绩。

2. 确定拜访的策略。拜访一般分为初次拜访与再次拜访，其策略应有所不同。对于初次拜访，目的是让客户对保险发生兴趣，以便制造下次拜访的机会，因此，一般时间不宜太长，也不要作结论性发言；而对于再次拜访，必须和上次作不同的寒暄招呼，谈论对方感兴趣或其他嗜好方面的话题，携带一些对方感兴趣的资料。

3. 确定拜访的对象。如果拜访的对象是家庭或个人，按事先约定去拜访就行了，至于哪个家庭或个人并不重要。但若是企业或单位就应该吃准谁是最佳的拜访人选。一般来讲，工会干部最容易动员，但没有权。办公室人员能承上启下，为营销员向领导传递宣传资料，安排会面时间。财会人员掌握财权，不可忽视。厂长或经理则最为重要，大都是保险还是不保险的最后决策者。

4. 选择拜访时间。保险营销人员必须确定已联系好的保险客户的访问时间。一般来说，保险营销人员拜访保险客户的时间能够预约安排下来将有助于营销的成功。若选择拜访保险客户的时间恰巧是他最忙的时候，客户就会觉得保险营销人员在干扰他的工作，使他产生不快，必定会导致不良的后果，因此保险营销人员在平时应多观察、多了解。时间的选择因人而异，财会人员的拜访时间要错开月初和月末，公司职员的拜访时间最好安排在上午11~12点和下午6点钟以后，家庭主妇的拜访时间为上午10~11点和下午2~4点较合适，美容业的拜访时间为上午11点至下午3点为最佳，饮食业的拜访时间常选择在下午2~3点。时间的选择从某种意义上讲就是时机的把握。

5. 选择有利的地点。地点选择所遵循的原则是有利于推销而不受（或少受）外界干扰和以客户的意见为主,可以是在客户的办公室,也可以是在他家。若保险营销人员演讲的技巧较好,而且能控制听众的情绪,听众多一些当然是好事,反之,与客户单独会面比较好。

6. 拟订营销面谈要点。保险营销人员要拟订面对保险客户时的营销交谈要点。根据客户的兴趣爱好确定一个聊天的话题,并周密设计如何围绕这一话题展开谈话,提哪些问题容易引发客户谈话的兴趣。同时,保险营销人员应计划自己在介绍险种和保险计划时,做到言简意赅,明确告诉客户接受了保险营销人员提出的保险计划后,能获得什么样的利益,并且还要分析和评估客户可能提出的异议,以及排除异议的说辞。对于保险营销经验不丰富的保险营销人员,一定要多花一些时间去准备这方面内容,做到有备无患。

7. 设计拜访路线。这样做可以合理地使用时间、提高拜访效率。选择拜访路线时,应当考虑客户的类型、所在的区域、拜访性质等。重点拜访的客户放在首选线路,一般性拜访的客户穿插在重点拜访的线路上。分行业拜访时,应选择优先拜访对象;分区域拜访时,应将重点拜访与一般拜访相结合。

8. 梳理拜访计划的内容。保险营销工作是极富弹性的,但要取得良好业绩,制订拜访客户的计划相当重要。拜访客户的计划一般包括拜访前和拜访后两个内容。拜访前的计划内容包括客户的基本情况、客户保险消费行为特征、保险营销人员为客户提供哪些服务、如何进行营销以及本次访问所预定的目标。拜访后的计划内容包括总结所取得的收获,设想下一步行动等。访问结束后应当总结在这次访问中有哪些收获,如访问的结果如何,通过拜访获得了哪些有益的启示,等等。同时,在计划的最后保险营销人员应当设想下一步行动应如何进行,比如,计划好再次访问的时间、策略及再次拜访的商谈内容等。

9. 设计投保建议书。根据实况调查得到的信息,保险促销人员可以提供几种方案,并说明每一种可供选择方案的成本和给付金额,以适应潜在客户的需求。

【知识链接 2-8】

投保建议书的设计要点

1. 合理搭配保险责任。保险责任不是越多越好,因为保险责任越多,客户交纳的保费就多,而他不一定能承担。保险责任主要是根据客户所面临的风险确定的。因此,在设计投保建议书时要分析客户面临的主要风险是什么,次要风险是什么,然后再确定承保责任。

2. 适当设计保费。设计保费应当根据客户收入状况来定,因为保费太高就可能会给客户的日常生活造成一定的影响,很有可能影响最后的签单。

3. 先保障后储蓄。保障型的险种只需要花很少的钱就可以得到巨额的赔付,储蓄型的险种就不存在这一问题,所以向客户说明的时候,要明确地将利害关系告知他们,以便他们根据实际情况慎重作出选择。

4. 夫妻互保。

5. 先大人后小孩。

第四步　填写客户拜访表

根据客户拜访情况，应及时填写客户拜访表，见表 2-4。

表 2-4　　　　　　　　　　拜访保险客户样表

拜访日期	拜访客户	拜访目的	拜访结果	备注

注：拜访目的属以下情况，可直接填写对应序号即可。
A 初次洽谈；B 客户回访；C 谈具体投保项目；D 签订/执行合同；E 培训；F 理赔处理；G 转介绍拜访；其他情况请手写。

填表人：
共　　页，本页为　　页

四、知识拓展——如何提高面谈效率

在拜访客户的过程中，如果能够提高面谈效率就可以避免冷场，并给客户提供更多资讯，捕获更多客户资料，实现与客户的双向良性互动，进而较好地实现销售目标。以下方法对营销员提高面谈效率会有帮助。

1. 面谈从闲聊开始。闻道有先后，术业有专攻。不同客户群由于职业、接受教育、生活环境、生活习惯和成长过程等不同，综合素质有所区别。由于某些特定的领域是客户所熟悉的，所以你的谈话从准客户熟悉的话题入手，一定能够引起客户的兴趣和共鸣。只要客户愿意讲下去，你就有机会把话题引向自己所需要的地方。一般情况下，富有的高端客户对消费和理财有一定的体验，学历较高的客户也许喜欢读书看报，公司职员对"职场攻略"可能有一定的研究，家庭妇女对烹调一定有自己的独到见解等。在拜访准客户前，对你的客户专长要有所了解，并利用一些时间对相关的知识进行一定的学习，以便在拜访中，能够以客户的专长作为谈话的切入点，并通过从内心喜欢、请教、探讨、赞赏等环节，满足客户的自豪感、成就感。这样的交谈如果能够让准客户心花怒放，那么营销员与准客户之间的距离将进一步拉近。可见，为了提高谈话的效用，你要把话说到客户的心坎上。

2. 切入面谈的主题。闲聊仅仅是开场白，快速切入正题才是拜访的目的和关键。根据辩证唯物主义观点，任何事物的联系都具有普遍性。因此一些看似是闲聊的话题，其中可能蕴含保险的道理。因此，营销员在闲聊中要善于发现这种联系，并要在不显山不露水的情况下实现话题的转换。请看以下营销员王静与某股民的实战例子。

准客户：股市长期处于低迷状态，又遇上低利率的时代，现在投资理财的渠道十分有限，不理财又怕人民币贬值。

营销员王静：谁说不是，你是这方面的专家还感到如此，普通的百姓更会感到办法不多。目前城乡居民储蓄余额居高不低，也说明了这个道理。

准客户：不敢称专家，只不过原来买过些股票、债券之类的东西而已，你整天东奔

西跑,是否了解最近这些方面的资讯?

营销员王静:有,通过调查发现,在股市低迷时,许多投资理财高手的资金往往要进行"大挪移",更多的资金将通过股市回笼进行重新财务安排。否则就会遭殃,造成个人财产的流失。

准客户:要是股市指数下滑,来得及"大挪移"吗?

营销员王静:科学判断是关键,看到股市开始往下走的趋势,最好就抽身,但这方面说得容易做起来较难,因此有许多股民的股票都被套牢,正是这个原因。其实我的客户中有老股民,他们都把买保险列为家庭财务安排的重要组成部分。

到了这个阶段,已成功地切入保险的正题。

3. 善听巧问实现面谈的目标。在当今销售过程中,成功的营销员仅会侃侃而谈是不够的,还要学会倾听,能够有的放矢地提问。

在与准客户面谈中,话题可能会包罗万象,即使是针对某一特定的话题,健谈者也会海阔天空。其中有的是你所喜欢的投保信息,而有的也许是对你的公司、产品或行业不满的信息,在这些面谈信息中,你能听到什么完全决定于你的心态。静下心来,把令你高兴的信息、投保所需的信息听进去,记在心间,或经过大脑进行加工整理与思考一下,理出听到的要点,以便更好地进行提问。对于令你不快的信息则可以采取有则改之、无则加勉的态度,泰然处之,你的心情丝毫都不能受到这种"负面"信息的影响。

有经验的一线采编记者,之所以能够写出精彩纷呈的通讯报道,能够"眼观六路、耳听八方",善于提问是不容忽视的手段。通过提问,才能收集到各方的意见或观点,使文章更丰富、更具有可读性。保险营销也是如此,通过客户的回答,你能够更加翔实地掌握客户的情况,这也是面谈的重要任务。

某保险公司年度销售精英史先生认为,在面谈过程中,营销员通常会提出以下"五问":一是征求意见时,你看这么做可以吗?二是确认事项时,这个你都清楚吗?三是加强语气时,难道这个方案你还不满意?四是需要刨根问底时,这个我有点不明白,你能否给我详细介绍一下?五是明知故问,你原来投保的那些险种的保障对你来说足够吗?

(资料来源:《中国保险报》,2006-09-07。)

五、能力拓展

练习:从新兵营毕业以后,陈东方进入保险公司,他就为自己确定了陌生拜访的销售策略。他认为本地的小型合资企业较多,而且都在比较偏僻的地方,一般业务员不愿去,所以,他打算先试试这个市场。接下来的一个月里,他每天都穿上干净的职业装到城郊的合资小企业去拜访,这些合资小企业多半是当地人和港台人合办的,从内地招收了一些打工的人干活。陈东方从内地来不会讲当地话,只能用普通话和那些讲当地话的工厂小老板交流,每次陈东方谈及保险,那些穿着拖鞋和家常衣服的小老板都会说"我不需要保险。""我买那东西干什么?"等拒绝的话。尽管陈东方多次去拜访,他们对他还是不理不睬,他们常常在办公室里用本地话高兴地说笑,而把陈东方晾在一边。一个月下来,陈东方一份人寿保险都没有卖出去,只卖了几个意外卡给打工妹。陈东方觉得很气馁，晚上躺在床上想来想去，觉得自己形象也比较好，态度也很好，不知道这些小老板为什么就不接受他，他不知道该从哪些方面去突破困境。

1. 陈东方的销售策略是否适合他目前的情况？
2. 为什么那些小老板会提出异议？这些异议产生的原因何在？

模块 4 掌握沟通技巧

一、学习目标

在本模块中，学生应熟悉营销面谈的技巧及排除保险异议的要点，掌握面谈的步骤、电话推销的方法和技巧、排除保险客户异议的方法以及几种客户异议的排除技巧。

二、工作任务

在本次任务中，学生应重点提高沟通技巧。实训中，要求学生掌握营销面谈的技巧和排除保险异议的要点，熟悉电话推销的方法和技巧及排除保险客户异议的方法。教师首先要求学生互相扮演客户和营销员进行针对性话术训练，然后总结针对客户的类型，提出相应的沟通策略。

三、实践操作

【材料阅读】

有一位客户在认识周立之前就已经买了很多保险，每年光是保费就要缴 20 万元左右，虽然如此，大部分的保险都是买给子女，自己的保额却很少。

"和他谈过话之后，我知道他并不排斥保险，但是，他对保险的观念却很差。"周立说。针对这一点，周立就从税务、保障资产、创造现金的观念等方面来跟他沟通。

创造现金是一个很重要的观念，周立总不忘问客户："你要赚多少钱才够？"

"5 000 万。"客户回答。

"那么，我现在卖给你 5 000 万的保额，你 1 年只要交××钱，就可以做到了。"

"保险真的可以这样子吗？"客户非常讶异。

"当然！"

周立在与人谈保险的过程中发现，大多数人买保险只是纯粹买了保险这个东西，却不知道为什么要买。

有位客户有气喘的毛病，周立明白地告诉他："气喘很容易蒙主召见，有时甚至只要 30 秒就说拜拜了，假如你的生命只剩一天，你会做哪些事情？"

"……"客户听着默不作声。

"我会关心太太、子女要怎么办，财产要怎么转移。"他仔细地想了又想，回答周立的问题。"这就对了，我们每个人都会有最后一天，只是不晓得这一天会在什么时候到来。"

（资料来源：万峰：《寿险销售技巧》，北京，中国金融出版社，2003。）

思考与讨论：
1. 周立是如何帮客户发现保险需求、建立保险观念的？
2. 案例中他哪些地方做得好？如果你是业务员，你会如何做？

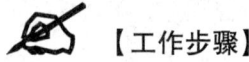【工作步骤】

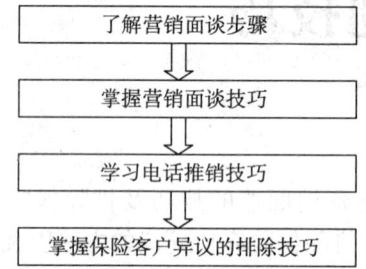

第一步　了解营销面谈步骤

营销面谈是整个保险营销的关键部分。在这个步骤中，会与客户正式会面并谈及保险，客户对营销人员、对公司和公司产品的印象，都会借此建立起来。保险营销面谈的步骤如下。

1. 令客户松弛。许多客户与保险营销人员会面时都会紧张不安，甚至产生抗拒感。所以营销面谈的第一个步骤，就是要令客户松弛，建立亲切的面谈气氛。要舒缓客户的紧张不安，或消除他对你的抗拒感觉，在面谈之前，保险营销人员就应该做好下列工作。

（1）做好准备。出发之前，要把面谈中所用的工具检查一次，例如名片、客户资料卡等，确保所有工具都已准备妥当。

（2）准时赴约。守时是保险营销人员专业精神的表现。因此保险营销人员一定要准时到达与客户面谈的地方。令客户等候只会使保险营销人员在他们心目中留下恶劣印象，破坏营销工作。

（3）整理仪容。面谈之前，保险营销人员应细心整理自己的仪容，衣着也必须大方得体，整齐清洁。如果能容光焕发地赴约，必定会给客户增添不少信心。充足的准备工作，既可增加自信，又能建立专业形象，赢取客户的信赖，这样客户自然乐于与你展开面谈。

（4）问候客户。许多保险营销人员往往都会忽略"您好"、"早安"这些简短的问候语，其实客户在初次与你会面时，可能都会有点手足无措，这些问候语不单是礼貌的表示，更可打破大家初次见面的隔膜。会面后，保险营销人员无须急不可待地向客户介绍一系列的保险产品，不妨先礼貌地打招呼和闲谈，待客户态度显得自然、松弛后才开始营销，这样可收到事半功倍之效。

（5）介绍自己。虽然保险营销人员在接洽中已向客户介绍自己，但有些客户可能很善忘，所以在问候客户后，必须再次清楚地介绍自己，说明自己是哪一家保险公司的代表。假如通过亲友介绍而认识客户，在亲友同意的情况下，也可以说出他的名字，以示与客户有共同的朋友。

（6）说明来意。保险营销人员应简单扼要地向客户说明面谈的目的，使其做好心理准备，明白整个面谈都会围绕着这个目的进行。这样可令大家的话题更加集中，避免东拉西扯，混淆不清。

（7）恭维对方。恭维对方可以缩短你与客户的距离，所以不妨恰如其分地赞赏客户，但这些赞美必须发自内心。同时在这方面不要花上太多时间，以免忘记了面谈的目的，浪费宝贵的销售机会。

（8）控制环境。面谈之前，保险营销人员应该主动地控制环境，避免妨碍面谈的进行。例如在餐厅中会面，应选择较幽静的角落；如在客户的公司会面，而客户没有私人的办公室，你可以询问他有没有空置的会客室，以便进行面谈。

2. 寻找资料。正式面谈前，保险营销人员先要收集客户的资料，了解客户的背景、想法，清楚确定客户的保险需要。寻找资料的步骤如下。

（1）先收集有关客户家庭、财政状况等具体资料，这些资料称为事实资料。事实资料可以帮助保险营销人员了解客户目前的实际情况，分析客户的保险需要。收集事实资料过程中，保险营销人员可以先向客户询问一些普通的问题，例如，"陈先生现在有几个孩子？""陈太太有没有出来工作呀？"这些问题不但有肯定的答案，客户回答起来也会轻松自如。

（2）接着保险营销人员可以收集一些较私人的资料。例如，"陈先生每月有多少收入呢？""你每月大约拨多少钱作家庭日常开支呢？"假如客户对这些问题显得犹豫，保险营销人员应向客户强调所有资料将会保密，同时诚恳地说明索取资料的目的，这样自然能消除客户心中的顾虑。

（3）掌握事实资料后，保险营销人员要进一步探求客户的愿望和想法，这些就是动机资料。例如，"陈先生有没有为孩子准备教育经费呢？"通过动机资料，保险营销人员可以知悉客户最重视和最为关心的事情：是家庭子女，是储蓄财富，还是需要安全感？抓紧客户这些感情及心理上的因素，在建立个别问题和提出解决办法时可以更容易打动客户，这样取得成功的机会就会非常高。

3. 令客户困扰。保险可以为我们解决人生许多难题，但许多人对于这些将来会面对的难题，可能浑然不觉，又或者从未认真考虑过。因此，保险营销人员营销面谈的责任是要唤醒他们，使他们认真地细想这些问题。要令客户同意问题的存在，保险营销人员必须按部就班，先与客户讨论一般问题，即每个人的一生中必然遇到老、病、死带来的经济问题；接着再将问题集中在客户身上，这就是他们的个别问题。

4. 提出解决办法。经过以上的步骤，客户已经明了切身的问题，这时保险营销人员就可以提出人寿保险是解决问题的最佳办法，要打动客户，在提出解决办法时，必须注意下列要点。

（1）针对客户的个别问题。保险营销人员必须针对客户最关心的个别问题，从而引申保险可以发挥的作用，以协助客户解决这些问题，渡过难关。

（2）提出保险是最佳办法。保险营销人员必须强调保险是最可贵稳妥的解决办法，它的作用是储蓄和提供保障，这是其他投资计划所不能比拟的。

（3）激励客户。在针对客户的个别问题和提出保险是最佳办法的同时，保险营销人员也应该在情感上激励客户，建立他的购买欲望。一个人在理性上明白自己有保险需要仍未足够，保险营销人员必须在情感上推动他，使他渴望拥有保险的保障。

5. 获取承诺。这时保险营销人员可向客户索取下列资料，以便替客户设计投保计划和准备建议书。

（1）出生日期。取得客户的出生日期，保险营销人员便可知悉客户的实际年龄，以便计算客户购买保险时所需的保费。

（2）预算。预算是指客户愿意而又能从收入中拨出来支付保费的金额。掌握客户的预算，可确保所建议的投保计划是客户可以负担得来的。有时可能需要协助客户定下预算。一般情况下，每个人应拨取每年收入的7%~12%作购买保险之用。

假如保险营销人员在寻找资料的步骤中，询问客户的出生日期和预算，他只会将之视为两个普通的问题。但客户在面谈的最后阶段给予这两项资料，即表示他对你有一定的诚意，也会期待着你为他设计投保计划。若发觉客户对保险很有兴趣，也可立刻尝试成交。否则，可以与客户定下成交面谈的时间，进行销售循环的另一个步骤——成交面谈。

第二步　掌握营销面谈技巧

面对客户时，保险营销人员必须全力以赴，努力完成营销面谈中每个步骤，同时掌握以下技巧，以热诚和进取的精神，必定可赢取客户的信赖。

1. 说话的技巧。在营销面谈中，保险营销人员需要进行大量说服工作，虽然这些营销没有规范的语言，但以下说话的技巧是保险营销人员必须遵守的。

（1）必须谦恭有礼。"客户是上帝"，营销对象就是未来的上帝，不管他们的身份、地位如何，也不管他们购买金额的多少，对待他们都必须如对上帝一样尊敬。保险营销人员要使用恭敬的语言和礼节来对待客户。

（2）说话要清晰而有条理。不论是对保险产品的性能、特点作介绍，还是回答客户所提出的种种问题，保险营销人员都要尽量做到言辞简明、有条有理，不要拖泥带水。

（3）要诚恳、热情、友善。有诚意又热情洋溢地与对方说话，表明保险营销人员对工作热心。如果保险营销人员玩弄花言巧语，那是不可能取得客户的信任的，而只会为人所弃。

（4）要有感情魅力，保险营销人员要有不说则已，要说就说得活灵活现的本领，使人听起来感到温暖和有趣，想一直听下去。

（5）不要使用难懂的语言。保险营销人员要视营销对象的文化背景选择适当的言辞，在使用一些难懂的保险专用词时，要注意观察对方是否知道和理解，在尽量不伤害对方自尊心的前提下可作适当的解释。

（6）不要唠唠叨叨。保险营销人员说话要流畅、合文法，切莫词不达意，啰嗦反复，只要把意思表达清楚即可。对于必须强调的词句，可从语气、声调和说话的神态中表达，即使必须重复的话也只重复一遍就够了。

（7）话题要丰富。营销面谈一般是从聊天入手，要针对不同时机、不同对象，因人、因事、因时、因地而异。

（8）注意说话停顿、间隔。在平常说话时有意无意地出现断句，或者说话中间有意识地稍微沉默，都可提高语言的表达效果。同时，一句话不要太长，就像写文章要有标点符号那样，说话过程中也要在适当的地方自然地停顿。

2. 说明的技巧。保险营销人员提出了方案之后，必须对它作必要的说明。利用保险公司印制的宣传资料来说明是最简便的一种说明方式。它可以直截了当地介绍某一险种的各项利益、期限、保费等内容，操作方便。

3. 倾听的技巧。营销面谈过程中，保险营销人员不但要会说，而且还应学会倾听，以诚恳的态度去倾听对方的谈话，才能使对方感到保险营销人员对自己的尊重，增进彼此间的了解。有效的倾听需要注意以下一些基本技巧。

（1）配合。与其他语言手段一样，倾听也必须与陈述、提问相配合，才能最大限度地发挥作用。这就要求保险营销人员具有主动精神和熟练的语言技巧，不应被动地等待客户表达思想，而应为客户创造机会，并在客户陈述的过程中恰当使用语言技巧，让客户感到保险营销人员很关心他们的要求，很想了解他们的问题，也很愿意听他们讲话。

（2）核实。在倾听的过程中，为了避免遗漏或误解客户发出的信息，应选择适当的时机和技巧进行核实，即验证是否全面准确理解了客户的陈述。核实的方法通常是逐句重复客户说的话。

（3）引导。有些客户由于语言表达能力的原因不能清晰、准确地传递信息，也有些客户不愿意透露某些信息。这时，保险营销人员应对客户进行引导。引导的方法包括陈述和提问，转述不同于重复，是对客户的话加以概括、解释、推理之后，再以陈述或提问的方式表达出来。

（4）反应。在客户陈述之后，保险营销人员应尽快有所反应，以免使客户陷入尴尬或失望。有所反应，不仅指正面反应，对客户毫无道理的指责及不切实际的要求，也可以进行反驳。但应该注意的是，正面反驳可能破坏面谈气氛。因此，反驳应该是婉转的。

（5）礼节。倾听时，保险营销人员应注意一些基本的礼节。

（6）时机。在营销面谈中，遇有下列情况，保险营销人员应该特别注意为客户提供讲话的机会：①客户表现出迷惑不解的神情时；②客户表现了不耐烦或不高兴的表情时；③客户表示不同意保险营销人员的观点时；④客户精力不够集中时。

4. 提问的技巧。提问在营销面谈过程中作用很大，保险营销人员想要了解客户的一些情况，自己的理解需要对方证实等，都需要提问才能解决。

【知识链接 2-9】

提问的形式

1. 开放式提问。开放式提问是使对方无法用简单的"是"或"不是"来回答你的问题。例如,"你的看法呢？""你能将它用在哪些方面？"

2. 反问式提问。反问式提问是把对方所阐述的要点加以重组变为你提问的重心,向对方反问。这种提问有两个先决条件,一是要注意听对方的意见,二是要抓住对方谈话的要点。

3. 引导式提问。引导式提问的特征是将客户引到特定的焦点问题上,再设法让他接受保险营销人员的建议,这个特定的焦点问题既是客户本来就不反对的,又是保险营销人员所希望并主动调动对方注意力的集中点。引导式提问既容易让对方接受,又可减少自己的困难。

4. 强调式提问。如果客户对保险营销人员的建议没有半点赞同之处,始终站在完全反面的立场上,保险营销人员就必须要从正面强调自己意见的重要性,设法让对方了解所要提供的保险,以扭转自己的劣势。保险营销人员在使用强调式提问时,需以更多充分的理由支持自己的看法,以新增加的正面内容促使对方认识到他是在没有进行全盘考虑前贸然提出反对意见的,从而重新考虑问题并作出接近接受保险营销人员的建议的决定,最终达成交易。

【知识链接 2-10】

如何向客户提问

保险营销人员向客户营销,是从提问和谈话开始的。一般而言,能引起人们普遍兴趣的话题主要如下。

1. 对方的嗜好;
2. 对方的工作;
3. 时事问题;
4. 对方子女及其家庭之事;
5. 影视、文学艺术及体育运动;
6. 对方的故乡及就读的学校;
7. 有关健康问题;
8. 理财技术及街谈巷议;
9. 风景名胜;
10. 名人轶事。

保险营销人员可就上述话题进行提问,当然保险营销人员与客户谈论以上话题时,要注意把握火候、控制时间,一旦时机成熟就要趁热打铁,及时把话题转向营销议题,开始正式的面谈,促使生意成交。否则,会把行销面谈变成聊天,浪费时间,坐失良机。

第三步　学习电话推销技巧

1. 电话中赞美的口才技巧。正常的推销也好，电话推销也罢，约访准保户时，不妨巧妙赞美一下推销员将要拜访的准保户，这样能够达到"一箭双雕"的作用。因为推销员对准保户赞美，是表示对他成绩的认可，可以拉近彼此之间的距离，也就为后面的成功签单做了最好准备。电话约访准保户务必把握好准保户的作息时间及休假时间，而且在电话中回答对方问题时，必须经过思考，但要如何进行思考？如果准保户说："我最近很忙，如果你要来跟我谈，你下个月好了。""下个月不行！一定要这个月，而且张总一定要我这几天内去拜访你。""那你就和张总说，我这几天很忙。"如此一来你接不下去了。因此，换个方式："要到下个月啊？陈先生你真不简单，你的行程已排了一两个月了，像你这样忙的人到下个月底会有时间吗？我看很难哟！所以，如果明天上午10点我到你那里，不知道方不方便？"

赞美时，你不妨用反问句收尾，这是比较有效的方式。例如，"陈先生，您真的不简单，以您38岁的年纪如此事业有成，真是不简单呀……不知道您买了这么少的保险是否适合您的身份？"

2. 保持良好的形象。保持良好的形象是电话推销的基础。当准保户提出一些无理要求时，推销员在处理过程中，一定要懂得运用委婉而坚定的态度。"我知道您很忙，既然您很忙，我明天10点钟去，不会耽误您太多的时间，大概只要20分钟就可以。""我同意你的说法，可是我还是要去。"这些就是委婉而坚定的说法。然而，并不保证每次电话都一定能约到准保户，如果没有约到，也必须留给对方一个良好的印象。哪一天顺道去看看他，有何不可？当你递上名片时，就可以以退为进的方式说："陈先生，那天在电话中您说过对保险没兴趣，那我也不便打扰您，我今天刚好到准保户那儿，顺道来看看您。"因为在电话中双方已有第一次初步的印象，第二次会面气氛可能就好一点。但是，最重要的是在电话中一定要保持良好的印象，唯有这样才有机会作突然性地进一步拜访。

3. 见面后的电话联系。陌生拜访一次促成交易的概率越来越小，大多数的准保户都是经过两次、三次或多次的拜访最后才签下保单。在后续追踪的过程中，电话将扮演重要的角色。优秀的推销员把打电话称为"电话神探手"。他们是如何做的呢？

首先我们都清楚后续追踪会有各种各样的情况发生。一般人都有这样的毛病：电话好不容易打通，但竟然不知从何说起。下面是几句有效的开场白。

"你昨天提到的问题，我已经有了答案，我想你或许有兴趣知道。"

"现在情形有所改变，我已经有了答案，我想你或许有兴趣知道。"

"现在情形有所改变，公司短期内将停止×险种的销售，我想应该跟你说明一下。"

"我想到几件有趣的事情，说不定能帮你下决定，你看我是明天上午还是下午来比较好？"

"我看到一则报道，是关于你们行业的，这使我想起你，所以打个电话来告诉你有关……"

聪明的你，千万不要说"你有没有收到我寄给你的资料"或者"你考虑得怎么样"，那样准保户或许会说"没收到"或"没有考虑清楚"，如此一来，你将丧失一个大好的机会。

你不妨这样说："我打电话给你是想跟你谈谈前天我留下的资料，资料本身可能不够详细，我想今天上午9点或下午3点亲自向你讲解，你看哪个时间比较方便？"

随机应变是顶尖推销员应具备的能力之一，针对不同的准保户，心中要有不同的方法去应对。

第四步　掌握保险客户异议的排除技巧

1. 实质性异议的排除技巧

（1）实质性异议产生的原因。当客户感受到他们对保险的需要与保险营销人员为满足他们的需要而提出的保险计划之间存在差异时，他们就会产生实质性异议。实质性异议产生的原因如下：①保险营销人员缺乏对保险客户的了解；②保险营销人员语言沟通能力不强；③保险客户确实没有购买保险的能力；④保险客户对保险、保险公司、保险营销人员缺乏了解。

（2）实质性异议的类型。①对费率产生异议。在保险营销过程中，实质性异议最常见的一种形式是认为保费太高、难以承受，这也就是保险营销中的价格异议，排除客户异议的对策主要是准确了解客户的需要。②对保险产生误解。对于保险误解性异议的排除，保险营销人员的态度是不争辩，不指出客户的无知，而是用事实进行澄清。③客户不需要保险。保险营销人员应首先弄清客户是否有买保险的需要。④客户对保险计划不满意。保险计划能否符合客户的需要，是保险营销人员必须重视的重要因素。⑤对保险公司的异议。在处理这类异议时，保险营销人员千万不可作一些辩护性的解释，越解释会越引起客户的不满。⑥对保险营销人员不满。

（3）排除实质性异议的技巧

①建立积极解决问题的趋势。保险营销人员应尽量避免逆反心理的产生，通常可以用以下回答来建立这种趋势："从某个角度来讲，你说的完全正确。""很多客户有同样的问题。""对不起，我们前面的表述不够清楚。"

②澄清确认客户的异议。客户在表述他的异议时，不一定每个人都表达得非常清晰明确。保险营销人员可以把自己的理解，概括成非常明确的句子，询问客户，例如，"你是认为每一年缴的保费太多，经济上无法承受，是吗？""你认为一次缴这么多保费，一下子很难拿出这么多现金，是吗？""你的意思是说现在没有钱缴，隔一段时间以后就有了，是吗？"

③选择最佳答复。确定了客户的异议之后，就要根据客户的个性，文化程度、身份、地位，选择最佳的答复方案。

④向客户提问题，通过提问，引导客户自己回答自己的异议。

2. 心理异议的排除技巧

（1）心理异议产生的原因。心理上的异议是一种基于对某些因素作出一种情感上的反应。具体讲，这种情感反应就是客户对于保险营销人员的逆反心理。心理异议产生的原因如下：①保险可供客户选择的品种越多，客户也就越难从中作出决策；②通过逻辑思维来作出购买对策是十分困难的；③客户总希望自己所作出的决策的正确性能得到证明，即客户总是看重决策和行为的事后评判。

（2）心理异议的类型及排除技巧

①抗拒外来干预心理的排除技巧。许多人对他们的现实状况及生活方式、生活条件等感到满足，从而拒绝任何外来因素对其改变的企图。他们认为这么多年都没有买保险，日子过得挺不错，现在也没有必要买。这类的异议要彻底排除比较困难，但可以通过一些预先的分析思考计划使其降到最低程度。

②习惯偏爱心理的排除技巧。习惯是一种具有稳定性的影响力，如果不是因为习惯的因素，人们的行为表现也许更具有可预知性。营销的根本，在于成交之前应使某种既有的习惯为一种新习惯所代替。这个"代替"必将遭到客户强有力的抗拒，要使这个"代替"得以实现，必须将客户这种抗拒性的异议一一加以排除。具体如下：了解客户的习惯方面的信息。让客户充分了解保险方面的知识。力争减少存在的旧习惯偏好与希望为客户所接受的那个新习惯之间的差异。其方法是用客户感到熟悉的语言和词汇来进行介绍，告诉客人他所认识的某人已经购买了保险。

③对保险缺乏兴趣的排除技巧。这是由于保险营销人员在面谈时，没有达到激起兴趣和欲望的目的，这时的客户必定表现出抗拒、无动于衷的态度。具体的排除技巧如下：针对客户的具体情况，把保险的功能，以及保险将为客户带来什么利益、没有保险将为人们带来什么不幸等加以正确、明白无误地阐述。注意语言方面的技巧，能吸引客户聆听营销介绍。

④对保险营销人员的偏见心理的排除技巧。很多人不愿接待保险营销人员，认为"保险营销人员都是骗人的"。排除这种异议的技巧如下：A. 用人品、素质、庄重的仪表引起客户的注意、让客户接受，然后才有可能让客户接受保险营销人员提出的保险计划。B. 向该客户提及某些能够为保险营销人员说话的现实客户，以此方式来证明保险营销人员确实能带给客户利益。C. 向客户询问："是否仅仅因为某些保险营销人员曾经使你感到不快，就认为所有的保险营销人员都应受到指责呢？"以唤起客户的公正态度。

⑤老观念作怪的排除技巧。我国的文化传统必定会影响到今天人们对保险消费的态度，较典型的是认为购买保险不吉利，这种老的观念在一些文化不发达的地区和文化层次较低的阶层中较为普遍。对待这样的客户千万不要急躁，与他们交谈时，说话要特别小心，否则很容易触犯他们的忌讳。排除这种异议首先要成功地营销自己，让客户接受你。其次是不要急于营销保险，而是与客户建立起长期的、良好的人际关系。

⑥抗拒受人支配的心理的排除技巧。每个人都有不愿被别人支配的心理，更不愿意受保险营销人员支配去购买产品。当客户接触保险营销人员时往往会抢先取得支配地位，并一开始就表现出对保险营销人员的抵触情绪。即使客户想购买保险，他也可能找他人买，以证明是他主动购买保险，而不是被保险营销人员说服而购买的。排除这种异议要在营销过程中，让客户始终感觉到他在你心目中是个重要的人物，让客户感到他始

终处于主动地位，让客户感到你对他的尊敬。

⑦对保险存偏见心理的排除技巧。有些人由于听信不确切的信息或错误的判断，或用错误的观念去看待保险，而导致了对保险或其服务的偏见。相当一部分人对保险的偏见可能是根深蒂固的，难以改变。此时应找出产生偏见的原因，用事实加以说明。

⑧讨厌作决策心理的排除技巧。很多人在作购买决策时，由于缺乏自信，总担心因失误吃亏上当，从而不想改变现状。因此，许多营销一直进行到签单之前，还会遇到客户最后的抵抗，即在真正需要下决心作出对策时产生抵制情绪。排除技巧如下：向客户介绍那些已购买了保险并很满意人士的名单。这些人越有较高的声誉和影响力，效果也就越好。了解他所担心的是什么，针对他所担心的事提供某些防御风险的措施。

⑨拖延的排除技巧。拖延往往是想买，而一时下不了决心，或害怕上当受骗或暂时钱不够，也可能是另有原因。对拖延的办法是通过提问找出其拖延的真正原因，例如问客户："您还有什么疑问？我也许能帮助你。""除了这点以外……为什么？"

3. 真实异议的排除技巧。真实异议是客户确实存在的，它的产生可能是由于客户本身的原因。排除真实异议的方法有如下一些。

（1）顺水推舟法。"是的……所以……"这一方法是把客户不愿意购买保险的理由，作为客户必须购买保险的理由使用。其特点是先承认拒购的理由存在，但这种理由却恰巧说明客户应该购买。例如，客户说："我年轻力壮，身体好得很，还要买什么保险？"保险营销人员可说："是的，就是因为你年轻力壮，我才来劝你买保险。等到年纪大了，身体有病了，你想投保都已经来不及了。"

（2）以退为进。"是的……但是……"当听到客户的异议后，用"是的"先肯定对方的异议，然后再阐明自己的观点。

（3）发问法。发问是指在客户提出异议后，保险营销人员不以陈述句的形式进行说服，而是通过向客户提问题，引导他们回答自己提出的问题，找出确定答案的方法。这是排除异议最聪明的方法，它使得你与客户之间攻守易位，迫使客户处于被动的立场，说出他的真实想法，然后进行有针对性的说服。

（4）比较或对比法。保险营销人员往往听到人们说："买保险不如把钱存银行有利。"对于这样的异议，保险营销人员应该先肯定："从利息上考虑，买保险确实不如把钱存银行有利。"然后把买保险与钱存银行进行对比。

（5）化整为零法。本方法一般对保费太贵的异议最有效。如在介绍人寿"99"条款时，购买保额为1万元的保费每年要缴500多元，你可告诉客户，实际很少，每天只要节省1块多钱就可得到1万元以上的保障。

（6）资料转换法。有时可运用资料，将客户的异议转移，对他说："关于这一点，请您看看这些资料。"

（7）举例说明法。利用现实生活中真实的事例，最好是客户也熟悉或知道的人和事来排除客户的异议。

（8）先发制人法。营销访问之前，充分估计准客户可能提出哪些异议，在介绍时，保险营销人员主动提出并加以剖析，这样既解决了客户的异议，又可避免对方的逆反心理。

4. 虚假异议的排除技巧。虚假异议是客户处于某种心态，不愿将自己的真实想法告诉保险营销人员，而用种种借口敷衍保险营销人员。客户的虚假异议或许是出于各种不同的考虑。如果找不出他们的真正用意，那就会错过许多的业务。比如，一位客户可能不大了解你的公司，但他又不想冒犯你。所以他不会直接说你的公司不可信赖或带有欺骗性，相反，他会说："让我考虑考虑。"这时候，你可能会自以为是地对他解释为什么他应该马上采取行动，比如如果他不买就会遭到很大损失等。然而，在你讲的理由中，没有任何一条能够使他确信你代表着一家有实力、有信誉的公司。客户最不愿意表达的一种异议，恐怕就是承认自己买不起保险了。承认自己没有足够的钱不仅会令自己尴尬难堪，而且往往会刺伤自己的自尊心。所以，人们常常会表达出一些假的建议来，比如"我有一个表弟也在做保险，我得先问问他"或者"我想等到我的年终奖发了再考虑"。正如你能猜到的那样，多数保险营销人员就很可能以满脸沮丧、营销失败而告终。但是，一旦掌握了他们的真正异议，就强调价格优惠、按月支付等好处，以便让他们确信自己付得起款。

另一条线索是，当客户对你提出一系列毫不相干的异议时，他们很可能是在掩饰那些真正困扰他们的原因。如果你懂得"要是不想购买的话，没有人会提出如此之多的真正异议"，那你就可以提一些问题，以便揭示出对方的内心世界。

如果你仍然看不出他们的真正异议，或许你可以大胆地直接发问："先生，我真的很想请您帮我一个忙。"

大多数人都会说："当然，你说吧，我能为你做点什么？"

"我相信这份保险计划对您正合适，而且您也能承受这个价格。但是我觉得您好像有什么想法瞒着我，所以我很想知道您迟疑不决的真正原因。"

"×××，我只是想再考虑考虑。"

"别这样。告诉我，究竟是为什么？"

"真的不为什么，我只是需要时间想想。"

"不，您得告诉我，到底是什么原因让你现在不能下决心购买？"

"嗯，好吧，我说实话，×××……"他们终于说出了真正的异议！

获得这条信息后，立刻作出答复："我也正想着会不会是这样，先生，我很欣赏您对我的坦率态度……"这样，一桩很可能失去的保险又变得有希望成交了。

虚假异议的类型及排除技巧如下。

（1）没有表达出来异议的排除技巧。有时客户吞吞吐吐、欲言又止，似懂非懂、不懂装懂，这时他有异议，但并没有表达出来。排除的技巧是利用"一说、二问、三听"的原则，自己很少说话，用有问有答的方法，启发客户发表意见。客户说话越多，就越有可能看出他对保险的真实态度和持有何种异议，以便采取针对性策略，说服客户成交。

（2）客户的借口的排除技巧。借口不是真正的反对理由，即使消除了客户的借口，也不可能成交，因为他还没有发现自己的需要。对此，保险营销人员不要理会客户的借口,按自己的思路谈下去,发现客户的需要,激发他的需要。

(3) 客户的偏见和成见的排除技巧。这是一些不合理且带有强烈感情色彩的异议。偏见与成见是极难对付的。对此,保险营销人员应做到:①先绕开异议主题,不去与客户争论偏见的问题;②也可以先承认客户的偏见与成见,然后很有策略地表达出观点;③转换话题,谈论与保险营销无关,而客户感兴趣的话题,在适当的时候,再把话题引到营销上来。

(4) 客户的恶意反对的排除技巧。客户恶意反对是指客户有意用一些异议来刁难或贬低保险营销人员。对此,保险营销人员应做到:①只装没听见,并报以微笑;②以诚恳的态度热情与客户交谈;③注意不能鲁莽行事,大动肝火,把事情弄糟。

(5) 自我表现的排除技巧。有些客户表现欲极强,喜欢夸夸其谈,炫耀自己知识渊博,有高人一等的见解。排除这种客户异议的技巧如下:①在态度上不卑不亢,维护自己的尊严;②以一种请教式的口气向对方提出问题;③对那些不影响保险营销人员尊严、公司形象、保险信誉的"高见",大加赞扬,使其表现欲得到满足;④向他了解情况,征求意见,取得他的信任与合作,以期达到成交的目的。

(6) 主观反对意见的排除技巧。主观反对意见是指客户因不需要而不直接提出,以对保险、保险公司的异议形式的表达,实际上并不指责所营销的保险。应对方法是把营销谈话集中在客户目前的状况、需要以及保险带给他的利益上。

四、知识拓展——有效沟通技巧案例

沟通对身在职场和将要走向职场的人士非常重要,"双70定律"说明了这一点,管理者70%的时间用于沟通,70%的出错是由于沟通失误引起的。著名世界级管理大师德鲁克说:"沟通不是万能的,没有沟通是万万不能的!"

什么是沟通?沟通是为了一个设定的目的,把信息、思想和情感在个人或人群间传递,并且达成共同协议的过程。这也是沟通的三大要素。如果没有目的和达成共识,则是闲聊天而已。

经典案例

有年轻人想要出家,法师考问年轻人为什么要出家。

年轻人 A:我爸叫我来的。

法师:这样重要的事情你自己都没有主见,打40大板。

年轻人 B:是我自己喜欢来的。

法师:这样重要的事情你都不和家人商量,打40大板。

年轻人 C:不作声。

法师:这样重要的事情想都不想就来了,打40大板。

如果你是年轻人 D 怎么和法师沟通呢?

在法师和年轻人的沟通中,年轻人要出家和法师收弟子是目的,共识是和谐出家。

年轻人 D:我受到法师的感召,我很喜欢来,我爸也很支持我来!

(资料来源:http://blog.sina.com.cn/s/blog_ 5d68c2630100bu6k.html。)

五、能力拓展

练习：如果你判定他是一个准客户，你对他的态度就要随机应变，你主宰着自己，反应都由你决定。不过你一定要能作正确的评估，不然你就难以促成了。我们看一看徐必成是如何处理的。

准客户：你们这些业务员都不会死心，请别再烦我了！

徐：×××先生，希望你知道这是我们第一次见面。

徐：×××先生，你是希望我改日再来吗？

徐：×××先生，既然这是我们第一次见面，我不可能缠过你或像害虫一样地烦过你。所以，我建议，既然我们有15分钟的约会，如果在这期间我给你的印象是没有办事能力、没有希望和一无是处的业务员的话，你可以赶我走，甚至于骂我脏话都无所谓。你觉得这样子好吗？

徐：×××先生，你不像一个不讲理的人，但是，你却摆出那副样子，为什么呢？我并没有对你做错过什么。

徐：你在说些什么鬼话？我们刚认识，我甚至还没开口，你怎么可以这样蛮不讲理地把一个我没犯过的错怪罪在我身上！

这叫做孤注一掷，徐用生气的声音和生气的表情，确定这个怒气是外在而非内在的。

1. 面对客户的情绪，你认为徐必成的应对哪条既有力又容易让客户接受？为什么？
2. 哪些处理还需要改进？应如何改进？

项目3 制定保险营销策略

ZHIDING BAOXIAN YINGXIAO CELVE

【项目概述】

本项目主要介绍保险营销策略的内容、制定流程以及保险营销活动方案的主要内容和设计方法。

【教学目标】

通过本项目的学习，学生应了解主要几种保险营销策略的内容，掌握制定并实施保险营销策略的方法和流程，学会设计保险营销活动方案。

【重点难点】

本项目的重点是保险产品开发、保险营销渠道策略与保险促销策略；难点是如何设计保单以及如何有效制定并实施保险费率策略。

模块1 制定保险产品策略

一、学习目标

通过本模块的学习，学生应明确保险产品组合策略、保险品牌策略及保险生命周期策略的内容，掌握开发保险新产品的流程和方法，初步学会保单的设计。

二、工作任务

为现有保险产品制定产品组合策略，开发保险新产品、设计保单并确立品牌名称和设计品牌标志，为处于不同生命周期的保险产品制定保险生命周期策略。

三、实践操作

【材料阅读】

日前，中国太平洋财产保险常熟中心支公司被中国太平洋集团评为全国 50 强支公司，且在入围的县市级支公司中名列前茅，这是公司积极拓展保险服务领域、坚持转型升级的成果。

太平洋财险常熟中心支公司成立 15 年来，始终坚持差异化经营战略，在车险业务的经营上形成了"以服务引领发展"的品牌优势，在非车险业务的经营上形成了"以专业助推发展"的品牌特色。2010 年，公司保费收入 3.46 亿元，成为总公司旗下第一个年保费超 3 亿的县级支公司，2011 年保费收入将突破 4 亿元。

常熟中心支公司致力于优化业务结构，如今，公司非车险业务接近 4 成，车险与非车险形成黄金结构，这其中蕴含着公司多年来坚持以客户需求为导向，持续转型升级所付出的努力。常熟中心支公司创新开发的部分险种填补了常熟保险市场的空白，并成为公司快速发展新的增长点。"农村家庭财产和家庭成员意外伤害保险"就是其中之一，该项保险秉承"低保费、广覆盖"的理念，受到农村家庭的广泛欢迎。通过 3 年多的努力，目前已覆盖全市 180 个村 7.2 万多户农村家庭。此外，常熟中心支公司创新开展中小企业贷款保证保险，积极推进"安全生产责任保险"，主动承担"环境污染责任保险"试点等，为发展经济、服务民生发挥了积极的作用，实现了经济效益和社会效益双赢。

（资料来源：周未：《新险种紧扣经济民生》，载《常熟日报》，2011-05-24。）

思考与讨论：中国太平洋财产保险常熟中心支公司取得良好业绩的原因是什么？新险种开发关键点在哪里？

保险产品策略的制定与实施是一个系统工程，需要进行统筹规划，按照一定的工作步骤来完成。

【工作步骤】

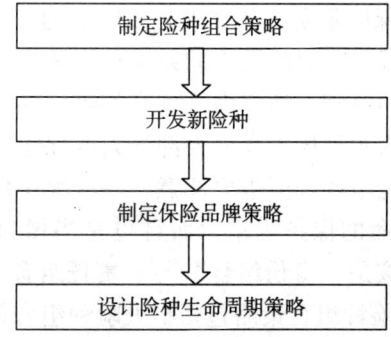

第一步　制定险种组合策略

保险公司对已有的保险产品，需要有效地利用险种组合策略，达到满足客户需求，并实现销售量和利润的最佳目标。

1. 掌握险种组合的方法。目前，大部分保险公司推出的保险产品的保险责任趋向单一化，为产品的组合提供了广阔的空间。对不同险种进行多种组合，不但有利于营销，也有利于充分体现营销人员的专业水平。保险产品可以通过功能的互补、时间的搭配、需求的分析、层次的确定等，形成不同特色的组合方案，满足客户的不同需求。可供选择的险种组合方法有：

（1）按条款功能组合。针对不同的保险条款所提供的不同保险责任进行组合，突出不同功能的互补作用，既注重保险面的拓展又突出主要责任的比重，例如年金保险＋意外伤害保险＋重大疾病保险＋定期保险＋健康险等。这是一种结合客户需求情况而设计的保险产品组合。

（2）按时间段进行组合。针对不同年龄段客户的不同需求，设计既阶段鲜明又连贯互补、突出重点的组合方案。例如，单身期间（20～30岁）的年轻人，主要以保障自身为主，最好的组合是保险费不高但保障高的产品，如终身寿险＋定期寿险＋意外伤害保险＋重大疾病保险＋健康保险等。又如，进入退休规划期（40～50岁）的中年人，主要面临的是退休后生活水平上的保障，最佳组合是养老保险＋终身寿险＋意外险＋医疗险。

（3）按家庭责任组合。这是根据家庭成员在家庭中所扮演的角色和承担的责任进行的险种组合。不同角色的家庭成员发生意外给家庭带来的影响程度是不同的。非经济支柱的家庭成员如发生不幸所带来的主要是精神打击，而经济支柱的家庭成员如发生不幸，则整个家庭将陷入困境。保险营销人员可仔细区分谁是家庭中的主要经济支柱，设计保险产品组合方案时，对家庭中的主要经济支柱，要注重保险责任，以定期寿险＋意外伤害险为主，非经济支柱的家庭成员以疾病＋养老保险为主。例如，丈夫是家庭中的主要经济来源者，可为他定做的保险套餐是20万元的定期保险＋20万元的意外伤害保险；妻子的保险套餐是5万元的终身寿险＋10万元重大疾病保险；子女则以教育储蓄险为主。

（4）按需要层次组合。保险消费者的需求是多层次的，不同的经济水平、不同的文化素养、不同的性格都会表现出对保险需求的差异性。依据保险需求的层次性原理，险种组合也遵循这种分层组合的原则，适应由低到高的需求渐进，由浅层组合转入深层组合。目前我国居民的总体收入水平还不高，大部分人的保险需求仍处于低层次阶段，传统的保障性的产品组合还大有市场。但也要注意，一些大中城市的高收入者，购买保险的目的不仅是为了满足对生命的保护需求，而且也是当做自己身份、责任心的一种表现，这时的保险产品组合应该是"身份组合"与"责任组合"。

2. 制定险种组合策略。险种组合策略包括扩大险种组合策略、缩减险种组合策略和关联性小的险种组合策略。

（1）扩大险种组合策略。扩大险种组合策略有三个途径：一是增加险种组合的广度，即增加新的险种系列；二是加深险种组合的深度，即增加险种系列的数量，使险种系列化、综合化；三是险种广度、深度并举。按照第一种途径，保险公司应在原有的险种系列基础上增加关联性大的险种系列，按照第二种途径，保险公司应把原有的险种扩充为系列化险种，也就是要在基本险种上附加一些险种，扩充保险责任。险种系列化使得保险消费者的需求获得更大的满足。

（2）缩减险种组合策略。这种策略是指保险公司缩减险种组合的广度和深度，即减掉一些利润低、无竞争力的保险险种。保险公司可在保险市场处于饱和状态且竞争激烈、保险消费者交付保险费能力下降的情况下，集中精力进行专业经营而采取的策略。具体做法是将一些市场占有率低、经营亏损、保险消费者需求不强烈的险种予以取消，以提高保险公司的经营效率。

（3）开发关联性小的险种组合策略。如财产保险的险种与人身保险的险种关联性较小，但是随着保险市场需求的开发和保险混业经营的开展，这些关联性小的险种组合将更能满足保险消费者的需求。例如，家庭财产保险与家庭成员的人身意外伤害保险的组合，房屋的财产保险与分期付款购房人的人寿保险的组合，将形成具有特色的新险种。

第二步　开发新险种

新险种是整体险种或其中一部分有所创新或改革，能够给保险消费者带来新的利益和满足的险种。

【知识链接 3-1】

新险种的类型

新险种包括下述类型。

（1）完全创新型险种。这是指保险企业利用科学技术进步成果研制出来的能满足消费者崭新需求的产品。完全创新型险种的推出，需要前期大量投入和准确的精算，但能够使保险公司迅速占领某一特定的市场，是制胜法宝。

（2）模仿型新险种。这是指保险人借鉴外国或外地的险种移植学习的、在本地区进行推广的新险种。目前各保险公司采用这种险种较多，其优点在于成本较低、风险较小，但市场已被部分覆盖，扩张有一定难度。

（3）改进型新险种。这是指对原有险种的特点、内容等方面进行改进的新险种。这实际上是对老险种的发展，赋予老险种新的特点，以满足消费者的新需要。保险企业推出这一险种风险最小，在受客户欢迎的险种中进行改进，易获得重复购买。

（4）换代型新险种。这是指针对老险种突出的某一特点，重新进行包装，并冠以新的名称，使其特点有显著提升的新险种。这种做法比完全创新型险种的研制要容易些，向市场推广的成功率也较高。

新险种开发的程序一般包括构思的形成、构思的筛选、产品设计、商业分析、试销和正式推出（见图3-1）。

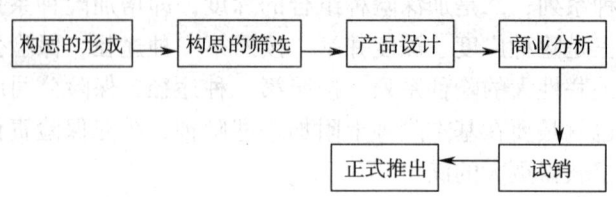

图3-1 新险种开发的程序

1. 构思的形成。构思是对拟开发的保险产品的基本特征的构想，是新险种开发的起点。产生一个好的新产品构思或创意是新险种开发成功的关键。保险企业通常可以从企业内部和企业外部寻找新产品创意的来源，来自企业内部的构思或创意包括来自保险企业有关职能部门及其相关人员，如保险理赔部门即理赔员、保险企业管理人员、保险营销员、保险核保员等的构思或创意；来自企业外部的构思或创意包括来自客户调查、客户抱怨与建议、竞争者、科研机构、政府部门等的构思或创意。

【知识链接3-2】

构思的主要方法

（1）需求确定法。指对市场上人们所关心的、期望的甚至急需的风险防范事项进行研究，从而为开发能够唤起消费者需求的保险产品提供思路。例如，随着我国人口老龄化，老年人的保险需求量大大增加，我们可以进一步调查分析，需要的规模到底有多大，从而提出适合老年人的保险新产品构思。

（2）增减保险责任法。是将现有保险产品的保险责任结合市场需求情况进行增加或减少，从而产生新的保险产品。

（3）产品组合法。是利用多种思维方式，将现有产品进行纵向、横向、交叉等组合，从而创造出适合市场需求的新险种。

（4）专家意见法。即选择保险、营销等领域的专家进行座谈，集思广益，以发现新的创意。

（5）竞争法。即从竞争者已推出的产品或国外同类产品中得到启发，开发新的保险产品。

2. 构思的筛选。新险种的构思可以富有创意，多种多样，但并不是每一构思都能为保险公司所用。保险公司需要根据自身的资源、技术和管理水平，采用适当的评价系统及科学的评价方法对各种创意进行分析比较，选出最佳创意。在这一过程中，力求做到除去亏损最大和必定亏损的新产品构思，选出潜在盈利大的新产品创意。

【知识链接 3-3】

筛选构思的原则

筛选构思的原则有下列三个。

（1）需求导向型原则。即新险种具有大量的现实需求及增长潜力。有些风险项目虽然有需求，但未必能在此基础上开发产品，因为这些需求具有时间性，不具备增长的潜力。

（2）经济可行性原则。即新险种的开发要与保险公司的精算技术、营销实力、管理水平相适应，并且能够有利可图。例如，从长远看，我国年金保险产品大有前途，但并不是每一家公司都能够开发和经营，因为它涉及科学的精算技术及保险投资战略和技巧等。

（3）相对优势原则。即新险种与竞争者同类险种相比具有相对优势，优势可能表现在基本功能上、费率上、服务上，也可能表现在品牌上。

3. 产品设计。新险种的开发设计应完成保险单设计、保险条款设计和险种命名设计等环节工作。

（1）保险单和保险条款设计。保险单，是保险人与投保人之间订立保险合同的正式书面证明。一份完整的保险单由保险单格式和保险条款两部分组成。保险单格式是保险合同的证明文件；保险条款是保险合同双方当事人依法约定各自权利义务的条款，是对保险双方权利义务的具体约定。保险合同当事人双方在保单上签字承认各自的权利及义务后，则保险合同成立。因此，保险单的内容要求完整、文字清楚准确，一般应详细列明保险合同当事人双方的权利、义务及各种证明双方权利义务的内容。

保险单的设计对保险标的、保险责任、除外责任、保险费率金额、保险期限、被保险人义务等重要内容进行不同排列组合，从而形成满足各种不同消费者需求的保险险种的过程。保险公司为保持其险种的竞争力，要根据保险市场的需求不断淘汰不适应市场的老险种，并不断推出新险种，因此，保险单设计是一个严谨和科学的研究过程，同时也是一个动态的过程，是保持保险市场活力，促进保险市场发展的重要因素。

【知识链接 3-4】

保险单设计的原则

（1）合法性原则。保险单的设计首先必须遵守法律、维护社会道德规范和习惯。保险单无论从内容到形式都必须符合国家的法律规定。这里的法律，既包括保险专门法，也包括其他与保险合同相关的法律规定，如民法、商法和其他有关法律法规和政策。如果有些具体事项缺乏法律依据，那么在设计保险单的内容时就应遵守社会公共道德和习惯。保险的本质是要分散和转移风险，因此设计保险单时还要维护社会道德标准，防止诱发道德风险和心理风险。如果保险单设计的内容会引发道德和心理风险，不仅有悖于社会道德，也有悖于保险的本质。

（2）市场原则。市场原则主要包括两个方面：一是保险商品本身要满足市场的需要，二是保险商品的价格要适应消费者的购买能力。在满足市场需求方面，保险单的设计应注意以下问题：其一，设计保险单时应站在投保人和被保险人的立场来设计保障内容。对保险消费者而言，他们最为关注的是保险内容是否适合自己的需要，因此保险公司在设计保险单时，要充分考虑目标市场消费者的需求情况，并以此为依据来进行保险内容的设计与组合。其二，考虑保险消费需求的动态性质。保险消费需求是一个动态的范畴，它会随着经济水平、社会结构、人口结构和消费心理的变化而变化。所以保险单的设计不仅要考虑消费需求的静态状况，更要考虑影响消费需求变化的各因素的变迁，以便不断地创造出满足变迁着的保险需求的新保险单。其三，要充分考虑保险商品的生命周期性质，适时开发新险种。与保险商品生命周期策略相结合，一般在某一保险险种进入成熟期时，保险公司就应该研究市场，准备开发新险种作为替代品。其四，保险单的设计还应积极主动地引导消费需求和创造消费需求。由于保险商品的无形性与保险需求的非迫切性，心理作用在保险消费方面的作用表现较为突出，因此，设计保险单时，应充分考虑通过引导消费心理来创造需求并扩大保险市场。此外，市场原则还要求保险费率高低得当。一是保险费率应公平合理，即要遵守等价交换原则，保证定价对供需双方的公平性；二是保险费率应与目标客户群的支付能力相匹配，否则开发的保险商品不会有市场需求。

（3）简明原则。简明原则主要体现为三个方面的要求，即文字简明、结构明了、投保手续简单。文字简明是指新保险单的文意清楚准确，语言应尽量简单明了，易于为一般公众所理解。结构明了是要求新保险单内容的安排要合乎逻辑、井然有序。投保手续简单，是要求投保手续应尽可能简化，过于繁琐的投保手续会使相当一部分的潜在投保人对保险望而却步，从而不利于提高保险销售量。

【知识链接 3-5】

保险单的主要内容

《中华人民共和国保险法》第十九条载明的保险合同的法定条款，即是保险人双方约定的合同内容，现分述如下。

（1）保险人的名称和住所。由于保险合同多为保险人提供的格式条款，保险人的名称、住所一般已在保险单上印就。

（2）投保人、被保险人的姓名或者名称、住所，以及人身保险的受益人的姓名或者名称、住所。此项是关于投保人、被保险人和受益人基本情况的条款，其名称和住所必须在保险合同中详加记载，以便保险合同订立后，行使权利和履行义务。

（3）保险标的。保险标的是确定保险合同关系和保险责任的依据。保险标的的性质不同，保险利益、保险合同性质、保险责任也不相同。明确保险标的有利于判断投保人对保险标的是否具有保险利益。财产保险合同中的保险标的是指物质财产及相关利益；人身保险合同中的保险标的是指身体和寿命。

（4）保险责任和责任免除。保险责任是指在保险合同中载明的对于保险标的的在约定的保险事故发生时，保险人应承担的经济赔偿和给付保险金的责任。一般都在保险条款中予以列举。保险责任明确的是，由于哪些风险的实际发生造成了被保险人的经济损失或人身伤亡，保险人应承担赔偿或给付责任，通常包括基本责任和特约责任。责任免除则是对风险责任的限制，是指保险人不负赔偿和给付责任的范围。责任免除明确的是哪些风险的发生造成的损失与保险人的赔付责任无关，主要指传统上的除外责任和法定的及约定的责任免除条件。

（5）保险期间和保险责任开始时间。保险期间是指保险合同的有效期间，即保险人为被保险人提供保险保障的起讫时间，亦是保险合同依法存在的效力期限。一般可以按自然日期计算，也可按航程或工程期计算。保险期间是计算保险费的依据，也是保险人履行保险责任的依据，因此，它是订立保险合同不可缺少的条款。保险责任开始时间是指保险人开始履行保险责任的时间，往往以某年、某月、某日、某时表示。通常在保险合同有效时间之后。

（6）保险金额。保险金额是指保险人承担赔偿或者给付保险金责任的最高限额。需要注意的是，保险金额只是保险人负责赔偿的最高限额，实际赔偿金额在保险金额内视情形而定。

（7）保险费及其支付办法。保险费是指投保人为取得保险保障而支付给保险人的费用。保险费是保险基金的来源，缴纳保险费是投保人的基本义务。保险合同中还必须规定保险费的缴纳办法及缴纳时间。财产保险一般为订约时一次付清保险费，长期寿险则既可以在订约时一次趸缴保险费也可以在订约时先付第一期保险费，订约后的一定期间内采用定期交付定额或递增、递减保险费等办法。

（8）保险金赔偿或给付办法。保险金赔偿或给付办法即保险赔付的具体实务，是保险人在保险标的遭遇保险事故，致使被保险人经济损失或人身伤亡时，依法定或约定的方式、标准或数额向其支付保险金的方法，它是实现保险经济补偿和给付职能的体现，也是保险人的最基本义务。在财产保险中表现为支付赔款，在人身保险中表现为给付保险金。

（9）违约责任和争议处理。违约责任是指保险合同当事人因其过错致使合同不能履行或不能完全履行，即违反保险合同规定的义务而应承担的责任。保险合同作为最大诚信合同，违约责任条款在其中的作用更加重要，因此，在保险合同中必须予以载明。争议处理条款是指用以解决保险合同纠纷适用的条款。争议处理一般采用协商、调解、仲裁、诉讼等方式。

（10）订立合同的年、月、日。订立合同的年、月、日通常是指合同的生效时间，以此确定投保人是否有保险利益、保险事故是否发生、保险费的交付期等。对于保险期限也有重要意义，在特定情况下，对核实赔案事实真相可以起到关键作用。

（11）投保人的主要义务。投保人的主要义务是与保险人的权利相对应的。其主要义务有：①如实告知的义务；②缴纳保险费的义务；③加强安全和防灾防损的义务；④保险事故发生后及时通知的义务；⑤危险增加的通知义务；⑥损失施救的义务；⑦提供单证义务；⑧协助追偿义务。投保人必须明确自己的法定义务并全面履行，由此也才能充分地行使权利。

（12）保险人的主要义务。保险人最基本的义务是承担保险赔付的义务。除此之外，还负有以下义务：①说明合同内容（尤其对责任免除条款必须明确说明）和询问投保人的义务；②及时签单的义务；③对投保人或被保险人负有保密的义务；④促进防灾减损的义务；⑤承担赔付责任的义务；⑥支付其他必要特殊费用的义务。

【知识链接3-6】
保险单设计的方法

保险单设计时，可以采用的方法主要有下列两种。

（1）组合法。组合法是通过保险险种要素的重新组合而设计保险单的方法。保险企业在充分考虑市场的情况下，将构成保险单的主要要素，如保险标的、保险责任、除外责任、保险金额、保险费及其交付方式、保险期限、保险金赔偿或给付方式等进行不同的排列组合，创造出不同的保险单或险种，以满足市场的各种不同需要。例如，在人寿保险中附加意外伤害保险、住院医疗保险等新保障；又如，在保险金给付方式上设计适合保户期望的红利发放办法；再如，将人寿保险中的死亡保险与生存保险的保险责任进行综合，就产生了养老保险单，这类保险单既承担死亡责任又承担生存责任。

（2）反求工程法。这种方法是在对保险市场上已有险种分析的基础上，根据具体情况，取各个险种的特点，并在此基础上设计新的保险单。其通常的做法是收集保险市场上已有的保险单，然后对其在保险市场上的表现和消费者的反应进行总结和分析，最后将不同保险单的长处进行组合，形成新的保险单。如家庭财产两全保险就是寿险的储蓄性质和财产险的保障性质结合的产物，使得新保险单具有到期还本和经济补偿的双重性质。

（2）险种命名设计。新险种的名称是该险种在消费者心目中的第一印象，直接关系到险种形象乃至企业形象的树立，因此，在新险种的开发设计过程中，险种的命名十分关键。新险种的名称要求突出满足客户需求，措辞寓意美好，并能因地、因宗教、因民族习俗而异，切忌使用忌讳的字眼。新险种命名的方法主要有以下两种。

①直观命名法。这种命名法是用命名直接反映险种的主要特征、业务内容及其保险目的。如机动车辆保险、产品责任保险等。

②寓意命名法。一般根据民族习俗、宗教信仰、文化背景等，选择保险消费者喜好的具有祝福、祝愿含义的名称或诱导保险消费者美好联想的抽象命名。如中国人民保险公司曾在全国范围内统一推出"金锁"家庭财产综合保险新险种，将主险和5个附加险组成4种定额保险单形式，并根据险种特点，分别命名为"家安"、"家顺"、"家康"、"家泰"。

4. 商业分析。即依据新产品估计的销售量、成本和利润等财务情况判断该产品是否满足企业开发的目标。商业分析的内容主要包括以下内容。（1）人口规模及特征分析：包括人口总量和密度、年龄分布、平均教育水平、拥有住房的居民百分比、总的可支配收入、人均可支配收入、职业分布、人口变化趋势等，这些数据可从政府的人口普查、购买力调查、年度统计等资料中获知。（2）竞争情况：包括现有竞争者的数量、规模、营业额、营业方针、经营风格、经营险种、服务对象，所有竞争者的优势与弱点分析，竞争的短期与长期变动，饱和程度等。经过分析，如果新险种有利可图，则此产品设计才能进一步发展到产品开发阶段。

5. 试销。新险种设计出来后,可在一定范围内进行试销,以求得潜在客户、营销人员、市场潜力等方面反馈的有价值的信息。例如,要在多大范围的市场上销售?用什么方法开拓市场?等等。在新险种试销的基础上,保险公司应根据市场反馈的情况修改或重新制定营销策略。

6. 正式推出。正式推出是指将新险种推向市场。在作出正式推出决策时,必须考虑针对已选定的目标市场决定推出的时机和推出的地点。推出时机的选择往往考虑与目标客户消费时机或消费旺季相吻合,如旅游意外伤害保险可选择在旅游旺季到来之前推出。推出地点的选择则必须考虑能与目标客户群相吻合。

第三步　制定保险品牌策略

所谓"品牌"是一种名称,名词、标记或设计,或是它们的应用组合,其目的是借以辨认某个销售者或销售群体的产品或劳务,并使之同竞争对手的产品区别开来。保险是一个客户参与度高但又非理性的行业,因此,其产品的销售更多体现的是品牌的销售。一个保险企业要在市场中不断扩大自己的份额,做成"百年老店",没有一个在市场上具有领导力量的品牌是不可能的。

【知识链接 3-7】

品牌要素

品牌是一个集合的概念,其主要要素为:

(1) 名称。品牌可以直接用语言表达或称呼的部分。

(2) 标志。即符号和图案,这是品牌中易于识别,但不能直接用语言称呼的部分。

(3) 商标。产品名称的法律界定。商标经过国家权威机构依法定程序审核通过后获取,是国家依法授予企业的一种权利。

1. 确定品牌的名称。由于保险企业提供的产品是服务而非有形的产品,因此,品牌名称的确定就尤为重要,一般可以按照下列要求进行设计。

(1) 易懂好记,易于传播沟通。这是品牌记忆点的关键所在,产品(服务)的名字应该不冷僻,为大多数人一目了然,读起来朗朗上口。好名字本身就是一则微型广告。品牌设计时文字上要简洁流畅、读音清晰响亮、节奏感强,易于传播沟通。

(2) 鲜明、独特,富有个性。优秀的品牌名是与众不同的,一般都是特色鲜明、极有自我个性,使客户一目了然,过目不忘。如中国人寿的"潇洒明天"、"金彩明天"曾经是非常受客户欢迎的保险品牌。

(3) 揭示产品功能、利益。品牌要表示产品的性能、用途,揭示产品能够提供给消费者的效用和利益,能反映产品的效用。

(4) 突出情感诉求,富蕴内涵。消费者购买的归根到底不是产品服务的本身,而是心理上的想象和感受,如果产品名称仅仅停留在属性或功能上,在同质化的海洋里,消费者只能随机选择,而不会特意关注,只有突出情感、文化等内涵的诉求,才能吸引消费者。

以中国人民保险股份有限公司为例,推出了95518专线、金牌服务工程、e-PICC电子商务平台、人保财险直通车四大服务品牌。"95518专线"除提供受理报案、客户咨询、电话投保、投诉举报、救援、客户回访等基本服务,结合地方特点,还在不同的区域推出短信服务、客户赔案处理查询、车辆保养优惠、大客户俱乐部、人员伤亡紧急救援等特色服务;"金牌服务工程"以打造并始终保持业内第一服务品牌为目标,以构建科学、先进、务实、高效的客户服务体系为任务,通过不断推出创新服务举措和重大服务活动,实现公司客户服务水平的全面提升。"e-PICC电子商务平台"是中国人保财险利用自身品牌优势、技术优势和产品优势为客户推出的新型网上直销服务平台。"人保财险直通车"电话投保服务使客户足不出户轻松享受"一站式"服务,并且更省时、省心、省钱。

2. 设计品牌的标志及图案。品牌标志及图案的设计,一般采用三种基本形式。

(1) 可以设计"名称标志",把名称与标志合在一起,把名称的文字、数字艺术化,可以作为与众不同的品牌标志。如NEC、IBM。

(2) 可以设计"符号标志"。如日本"3菱"电机是由3个菱形符号组成的。

(3) 可以设计"图案标志"。保险企业的品牌往往由企业的品牌标志及图案或服务产品的品牌标志及图案组成,以上述中国人民保险股份有限公司及其四大服务品牌为例,中国人民保险股份有限公司采用了文字加标志的"名称标志"型设计方式(见图3-2)。95518专线品牌则采用了"图案标志"的形式(见图3-3)。

图3-2 中国人民财产保险股份有限公司品牌标志

图3-3 中国人民财产保险股份有限公司95518专线品牌标志

品牌标志的设计,应遵循简洁、凝炼与独特、新颖的设计思路。即标志设计要使人一目了然、过目不忘;同时要靠独创性、新颖性来吸引消费者,与竞争对手区别开来。

第四步　设计险种生命周期策略

险种生命周期是指一种新的保险产品从进入保险市场开始,经历成长、成熟到衰退的全过程,险种的生命周期包括介绍期、成长期、成熟期和衰退期四个阶段。不同时期的险种应采用不同的营销策略。

1. 介绍期的营销策略。险种介绍期是指险种投放保险市场的初期阶段,其特点是:

第一，由于对承保风险缺乏了解，所积累的风险资料极为有限，保险费率不尽合理；第二，由于承保的保险标的数量极为有限，风险分散程度较低；第三，由于保险费收入低，而投入的成本较高，保险公司利润很少，甚至会出现亏损。因此，保险公司可以采用下述营销手段。

（1）快速掠取策略，即以高价格和高水平的营销费用推出新险种；

（2）缓慢掠取策略，即以高价格和低水平的营销费用将新险种投入保险市场；

（3）迅速渗透策略，即用低价格和高水平的营销费用推出新险种；

（4）缓慢渗透策略，即用低价格和低水平的营销费用推出新险种。

2. 成长期的营销策略。险种成长期是指险种销售量迅速增长的阶段，其特点是保险公司已掌握风险的出险规律、险种条款更为完善、保险公司费率更加合理、保险需求日益扩大、风险能够大量转移、承保成本不断下降等。因此，保险公司可采取不断完善保险产品的内涵、广泛开拓营销渠道、适时调整保险费率、确保售后服务等的质量营销策略，以尽可能地保持该险种在保险市场上长久的增长率。

3. 成熟期的营销策略。险种成熟期是指险种销售量的最高阶段，其特点是险种的利润达到最高峰、销售额的增长速度开始下降、市场处于饱和状态、潜在的消费者减少、更完善的替代险种开始出现。在此阶段可采取下列营销策略。

（1）开发新的保险市场，如原来主要以城市人口为对象的养老保险，可以转移到农村，开办农村养老保险。

（2）改进险种，如在承保某些特殊保险标的时，适当增加保险责任。

（3）争夺客户。对于向其他保险公司投保同一保险标的投保人，可采取适当降低保险费率或提供优质服务来吸引他们。

4. 衰退期的营销策略。险种衰退期是指险种已不适应保险市场需求，销售量大幅度萎缩的阶段。这一阶段的特点是，保险供给能力大而销售量迅速下降，保险公司的利润也随之下滑，保险消费者的需求发生了转移等。因此，保险公司可采取稳妥的营销策略，如不要仓促停止该险种的销售，而是要有计划地、逐步地限制推销该险种。此外，还应有预见性地、有计划地开发新险种，将那些寻求替代险种的消费者再一次吸引过来，使险种淘汰期尽量缩短。

四、知识拓展——中国人寿成为中国十大最具价值品牌和保险行业第一品牌

2004年11月，由世界品牌实验室和世界经济论坛共同举办的"中国500最具价值品牌"评选结果揭晓，中国人寿以427.67亿元的品牌价值成为我国十大最具价值品牌之一，成为我国保险行业的第一品牌。

世界品牌实验室由诺贝尔经济学奖得主、被誉为"欧元之父"的蒙代尔教授担任主席，是目前被国际公认的全球品牌价值评估机构，世界经济论坛更是全球最具影响力的经济组织，被誉为"经济联合国"。两组织进行强强联合，共同开展了针对我国企业品牌价值的评选活动，通过对2001年以来企业总资产、净资产、主营收入、主营利润、税前利润、研发投入、广告投入等多项指标进行综合评定和科学分析后，评选出了中国500个最具价值的品牌。中国人寿以其雄厚的实力、悠久的历史和良好的品牌形象赢得评委会的高度评价,最终以 427.67 亿元的品牌价值位列中国最有价值品牌的第 9 位。

(资料来源:http://www.chinalife.com.cn/。)

五、能力拓展

练习 1:请为某寿险公司设计一款新险种,并填制险种创意策划表。

表 3-1　　　　　　　　　　　险种创意策划表

拟策划险种的名称:

创意项目	具体内容要素描述	备注
险种基本功能描述		
初步市场定位描述		
险种的独特卖点		

练习 2:为你开发的新险种填制品牌定位表。

表 3-2　　　　　　　　　　　品牌定位表

开发的产品(服务):

创意项目	具体内容要素描述	备注
品牌名称		
品牌标志及图案		
品牌的内涵		

模块 2
制定保险费率策略

一、学习目标

通过本模块的学习,学生应了解保险费率的构成,熟悉保险费率厘定的基本原则,掌握保险费率厘定的方法和策略以及费率调整的方法与产生的影响。

二、工作任务

根据保险费率决策目标选择保险费率厘定方法,确定保险费率厘定策略,并根据具体情况选择费率调整策略。

三、实践操作

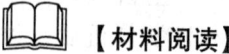【材料阅读】

2010 年 12 月 21 日,北京保监局公布北京保险行业协会研究制定的《2011 年度北京

地区机动车商业保险费率浮动档次升降方案》（以下简称《方案》），《方案》将于 2011 年 1 月 1 日起实施。

《方案》规定，凡 2009 年、2010 年连续两年都在北京市投保商业车险的机动车辆，2009 年度没有保险理赔记录，但在 2010 年度发生了 1~2 次保险理赔，且累计赔款金额小于当年所缴纳的保费金额，该车辆在 2011 年继续投保商业车险时，"无赔款优待及上年赔款记录"系数仍执行 2010 年度的系数，即"不升不降"。

11 月 5 日，厦门市保险行业协会发布了《厦门市机动车商业保险费率浮动方案》征求意见稿。其中加大了车险保费与理赔记录相关系数的浮动区间，最低费率与最高费率的差距达 10 倍以上。与现行方案相比，《厦门市机动车商业保险费率浮动方案》征求意见稿最大的变化是：打破了现行的 7 折限制，实现保费与理赔次数和理赔金额双挂钩，使理赔次数与金额少的车主得到比以前更大的优惠。

此外，大连也向部分保险公司发出了《大连地区机动车商业保险费率浮动（暂行）方案（征求意见稿）》。深圳和厦门还分别就费率市场化改革方案和商业车险费率浮动方案向社会征求意见，江苏省则获保监会批准实施交强险差别费率改革试点。

（资料来源：http://insurance.gucheng.com/201012/781434_9.shtml。）

思考与讨论：国内诸多城市商业车险为什么要尝试采用浮动费率，对财产保险公司的经营及机动车辆保险的发展有什么影响作用？

保险费率策略是保险营销组合策略中最活跃的策略，与其他策略存在相互依存、相互制约的关系。

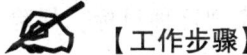【工作步骤】

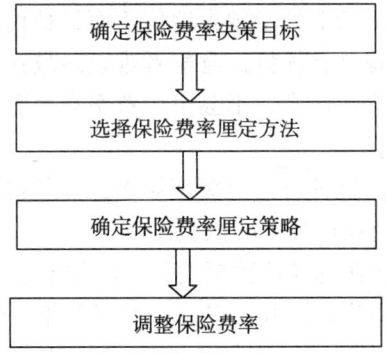

第一步　确定保险费率决策目标

保险费率即保险产品价格，是保险人按照单位保险金额，向投保人收取保险费的标准，通常以百分数或千分数表示。一个有竞争力的价格，不仅能为保险企业带来利润，而且还能扩大市场份额。

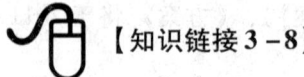
【知识链接 3-8】
保险费率的构成

保险费率一般由纯费率和附加费率两部分组成。习惯上，将由纯费率和附加费率两部分组成的费率称为毛费率。纯费率也称净费率，是保险费率的主要部分，它是根据损失概率确定的。按纯费率收取的保险费叫纯保费，用于保险事故发生后对被保险人进行赔偿和给付。附加费率是保险费率的次要部分，按照附加费率收取的保险费叫附加保费。它是以保险人的营业费用为基础计算的用于保险人的业务费用支出、手续费支出以及提供部分保险利润等。

纯保险费率 = 保险额损失率 + 稳定系数

保险额损失率 = 保险赔款总额 ÷ 总保险金额 × 1 000‰

附加费率 = （保险业务经营的各项费用 + 适当的利润）÷ 纯保险收入总额

保险费率也可看成是保险人按单位保险金额向投保人收取保险费的标准。保险费率与保险费之间一般存在以下关系：

保险费 = 保险金额 × 保险费率

保险企业要为其保险产品确定一个有竞争力的价格，首先必须确定本企业的价格，也就是保险费率目标。由于费率目标建立在企业整体目标的基础之上，而且与企业的经营目标是一致的，因此不同企业的费率目标通常会不相同，甚至同一企业内部不同产品的费率目标也不相同。保险企业的费率目标主要有：

1. 快速获取利润目标。这是企业经常选用的一种短期目标。为实现这种目标，保险企业需要具备以下条件之一：

（1）经营的保险产品在市场上处于领先地位，而且替代品较少；

（2）企业形象或产品品牌具有优势，竞争者难以匹敌；

（3）保险产品的需求价格弹性小，不会由于费率高而引发销售量锐减；

（4）保险产品供不应求。

2. 增加产品销售额目标。这种目标以短期居多，一般在某些保险产品的市场供给大于市场需求时被采用。保险企业往往以降低费率水平的方式争取实现这种目标，而暂时放弃对利润的追求。保险企业在选择这种短期目标时要有长期打算，即一旦销售目标实现，企业将以哪种新的费率决策目标取代它，以便使企业获得利润。

3. 扩大或保持市场占有率目标。市场占有率是指各个保险企业的保险产品销售量（额）在同一市场、同类产品销售总量（总额）中所占的比重。比重越大市场占有率越高；比重越小市场占有率越低。一个企业市场占有率的大小，会作用于企业的获利水平。如果其他条件不变，企业产品的市场占有率越高、销售量越大，企业的社会影响力也就越大，实现利润的机会当然就越多。因此，扩大或保持市场占有率成为许多保险企业的追求目标。

4. 积极竞争或避免竞争目标。保险企业在不断变化的市场竞争环境中有时要主动向竞争者"进攻"，有时要对竞争者的费率行为进行反击，有时又不得不尽量避免竞争。

至于保险企业选择哪一种举措，则应依据自己对本企业产品在目标市场的准确定位和本企业的综合竞争实力来考虑。这是一种短期费率决策目标，保险企业在采用它时应注意与其他阶段费率厘定目标之间的连续性。

（1）以在竞争中取胜为目标。这是主动竞争企业采用的目标。根据企业在竞争中所针对的竞争者多寡区分，有针对全行业大大小小竞争者的目标和仅针对竞争实力与己相当的主要竞争者的目标。除非保险企业在市场上已处于绝对优势地位，一般不宜将全行业保险企业视为竞争对象，而应将主攻方向对准某一家或几家企业。

（2）以减少损失为目标。在一个高度竞争的市场上，很少有企业处于绝对的优势地位。因此，一般的保险企业既无力主动实行低价竞争，又不能对竞争者的低价促销策略听之任之、忍受销售量下降及由此引起的不良后果。所以，这些保险企业往往可选择被动的、以减少损失为目的的费率目标，一般采用与主要竞争者的费率保持在大致相同水平的做法。

（3）以避免竞争为目标。对于大多数保险企业来说，设法避免价格竞争才是最有效的竞争。因为单纯的降价，虽然最初会显示出促进销售的效果，但是市场需求量在一定时期内总有增长的上限，到头来哪个企业也难以得到太大的好处。而且，不具备竞争优势的保险企业即使以减少损失为目标，被动地跟随强者降价仍具有一定的风险，一方面是因为强手有可能为争夺市场再度降价；另一方面是因为自己难以承受降价的损失。

5. 保持费率稳定目标。这是常被选择的一种长期费率决策目标。它给保险企业带来的好处主要有：

（1）有利于企业稳定地获取预期收益；
（2）避免费率变动带来管理上的混乱和利益上的损失；
（3）有利于树立良好的企业形象与产品形象；
（4）避免引起政府和社会公众的干预或舆论谴责。

第二步　选择保险费率厘定方法

如何来厘定某一险种的保险费率，在保险实务中，常用的可供选择的方法有观察法、分类法和增减法。

1. 观察法。观察法又称个别法或判断法，是指对个别标的的风险因素进行分析，观察其优劣，估计其损失概率，直接决定其费率。这种方法的采用是因为保险标的的数量太少，无法获得充足的统计资料来确定费率，主要凭借精算人员的知识与经验。

2. 分类法。分类法是指将性质相同的风险分别归类，对同一分类的各风险单位，根据它们共同的损失概率定出相同的保险费率。在分类时应注意每类中所有各单位的风险性质是否相同，以及在适当的较长期限内，其损失经验是否一致，以保证费率的精确度。

分类法在具体运用时又分为纯保险费法和损失比率法。

（1）纯保险费率法。当分类风险损失情况有足够资料时，则可采用纯保险费率法。财产保险的纯保险费率可按下面公式计算：

$$\text{纯保险费率} = \frac{\text{损失总额（包括补偿金额和费用）}}{\text{保险标的总额}}$$

计算出纯保险费率之后，再计算附加保险费率，然后将两者相加得出保险费率。

（2）损失比率法。如果每一类风险中没有足够的损失统计资料，则应合并几类风险损失的资料，依此调整保险费率，即将实际损失比率与预期损失比率相比较。计算方法如下：

$$\text{损失比率} = \frac{\text{损失总额（包括补偿金额和费用）}}{\text{满期保险费}}$$

分类费率确定之后，经过一定时期，如与实际经验有所出入，则应进行调整，其调整公式为

$$M = \frac{A - E}{E} \times C$$

其中，M 为调整因素，即保险费应调整的百分比；A 为实际损失比率；E 为预期损失比率；C 为信赖因素。

对于许多具体业务来说，费率的调整比费率的计算更重要。采用上面的公式来决定费率调整的百分比，关键在于确定信赖因素 C 的大小。信赖因素的大小，表示经验期间所取得的数据的可信赖程度。

3. 增减法。增减法是指在同一费率类别中，根据投保人或投保标的的情况给予变动的费率。其变动或基于在保险期间的实际损失经验，或基于其预想的损失经验，或同时以两者为基础。增减法在实施中又有表定法、经验法、追溯法、折扣法等多种形式。

（1）表定法。表定法以每一风险单位为计算依据，在基本费率的基础之上，参考标的物的显著风险因素来确定费率。例如，建筑物火灾保险，可以以砖构、具有一般消防设施的建筑物为基点，对影响建筑物火灾的四大因素——用途、位置、构造、防护设施设立一定的调整幅度。

（2）经验法。该方法是根据被保险人过去的损失记录，对按分类法计算的费率加以增减，但当年的保费率并不受当年经验的影响，而是以过去数年的平均损失来修订未来年份的保险费率。经验法的理论基础是凡能影响将来的风险因素，必已影响过去的投保人的经验。其计算公式为

$$M = \frac{A - E}{E} \times C \times T$$

其中，M 为保险费率调整的百分比，A 为经验时期被保险人的实际损失，E 为被保险人适用某分类时的预期损失，C 为信赖因素，T 为趋势因素（考虑平均赔偿金额支出趋势及物价指数的变动）。经验法主要应用于汽车保险、公共责任保险、盗窃保险等。

（3）追溯法。该法是依据保险期间的损失为基础来调整费率的。投保人起初以其他方法（如表定法或经验法）确定的费率购买保单，而在保险期届满后，再依照本法最后确定保费。如果实际损失大，缴付的保费就多；实际损失小，缴付的保费就少。追溯保险费的计算公式是

$$RP = [BP + L \cdot LCF] \cdot TM$$

其中，*RP* 为计算所得的追溯保费；*BP* 为基本保费；*L* 为实际损失金额，*LCF* 为损失换算因数（其数值大于 1）；*TM* 为租税乘数（其数值大于 1）。追溯法计算复杂，其应用范围不广，仅局限于少数大规模投保人。

第三步　确定保险费率厘定策略

保险企业可以通过制定有针对性的费率来促进保险产品的销售，保险费率策略有如下几种。

1. 新产品费率策略。对于新保险产品，可以选择低费率策略、高费率策略和满意费率策略三种做法。

(1) 低费率策略。又称渗透费率策略，是指以低于一般市场费率的水平来确定自身费率的策略。实行这种费率策略的目的主要是为了迅速占领保险市场或打开新险种的销路，更多地吸引保险资金，为保险企业资金运用创造条件。但是保险公司要注意严格控制低费率策略使用的范围及频率，如果过度使用就会导致保险公司降低或丧失偿付能力，损害保险公司的信誉，最终损害被保险人的利益。因此，实行低费率策略的保险产品一般应具备以下条件：首先，该产品的市场容量较大，低费率可以扩大市场占有率；其次，客户对价格较为敏感，即需求的价格弹性大，低费率有助于市场需求量的迅速增长；最后，企业管理能力（包括风险管理能力）较强，有能力降低附加费率。

(2) 高费率策略。又称撇脂费率策略，是指以高于一般市场费率的水平来确定自身费率的策略。保险企业实行高费率策略时，一般是因为某些保险标的的风险程度太高，尽管有保险需求，但保险企业都不愿意经营；或者是因为投保人有选择地投保某部分风险程度高的保险标的；或者是保险需求过剩等。实行高费率策略，保险企业可以通过实行高价获得高额利润，有利于提高自身的经济效益，同时也可以利用高费率拒绝承保高风险项目，有利于自身经营的稳定性。但是，保险企业要谨慎使用高费率策略，因为，保险费率过高会使投保人支付保险费的负担加重而不利于开拓保险市场。此外，定价高、利润大也极易诱发激烈竞争。

(3) 满意费率策略。满意费率策略是指采取一种令保险人和客户（潜在投保人）双方都较为满意的费率策略。它既不希望高费率策略给自己带来更多的竞争者，也不希望低费率策略可能使利润微薄甚至亏损。当保险企业既希望在目标市场上长期获利，又希望能够通过合理的收益尽快回收开发成本时可以采取满意费率策略。

2. 优惠费率策略。优惠费率策略是指保险企业在现有的基本费率基础上，根据营销需要对投保人实行费率优惠的策略。运用优惠费率策略的目的是保险企业为了刺激投保人大量投保、长期投保，并按时缴付保险费和加强风险防范工作，提高市场占有率。保险企业经常采用的优惠费率策略有直接费率优惠和间接费率优惠两种策略。

(1) 直接费率优惠。根据保险标的的风险情况、历年的赔付情况和竞争者费率策略，保险企业可以对一些客户在续保或投保时直接实行费率优惠，优惠幅度依不同客户具体情况而定。直接费率优惠又包括统保优惠、续保优惠、趸交保费优惠等方式。

①统保优惠。如果某个企业或事业单位全部在一家保险企业投保，保险企业可按所

交保险费的一定比例给予优惠。因为统保能为保险企业节省对各个投保人所花费的营销费用和承保费用。如某个律师协会为所有律师统一投保职业责任保险，由于是团体保险，保险公司可以少收一定比例的保险费。

②续保优惠。通常运用在财产保险中。保险企业对现已投保的被保险人，如果在保险责任期内未发生赔偿，期满后又继续投保的，财产保险公司通常可按上一年度所交保险费的一定比例对其给予优惠。如汽车保险中的无赔款优待条款，当投保车辆在上一年度内未发生索赔，期满续保时可按基本保费的一定折扣收费。

③趸交保费优惠。在长期寿险中，如果投保人采取趸交方式一次交清全部保险费，保险人也可给予优惠，因为这样减少了保险人按月、按季或按年收取保险费的工作量。

（2）间接费率优惠。保险企业除采取直接费率优惠方式外，还常常采取其他间接的方式对投保人给予优惠，包括安全防范优惠、预扣赔款优惠、减免贷款利息优惠等方式。

①安全防范优惠。根据保险条款规定，当保险标的在保险期限内未发生损失或损失小于预定目标时，保险企业可以将保险费的一定比例返还给投保人，以鼓励投保人（被保险人）在防灾防损方面所做的努力。例如，财产保险的条款中规定，保险人对于那些安全措施完善、安全防灾工作卓有成效的企业可以给予一定安全费返还。

②预扣赔款优惠。对一些交纳巨额保险费的特大客户，保险企业可采用交纳保险费时扣除预定的赔款额，作为优惠保险费的一部分。如果保险期限内，客户发生的风险损失小于扣除的赔款额，其剩余部分归客户所有。

③减免贷款利息优惠。在长期寿险业务中，被保险人可以用保单的现金价值向保险企业申请贷款。减免贷款利息优惠即指保险企业对客户的贷款削减利息或不收利息。

3. 差异保费策略。这一策略包括地理差异保费、险种差异保费和竞争策略差异保费。地理差异保费是指保险人对位于不同地区相同的保险标的采取不同的保险费率。险种差异保费是指各个险种费率标准和计算方法都有一定的差异。竞争策略差异保费的主要做法有：第一，与竞争对手同时调整费率，以确保本公司在保险市场占有的份额；第二，在竞争对手调整费率时，保持原费率不变，以维护本企业的声誉和形象；第三，采取跟随策略。在已知竞争对手调整费率时，先不急于调整本公司的费率，待竞争对手的费率对市场销售产生较大影响时，才跟随竞争对手调整相关费率。具体采取何种策略需根据保险公司的市场地位而确定。

第四步　调整保险费率

每一个保险企业在生产经营过程中都要面临是否调整费率、怎样调整费率的策略选择问题。解决好这一问题，对提高费率决策效果十分重要，不仅能够弥补决策之初难以避免的误差，还能够进一步完善决策方案，使费率决策的客观效果得以提高。

当然，人寿保险由于具有长期性，费率一旦确定不宜轻易变动。意外伤害保险、健康保险以及大多数财产保险，由于它们保险期限都较短，费率调整相对容易。所以当下列情况出现时，保险企业就要考虑费率调整，即降低费率或提高费率。

1. 降低费率。通常在下述情况下,保险企业采用降低费率的决策。

(1) 保险供给能力过剩。保险供给能力与一个国家或地区的保险企业的数量、保险资本金规模、保险从业人员的数量和素质、保险经营管理水平等有关。如在发达国家的保险市场,各类供给主体齐备且数量庞大,不仅有大量的直接保险人和规模雄厚的再保险人,还有为客户提供风险管理咨询及设计安排风险保障的保险经纪人和保险顾问。所以发达国家保险市场的许多保险产品价格竞争十分激烈,保险企业不断降低费率。

(2) 市场竞争的压力足够强大,消费者保险消费观念日益成熟。现代保险市场,众多的供给主体、强大的供给能力、严格的保险监管,使得保险企业之间的竞争压力大大增加。为应付竞争,保险企业必须努力改善经营管理,提高经营效率,从而降低保险费率。另外,随着消费者保险消费观念的日益成熟,保护消费者权益的法规日益完善,保险企业势必更加重视客户的利益,包括采取降低保险费率、提高服务质量在内的营销手段。

(3) 具有竞争优势的保险企业,如技术领先、管理卓越、成本费用比竞争者低,往往发动降低费率的攻势以提高市场占有率。

2. 提高费率。在通货膨胀和保险标的风险增加的情况下,保险企业则采用提高费率的决策。

(1) 由于通货膨胀、物价上涨,企业的成本费用提高,许多保险企业不得不通过提高保险费率来保证企业的正常运营。由于这是大环境影响导致的,提高费率一般不会引起消费者的太多抱怨。如传统人寿保险产品的费率往往受银行利率变动的影响,银行降息会引起人寿保险费率的提高;反之,则下降。

(2) 保险标的风险增加。保险标的风险程度的增加会提高保险损失率,从而引起保险赔付率上升。例如,在许多国家由于经济的持续发展和医疗卫生条件的改善等原因,人们的预期寿命延长,出现人口高龄化趋势,这对于经营年金保险的人寿保险企业来说是一种风险增加。保险企业有可能以此为由提高年金保险产品的费率。

四、知识拓展——保险费率调整产生的影响

当费率进行调整之后,必然会对购买者、竞争者、代理人与经纪人等产生一定的影响。

1. 对购买者的影响。购买者(包括潜在购买者)对调整费率的反应,在很大程度上影响着调整费率后的保险销售量。不过,购买者对调整费率的反应,可能是很复杂的。费率下降、销售量理应增加。但在实际中,购买者却可能认为:(1) 该种保险意义不大,没有什么风险损失;(2) 该企业的服务质量差,投保不方便;(3) 费率还会下降,等过一段时间再投保等。

费率上调,理应减少销售量。但是,购买者可能会认为:(1) 该种保险确实有利,满足需求;(2) 该种保险标的的风险增大,费率应该提高等。

总之,调整费率对购买者可能产生许多影响,企业应根据购买者心理来调整费率。

2. 对竞争者的影响。保险企业在研究调整费率时,还必须对竞争者的反应作出事前判断。如果面对一个实力强大的竞争者,企业可从两个方面预测竞争者可能作出的反应:一是假设竞争者作出与本企业相同的费率调整;二是假设竞争者根据自身的情况作出费率的调整。具体情况比较复杂,企业必须研究竞争者当前的市场销售情况,购买者对竞争者的态度等。如果竞争者的目标是取得一定的市场占有率,它可能很快地进行费率调整;如果其目标是获得较高利润,它可能不急于调整费率,而是采取跟随等其他策略。

竞争者对调整费率,特别是降低费率存在着十分复杂的心理。它可能认为该企业想夺取更高的市场占有率,或者认为该企业加大排挤竞争对手的力度,或者认为要刺激保险市场的需求。

如果企业同时面对几个竞争者,必须分析每个竞争者可能产生的反应。如果所有竞争者反应相近,在进行分析时,只需分析一个典型的竞争者即可;如果竞争者的规模、市场占有率或营销策略存在较大差异,各自持有不同的态度,那就要进行逐个分析,预测他们可能采取的对策。

3. 对代理人与经纪人的影响,由于调整费率可能使保险销售情况发生变化,而代理人、经纪人的收入依赖于保险销售量,因此,保险企业调整费率对代理人与经纪人会产生重要的影响。如果调整保险费率促进了保险销售,则促进了代理人、经纪人的积极性;反之,如果调整保险费率阻碍了保险销售,则会挫伤代理人、经纪人的积极性。

有时,代理人、经纪人希望提高保险费率,以增加代理费、介绍费的收入;有时,他们希望降低保险费率,以扩大市场占有率和市场销售总额,从而实现保险代理费、介绍费的增加。保险企业应密切与代理人、经纪人的关系,了解他们对费率的心理和调整费率后的反应,及时做好信息沟通,以便于代理人或经纪人推销保单,必要时可适当增加手续费或佣金,以鼓励他们开拓市场。

五、能力拓展

练习:请为模块一中设计的新险种厘定费率,并填制费率厘定策略表。

表 3-3　　　　　　　　　　　费率厘定策略表

险种名称:

费率项目	费率厘定方法	费率厘定策略	备注
纯保险费率			
附加费率			

模块 3
制定保险渠道策略

一、学习目标

通过本模块的学习,学生应认识保险分销渠道的种类及影响保险分销渠道选择的因素,掌握保险分销渠道选择策略。

二、工作任务

根据具体保险产品,选择分销渠道,确定渠道策略。

三、实践操作

【材料阅读】

保险营销与具体的实物性产品营销存在着很大区别。只有通过有效的渠道,保险公司才能顺利地将产品卖给客户。目前,保险营销的一般渠道有保险公司柜台、保险营销员、保险代理公司、保险经纪公司、保险兼业代理以及网络营销、电话营销等。其中,保险中介渠道占比最大。就浙江省保险市场情况来看,2009 年通过保险中介渠道实现的保险费占财产险的 74.68%,人身险的 88.31%。而中介渠道中又以营销员(财产险 42.45%、人身险 54.67%)和兼业代理(财产险 25.15%、人身险 33.05%)占比最大(见表 3-4)。

表 3-4   2009 年浙江省中介渠道实现保费情况表

渠道	财产险		人身险	
	保费(万元)	占全省财产险比重(%)	保费(万元)	占全省人身险比重(%)
专业代理	83 664.27	4.26	13 354.83	0.39
经纪人	55 303.06	2.82	6 780.33	0.20
兼业代理	493 743.22	25.15	1 129 658.16	33.05
营销员	833 531.21	42.45	1 868 336.16	54.67
中介渠道合计	1 466 241.76	76.68	3 018 129.48	88.31

资料来源:施建祥:《保险销售渠道创新与可持续发展研究》,载《浙江保险》,2011(1)。

思考与讨论:在保险产品的销售中,为什么兼业代理和营销员成为重要的中介渠道?

【工作步骤】

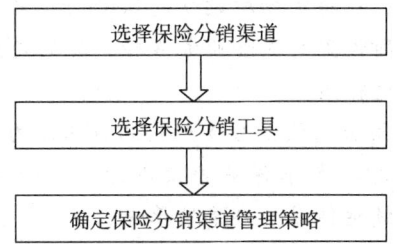

第一步 选择保险分销渠道

保险分销渠道是保险产品从保险人转至投保人所经过的通道。它是联系保险公司和客户之间的桥梁,更是保险商品顺利流通、交换的关键,保险公司营销目标的最终实现是离不开保险分销渠道的。

保险企业首先要确定是否选择中间环节,即选择直接分销渠道还是间接分销渠道。采用直接分销是为了保证保险商品及时交换、节约中间环节所需要的费用,且对于一些特殊险种,可以借助企业的整体安排加强其推销宣传和配套服务;同时,直接分销渠道有利于保险企业加强对市场的深入了解和分析。其缺点是由于投保人分布范围广或者由于保险企业内部业务人员的短缺等情况,不足以应付市场上的供求矛盾。这时就必须借助间接分销渠道。

如选择间接分销渠道,则接下来就要考虑选择哪些中间环节机构,对此,要注意对其素质的考察,主要包括:(1)具备保险的基本理论知识;(2)对所保业务有较清晰的了解;(3)对工作认真负责,将保险企业的利益和自身利益紧密结合起来。

【知识链接3-9】
保险分销渠道的类型

分销渠道的类型通常是根据产品从生产者向目标客户转移过程中所经过的层次或环节来划分的。保险分销渠道是指保险这一产品从保险企业向购买者转移过程中所经过的途径。一般来说,保险产品销售主要通过直接分销渠道和间接分销渠道来实现。

1. 直接分销渠道。直接分销渠道也称直销制,是保险公司利用本公司的专属员工,向客户提供公司各种保险险种和服务的保险分销渠道。采用直接分销渠道时保险公司直接与投保人建立关系,销售过程与其他分销渠道相类似,也包括传递给准保户销售信息、接受投保申请、签发保险合同等。保险直销具体又有三种形式。

(1)外勤人员销售。即由采取直销制的保险公司配备的专门从事保险推销的由公司支付薪金的外勤人员销售产品。这些外勤人员是保险公司的员工,代表保险公司与保险客户接洽,并与客户洽谈投保与承保事宜,负责向客户招揽业务、推销产品、核保、收取保费及提供其他服务等。外勤人员的行为必须受其与保险公司签订的推销合同的约束。

(2)保险门市部销售。这是由保险公司在公司本部或特定场所设立的直接招揽保险业务的部门向客户直接销售保险产品。在保险公司本部设立的门市部面向本地区的全体保险客户或潜在的保险客户;在特定场所设立的保险门市部则面向特定的保险客户,如在飞机场、港口、车站等场所设置的保险业务专柜,目的是为了承揽这些公共场所的流动人口投保的意外伤害险、运输险等。

(3)分支机构销售。保险公司设立分支机构的目的是为了提高市场份额。由于分支机构更接近保险客户,直接招揽与承保业务便成为保险公司分支机构的重要任务。不过,保险公司分支机构除继续延伸保险办事处承保业务外,主要仍然依靠外勤人员和保险门市部直接销售保险产品。

直接分销渠道适用于以下几种情况:一是险种的功能单一,保险公司根据客户的特殊需要提供特殊的保险商品;二是险种的功能十分复杂,客户购买保险商品需要保险公司的专业人员细致的指导和售后服务;三是险种的消费者群体比较集中,保险公司可以一次性地获得较大量的销售。

2. 间接分销渠道。间接分销渠道是指保险产品在从保险企业向保险客户销售过程中经由保险中介人转手的分销渠道，即通过保险中介人（代理人和经纪人）销售。保险代理人和经纪人虽然也是中间商的一种，但他们不同于其他行业的中间商，在保险公司、客户与保险代理人和保险经纪人之间，不发生包括保险商品在内的任何所有权的转移。保险代理人和保险经纪人只是参与或代办、或推销、或提供专门技术服务等各种保险活动，从而协助或促成各种保险经济活动的发生，所以保险代理人和保险经纪人也被称为保险辅助人。

（1）保险代理人。保险代理人是根据保险人的委托向保险人收取代理手续费，并在保险人授权的范围内代为办理保险业务的单位或个人。有权代理的事项通常包括招揽业务、查勘、签发保单、收取保费、处理赔款等。

保险代理人按照专门从事保险代理或在担负其他工作的同时肩负保险代理，分为专职代理和兼职代理；同时对不隶属某一代理机构，而是以个人行为完成保险代理的，称为个人代理或者营销员。

专职代理人。是指专门从事保险业务的机构，其组织形式为有限责任公司。保险代理公司的业务范围为代理推销保险产品、代理收取保险费、协助保险公司进行损失的勘察和理赔、保险监管部门批准的其他业务。

兼职代理人。是指本身具有固定的职业或工作，同时又接受保险人的委托，以保险人的名义代替保险人办理保险业务，并向保险人收取手续费的单位或个人。兼职代理人往往可以利用自身的工作便利，为保险人招揽属于某一特定行业的保险业务。我国保险兼职代理主要有业务经办单位代理、企业主管部门或企业代理以及金融部门代理等形式。兼职代理人必须符合以下条件：①具有法人资格或经法定代表人授权；②具有持有资格证书的专人从事保险代理业务；③有符合规定的营业场所。兼职代理人只能代理与本行业直接相关，且能为投保人提供便利的保险业务，如汽车销售商、运输部门等。

个人代理人。是指根据保险人的委托，向保险人收取代理手续费，并在保险人授权的范围内代为办理保险业务的个人。凡持有资格证书并申请从事个人代理业务者，必须与保险公司签订保险代理合同，持有由所代理保险公司核发的展业证书，并由所代理保险公司报经所在地的保监局备案后，方可从事保险代理业务。个人代理人的业务范围也只有两项，即代理推销保险产品和代理收取保险费，并且只能代理企业财产保险业务和团体人身保险以外的业务。个人代理人在代为办理人寿保险业务时，不得同时接受两个以上保险人的委托。

（2）保险经纪人。保险经纪人是保险公司推销保险单的主要形式，保险经纪人从被保险人的利益出发，代被保险人拟订保险合同并收取酬金。它可以是个人，也可以是公司。由于保险经纪人既掌握保险专业知识，又熟悉保险市场需求，所以能够为投保人争取好的投保条件，同时又能为保险人招揽、开拓业务。保险经纪人一般有三种。

①寿险经纪人。寿险经纪人是指在人寿保险市场上代表投保人选择保险人，代办保险手续并从保险人处收取佣金的中间人。寿险经纪人不仅仅是为投保人选择保险人和签订保险合同，而且还负责信息咨询等业务。寿险经纪人必须熟悉保险市场行情和保险标

的详细情况，熟练掌握专项业务知识，还要懂法律并能运用法律，并且会计算人寿险的各种费率，以便帮助投保人获得最佳保障。在国外，寿险经纪人主要从事公司员工福利计划中的团体寿险和高收入者养老金保险经纪业务。

②非寿险经纪人。非寿险经纪人是为投保人安排各种财产、责任保险，在保险合同双方斡旋，促成保险合同订立并从保险人处收取佣金的中间人。在海上保险中，经纪人被视做精通法律和保险实务的专门人才，他们必须尽可能熟悉保险业务，以便使他们的委托人获得最好的保险保障。非寿险是保险经纪人活动的主要领域。

③再保险经纪人。再保险经纪人是指专门从事将某一保险公司的再保险业务介绍给其他保险人（再保险接受人），并收取佣金的特殊保险经纪人。再保险经纪人不仅介绍再保险业务、提供保险信息，而且在再保险合同有效期间继续为分保公司服务，如合同的续转、修改、终止等；此外，还负责向再保险接受人及时提供账单并进行估算。再保险经纪人应该熟悉保险市场的情况，对保险管理技术也比较内行，具备相当的技术咨询能力，能为分保公司争取优惠的条件并与众多的投保人、保险人和再保险人保持联系，以便及时获取有利的信息，为分保公司获得一笔又一笔的再保险交易。

第二步　选择保险分销工具

分销渠道能迅速带来销售增长，尤其是邮政、电信及网络系统的日益发展，使分销渠道的成本日益降低。保险企业的分销渠道使用了各种各样的分销工具，主要包括直接邮件、印刷媒体、广播媒体、电话营销、网络营销及其他方法。

1. 直接邮件。直接邮件是一种一般以印刷品形式通过邮政服务来分销保险产品或提供相关广告信息的广告媒介。直接邮件是一种套装邮件，它包括准保户需要用来作出投保决策及投保申请的所有信息及表格。

2. 印刷媒体。印刷媒体是各种形式的印刷出版物如报刊、杂志。营销人员根据杂志或报纸读者群的人口统计、地理位置或心理特征等因素来选择使用特定的印刷媒体。印刷媒体中直销广告包括在报纸或杂志上印刷的插页和刊登的广告，以及在特别有趣的出版物上登载广告或在报纸的特殊部分刊登广告，使保险公司能够瞄准特定的读者群。

3. 广播媒体。广播媒体由广播和电视组成，它们可在广泛的领域向广大的视听者传播保险的广告信息。保险公司对保险业务的宣传主要通过发布广告来完成，这些广告常与一些节目结合在一起，在特定的时间里播出，以吸引和建立客户群。

4. 电话营销。电话营销是利用电话来进行销售，一般是利用广泛领域的特定电话线进行销售。电话营销包括拨出电话营销和拨入电话营销。电话营销通常是一种高成本媒介，其部分原因是维护和更新有效数据系统所需技术非常昂贵。

5. 国际互联网与在线服务。保险公司将国际互联网作为一种分销渠道而开发其潜力是最近才开始的。它可向客户和准客户提供保险业务的信息，给消费者提供向保险公司发送电子邮件咨询问题或索取更多信息的机会。绝大多数保险公司都开设了自己的网站，使消费者可以在线填写询价表和投保单，并且随着电子商务市场的逐步发展和保险公司产品、业务、IT和销售渠道的改革创新，网上销售在国内将具有更大的发展潜力。

【知识链接 3 – 10】
影响保险分销渠道选择的因素

保险公司究竟应该如何选择分销渠道才能以最小的代价，最有效地把保险商品送到目标客户手里，这是一个非常现实的问题。保险公司在选择和评价保险分销渠道时，一般都要考虑如下因素。

1. 保险商品本身的因素。保险公司生产和销售什么样的保险商品，将直接影响保险公司对分销渠道的选择。商品因素主要包括保险商品的承保范围、保险责任范围、保险商品的价格即保险费率等。

（1）承保范围。承保范围的大小、集中程度、专业程度、现代化程度都对保险分销渠道选择有着不同角度、不同深度、不同力度的影响。保险公司要计算出不同承保范围下采取不同保险分销渠道的显成本和隐成本，然后与这种分销渠道所能产生的最基本的收益和最大的收益相匹比，由此保险公司将能清楚地知道为什么要采用这种分销渠道而不是其他。一般而言，承保范围越大，则选择间接分销渠道的倾向越明显；承保范围越集中，专业化程度及现代化程度越高，采用代理人与经纪人体制的必要性越强。

（2）保险责任范围。责任范围在某种程度上也是一个保险市场的规范化、合法化问题。保险市场越是规范，业务执行的合法程度越高，保险主体越是希望自己承担的责任能够做到适度地分解和转移。保险公司承担的责任范围越广、越大，就越倾向于将这些责任通过特定的合法途径和双方均能够认可的保险市场来分解和转移。

（3）保险费率水平。保险费率水平的高低对分销渠道选择的影响主要体现在保险经营利润的合理、有效的分割上。一般而言，间接分销渠道花费的总成本较高，就需要相对较高的保险费水平来支撑。

2. 保险市场情况。

（1）保险市场需求。保险市场需求对保险分销渠道的影响可以通过保险市场总体和结构特征反映出来，也可以借助其在时间、空间和时空节点上的不同变化反映出来。市场情况主要考虑的是保险消费者的服务需求。有效的渠道规划首先需要决定不同的目标市场内的消费者从此渠道得到哪一种服务。渠道服务分为五类：①数量多少。保险消费者要购买一份合同还是许多份合同？数量越少，渠道所提供的服务越快。②市场分散化。保险消费者是想就近（甚至不出门）购买，还是要乘车、打电话或者利用邮购或网络购买？渠道越分散，提供的服务越多。③等候时间。保险消费者要立即购买，还是愿意等待？愈快速的服务意味着渠道服务愈好。④商品多样化。保险消费者需要多种保险商品的组合还是专门性保险服务？渠道提供的组合越多，服务水准越高。⑤售后服务。保险消费者需要更多的附加服务（如提供风险预测及风险管理咨询等），还是希望从别处（如风险及风险管理咨询机构）获得这些服务？附加服务越多，渠道服务水准越高。

由此可知，保险分销渠道的设计者应当充分了解消费者所要求的服务水准，以选择最有效的分销渠道，但要提供所有的服务是不可能的，也是不切实际的，保险公司和其渠道成员未必有必备的资源和技术来提供所有要求的服务，而且提供较高水准的服务将导致渠道成本增加,对客户而言将意味着价格提高。保险公司必须在消费者的服务需求,符合需求的成本和可行性,还有消费者对价格的偏好这三者之间达成平衡。相同的保险商品,费率偏低的较易推销。如果低服务水准意味着低费率,则表明保险消费者通常乐意接受较低的服务水准。

(2) 投保人分布。潜在投保人在空间上的分布可能是毫无规律可言的,但保险公司总是在尽可能地将其划分为分散的还是集中的、有条理的还是纷乱的、经常的还是突发性的。针对投保人在空间上的不同分布以及不同分布所能产生的不同特点,分销渠道的选择也应该有不同特点。

(3) 竞争者的渠道选择。与自己相关联的分销渠道的选择,也是一个对自己分销渠道选择的影响因素。这取决于自己在面对竞争者时所采取的不同战略,是迎头面对的硬碰硬式的,还是曲线绕行的回避式的。

3. 保险企业自身的条件。由于直销制具有明显的优点,所以保险公司大都有直销的愿望,但是进行直销必须有一定的人力、物力和财力,保险公司对市场是否熟悉、有无营销人才和财力大小,决定着完成渠道功能的效率。如果条件不好,完成渠道功能的效率还不如中介商,就不应贸然采取直销。

4. 保险企业与中介商的合作情况。有时候选择什么分销渠道并不是保险公司单方面的问题,还要考虑中介商的态度和意见。中介商的态度是否积极、是否乐意合作对渠道的效率必然会产生重大的影响。例如,有些新险种保险代理人或保险经纪人对其销路没有把握,不肯轻易接受委托,在这种情况下,保险公司只能自己推销。

5. 环境因素。从微观环境看,企业大多避免采用与竞争对手相同的分销渠道,但也不尽然。从宏观环境看,经济形势有较大的制约作用,如在经济萧条时,保险公司的营销策略重点只能是控制和降低保险商品的营销成本,因此必须尽量减少中间环节,取消不必要的附加费率。此外,政府有关保险营销的种种政策、法规也会限制保险分销渠道选择的范围。

6. 营销成本和效益的评价。这是决定渠道选择的最终因素。保险公司在作出选择之前,对可供选择的若干渠道的费用、风险和利润,最好进行详细的分析、评价和比较,以确保选择的营销方案是最佳方案。上述限制因素可进行简单归纳,如表3-5所示。

表3-5　　　　　　　影响保险分销渠道选择的因素及原因

因素	选择直接渠道的原因	选择间接渠道的原因
市场需求特点	购买数量大而集中 需求特殊(特种保险) 购买次数少	购买数量小而分散 无特殊需求 频繁购买
产品特性	特种保险 附加条件保险 附加服务多	一般保险 无附加条件保险 附加服务少
保险企业自身条件	具有经营管理的技能和经验 需要高度控制渠道 财力雄厚、声誉好	缺乏经营管理的技能和经验 对分销渠道的控制要求不高 资金缺乏、企业知名度低

第三步　确定保险分销渠道管理策略

保险商品的生产是非标准化的，因而保险服务质量也是不稳定的，要使保险分销渠道选择达到最优，在选择保险分销渠道时要注意使用一些特定的保险分销渠道管理策略，这些策略主要有：

1. 内部营销策略。所谓内部营销，是指在保险公司内部全面贯彻市场营销观念，使每一个与客户接触的部门和个人均从事营销活动，而不是仅仅由营销部门承担营销任务。实施内部营销的目的在于提高保险公司的服务质量，使每一个客户都感觉其需求得到了较好的满足。内部营销策略实质上是要求保险企业"营销化"，即所有的部门和人员树立营销观念、承担营销任务。内部营销策略能否取得预期的效果主要取决于两个因素：一是保险公司是否对全体员工进行培训，使其树立营销意识、掌握营销方法；二是保险公司能否建立一套完善的制度，规定各部门所应承担的营销责任，并通过恰当的措施确保各部门履行各自的责任。

2. 交互作用营销策略。所谓交互作用营销，是指通过改善保险公司与客户相互关系的方式，提高客户所感知的保险服务质量。在有形产品的营销中，产品质量与企业销售产品的方式有着尤为密切的联系。但在保险服务的营销中，客户对服务质量的评价不仅依据其技术质量（如费率分解是否真实、准确），而且依据其职能质量（如保险营销人员是否真正替客户着想）。营销人员不能想当然地认为，只要提供了优良的技术服务客户就会感到满意。事实上，在很多情况下，即使客户已经接受了优良的保险服务，也可能不会公正地评价保险服务质量。一般而言，保险服务的专业性、技术性越强，保险服务的内容和程序越复杂，对保险服务质量作出评价就越困难，因而保险公司就越需要运用交互作用营销技巧。

3. 差别化管理策略。对于大多数保险公司而言，实施差别化管理是提高竞争能力、树立市场形象的重要手段。保险服务是无形的，因而不大可能像有形产品那样，通过形状、包装、色彩等产品特征很容易地被客户辨别。当各个竞争者所提供的保险产品大同小异时，价格竞争会十分激烈，因此，对保险公司而言，使自己的服务区别于竞争对手的服务是十分重要的。

差别化管理主要有两方面的内容，即服务内容的差别化和企业形象的差别化。服务内容的差别化是使本企业所提供的服务区别于其他企业的关键；形象的差别化则起到某种强化内容差异的作用。服务内容的差别化，既可以是对主要服务内容的革新或改进，如保险公司开发或开始营销一种其他公司所没有的新险种；也可以是对次要服务内容的革新或改进，如保险公司放宽了某一险种的承保条件等。企业形象的差别化通常是指通过 CI 系统树立品牌形象，这与有形产品没有区别。

4. 服务质量管理策略。与有形产品一样，保险服务的质量如何也是影响其销售的最主要因素。所不同的是，保险服务的质量比有形产品更加难控制，这是由保险服务本身的特点所决定的。因此，保险公司应当更加重视服务质量管理。努力使保险服务的质量达到或超过目标客户的期望和要求是保险服务质量管理的基本目标。为了实现这一目标，保险公司必须首先把握目标客户对保险服务质量有哪些期望和要求。客户对保险服务质量的期望和要求一般包括能够在方便的时间和地点获得保险服务、能够在事前被告知保险服务的内容、保险服务提供人员应具有良好的服务技能和态度、保险服务质量具有稳定性、保险服务内容具有真实性和可靠性等。

通常，保险公司可采用下列手段加强保险服务质量管理.

（1）建立标准化的服务程序和规范。为了克服服务人员个性差异给服务质量控制带来的困难，保险公司应尽可能详细地制定标准化的服务程序和规范，对服务内容的每个方面、服务过程的每个环节都提出明确、具体的要求，并制定相应的监督奖罚制度，从而减少服务人员"自由活动"的余地。

（2）重视服务人员的选拔和培训。保险服务人员的工作态度和个性，直接影响客户的满意程度和惠顾意愿，保险公司必须依据保险服务的性质和客户的特征，选拔那些具有适宜个性和素质的服务人员，并通过有效的和不间断的训练使其掌握并不断提高服务的技能，了解保险服务的程序和规范。

（3）建立保险公司与客户的沟通渠道。保险服务质量的高低很大程度上取决于客户主观感觉。顺畅的沟通渠道，一方面可以使保险公司获得提高保险服务质量所必需的信息，另一方面也可以使客户有"受到了重视"和"保险公司很负责任"等感觉，有助于提高客户的满意程度。

（4）尽可能借助联机网络、电脑通信和数字交互式媒体来实现营销目标。这是一种新型保险营销方式，因其提供的服务质量相对稳定，可以把因个人差异带来的保险服务质量差异降到最低，从而使保险服务更加标准化和规范化。

（5）努力减少客户的风险顾虑。保险公司应设立处理客户意见、抱怨的专门机构以及有效的保证制度，以减少客户因保险服务的无形性而产生的风险意识或怀疑心理。

四、知识拓展——国外保险分销渠道模式介绍

1. 美国的保险分销渠道模式。美国保险市场保险公司众多，达到 5 000 多家，保险中介人制度健全，保险市场发育相当成熟，消费者的保险意识也比较强，人们易于接受他人的代理服务。保险代理人、经纪人、理算（赔）人分别在不同领域发挥各自的作用。其中，保险代理人是美国保险市场的中心角色。美国保险公司在不同险种领域会利用不同的保险代理人开展业务。

在美国，就保险代理人与保险公司的关系而言，有两种不同的制度，即独立代理制和专用代理制。在独立代理制下，代理人为独立的生意人，可同时为几家保险公司代理业务。在专用代理制下，代理人只能为一家保险公司或某一保险集团代理业务。在人寿险方面，主要以专用代理人为中心，因为它更适合寿险业的特点。在非寿险方面，美国市场更多地采用独立代理制，独立代理人通常代表几家公司，可签发保单，收取保费，其接受的业务可在他选择的几家保险公司之间进行分配，有招揽续保的独占权利，并就其招揽的业务按保险种类及初保、续保等分别从保险公司获取佣金，一般为保费的 5%~30%。有些保险公司就某些险种设立"利润分享计划"，代理人除按规定获得佣金外，年底可根据该业务盈利情况获得奖励。

在财产保险方面，美国以保险代理人和经纪人为中心。保险代理人同样存在独立代理人和专用代理人两种。在纽约州，没有代理人必须专属某一保险公司的规定，而且一旦取得该州法律的许可，即可由同一代理人同时代理人寿保险商品和财产保险商品。

从保险人对于代理人的管理方式看，主要有总代理制、分公司制、直接报告制三种管理方式。总代理制是保险公司仅与总代理人签订代理契约，授权总代理人在一定区域代表保险公司。总代理制在人寿保险和非人寿保险中都广泛得以使用。在人寿保险中，其主要任务是发展业务与提供服务。在非寿险领域，总代理人的职责则更为广泛，他还承担若干技术性的工作，如核保、理赔。分公司制度是保险公司在各地设置分支机构，以完成总代理所担当的各项任务，分公司经理由总公司直接委派，依照总公司的命令处理日常事务。分公司的一切开支由总公司负责，实际上即为总公司的延伸。直接报告制则是保险代理人直接与总公司来往，而不与分公司或总代理人发生关系，即实行直接报告制的地区不设分公司或总代理人。

另外，美国还通过直接反应分销渠道和定点分销渠道来销售保险商品。直接反应分销渠道即保险公司通过邮寄、报纸杂志、广播电视、电话和网络等渠道来销售内容比较单纯的保险商品，直接和客户沟通，引起客户的购买行为，虽然所占比重不大，但却有一定的效益。定点分销渠道，是指保险公司在超级市场、连锁店、银行、宾馆等机构、市场内设立固定的销售点，可以是公司职员直接销售，也可以是代理销售，主要是为客户提供方便，客户可随时咨询与购买保险。

美国的保险经纪人则可分为销售财产、意外保险的经纪人和销售人寿保险的经纪人。在寿险业中，为一家以上公司推销保险的代理人称为经纪人，因此，大多数经纪人本身就是代理人，他们之所以被称为经纪人是因为他们把业务安排给多家保险公司。美国的人寿保险公司大多设有经纪部门，该部门的职责是通过经纪人来销售保险。财产、意外保险中的经纪人除销售财产、意外保险外，还销售人寿保险。

在处理理赔事项时，保险公司除了保险代理人、保险公司的专职理赔员处理一部分理赔工作外，大量的理赔工作均由公估人（理算人）承担。美国的公估人有三种类型：独立理赔人、理赔事务所、公共理赔人。独立理赔人是理赔专家，有些专门从事特定险种的理赔公司，如营业中断保险和水险业务。理赔事务所是芝加哥大火后的产物，它们一般由一些股份公司所拥有，可向全国所有保险公司提供服务。公共理赔人则代表公众利益，为避免保险公司的理赔人员作出偏向自己公司的不公正的赔偿处理，被保险人员聘请代表自己利益的公共理赔人参与理赔过程的谈判，由被保险人按最后赔款金额的一定比例支付服务费。公共理赔人一般要求通过考试，然后从州保险管理部门取得执照。

2. 英国的保险分销渠道模式。英国的保险历史最为悠久，影响力颇大，按组织和经营的形式不同可分为两大市场：劳合社保险市场和公司保险市场。英国的保险经纪人控制了大部分市场，现有 3 000 多家独立的保险经纪公司，近 8 万名保险经纪人，其业务范围包括财产保险、人寿保险和再保险，目前占有财产保险业务 2/3 以上、一般人寿保险业务20%和养老金保险业务80%的市场份额。英国大的经纪公司在世界范围内也颇具影响力。

在英国，要取得保险经纪人的业务许可证，申请人必须向英国保险和投资中介人协会申请，协会对申请人进行从业资格审查的内容包括三项：一是申请人的财务状况，二是管理人员及主要雇员的情况，三是申请人对执行业务操作的安排计划，审查合格的机构或个人可获业务许可证。

保险经纪人的行为规范包括：第一，保持独立性。第二，禁止经纪人与保险公司在销售合同之外给予任何回扣。礼物接受的价值金额也被限制在25英镑以下。第三，了解客户。应利用事实调查表得到客户个人的情况，如财务、家庭责任、现有保障等。

英国寿险代理人在一般寿险市场上发挥了一定作用，在非寿险市场上，代理人的作用较为有限，在针对个人和家庭的汽车保险和住宅保险方面有一定的成效。英国寿险业务的代理人分为公司代理人和指定代理人两种。公司代理人只销售所代表一家公司的寿险产品，即使该公司没有适合客户需要的产品，公司代理人也不能把其他寿险公司的产品介绍给客户。指定代理人又称兼职代理人，可以是银行、住房协会和个人。

英国保险法对于人寿保险公司的代理人从事销售财产保险商品业务活动并无特别限制，而财产保险代理人若要从事销售人寿保险业务，则必须以公司代理人身份依金融服务办理注册登记。

3. 日本的保险分销渠道模式。日本保险营销制度有自己鲜明的特色。与英美等国家主要靠保险代理人与经纪人获得业务的分销渠道不同的是，日本保险市场主要依靠公司外勤职员和代理制度，经纪人的力量不大。而且，日本的代理制度在寿险和非寿险中表现不尽相同，在寿险业务中，主要采取保险营销人制度；在非寿险业务中，则采取保险代理店制度。

日本将保险代理人称为"保险营销人"，根据日本1995年《保险业法》的规定，寿险营销人是指为寿险公司进行缔结保险合同的代理或媒介活动的寿险公司的管理人员、从业人员，或受该公司委托的单位以及受委托单位的管理人员、从业人员。

在财产保险营销途径方面，日本主要采用代理店制度，在业务量上约占寿险业务量的90%。代理店在日本相当普遍，平均每92户家庭接受一家代理店服务。从代理店的形式看，独家、个人的副业代理店占多数。非寿险公司与其签订全国统一格式的代理店委托协议书，委托代理店代理保险公司与投保人签订保险合同、收取保费。其中，独家代理店在数量上大约占代理人数的1/4，而保险费收入则占一半以上。另外，财产保险也实施与寿险公司或银行合作销售保险商品以及采用通信销售等渠道。

日本的保险经纪人制度则是1995年4月新保险法实施后才引进的，法律并未区分人寿保险经纪人和非人寿保险经纪人。在业务中，经纪人目前也只限于办理非人寿保险业务，主要招揽大企业或大项目的保险业务。

五、能力拓展

练习：请为模块1中设计的新险种选择分销渠道，并填制渠道选择表。

表 3-6　　　　　　　　　保险分销渠道选择表

险种名称：

策划内容	具体内容要素描述	备注
确定适合该产品的销售渠道		
列出确定以上渠道的依据		
列出拟采用中介渠道的类型		

模块 4　制定保险促销策略

一、学习目标

通过本模块的学习，学生应明确保险促销的类型，掌握保险促销工具、策略及广告促销与公关促销的活动方式。

二、工作任务

运用具体促销工具，为保险企业制定各种促销策略。

三、实践操作

【材料阅读】

保险生活化，生活保险化。人生何处不推销，将保险融入你的生活中，你就会走上经营寿险的新台阶。

有一天，原一平到一家百货公司买东西。任何人在买东西的时候，心里总会有预算，然后在这个预算之内货比三家，寻找物美价廉的东西。忽然间，原一平听到旁边有人问女售货员：

"这个多少钱？"

说来真巧，问话的人要买的东西与原一平要买的东西一模一样。

女售货员很有礼貌地回答："这个要 7 万日元。"

"好，我要了，你给我包起来。"

想来真气人，购买同一样东西，别人可以眼也不眨一下就买了下来，而原一平却得为了价钱而左右思量。原一平有条敏感的神经，他居然对这个人产生了极大的好奇心，决心追踪这位爽快的"有钱先生"。

"有钱先生"继续在百货公司里悠闲地逛了一圈，他看了看手表后，打算离开。那是一只名贵的手表。

"追上去。"原一平对自己说。

那位先生走出百货公司门口，穿过人潮汹涌的马路，走进了一幢办公大楼。大楼的管理员殷勤地向他鞠躬。果然不错，是个大人物，原一平缓缓地吐了一口气。眼看他走进了电梯，原一平问管理员：

"你好，请问刚刚走时电梯那位先生是……"

"你是什么人？"

"是这样的，刚才在百货公司我掉了东西，他好心地捡起给我，却不肯告诉我大名，我想写封信给他表示感谢，所以跟着他，冒昧向你请教。"

"哦，原来如此，他是某某公司的总经理。"

"谢谢你！"

推销没有限制地方，只要有机会，你都可以找到你要找的准客户。

（资料来源：http://club.battery.com.cn/thread-4581-1-1.html。）

思考与讨论：原一平发现客户的方法对你有什么启示？如果你是一位保险营销员，你觉得在保险促销活动中最关键的是要解决什么问题？

保险促销是保险公司通过人员推销或非人员推销的方式，将保险产品的功能、特征等信息传递给消费者，帮助其认识保险产品所能带来的利益，从而达到引起客户注意和兴趣、唤起需求并购买保险产品的目的的一系列活动。因此，保险促销的实质是保险公司与客户之间的信息沟通。

【工作步骤】

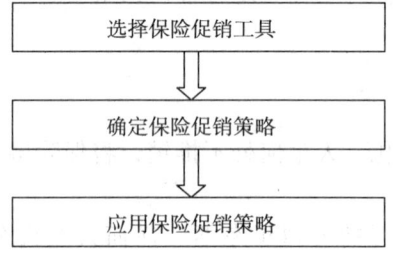

第一步　选择保险促销工具

保险促销的工具就是帮助保险公司传递营销信息的各种方式和手段，可供保险企业选择的促销工具有人员促销、广告促销、公关促销、营业推广等。

1. 人员推销。人员推销是指保险公司通过营销人员深入潜在的客户群中，直接进行保险产品的推荐与介绍工作，以促使消费者投保的促销手段。由于保险产品的无形性以及保险条款的专业性与复杂性，一般消费者难以理解和读懂，因此，在保险公司尤其是寿险公司，人员推销是其采用的一种最主要的促销手段。

2. 广告促销。广告是一种信息传播活动，是指产品经营者或服务提供者以付费的方式，通过特定的媒体向目标市场传递有关商品、服务、观念等方面的信息，以打动客户、吸引购买的一种促销手段。广告最大的优点在于广而告之，能在同一时间内向众多的目标客户传递信息。因而，作为一种强有力的促销手段，广告被众多的保险公司广泛运用。从传统意义上讲，广告媒体大多是广播电视、邮政邮件、报纸杂志等，而当今互联网已经成为大众认可的一种广告媒体，保险公司利用互联网建立自己的主页，介绍保险产品与服务的信息，从而使信息沟通更快捷。

3. 公关促销。公关即公共关系，是指保险公司为了在公众心目中树立良好的形象，向公众提供信息和进行沟通的一系列活动。公关促销作为一种重要的促销手段，在树立保险公司的形象、产品与服务的定位、化解危机等方面具有很大的潜力。主要的公关工具包括典型事件、新闻、适时演讲、公益活动、出版物、公司识别媒体、电话信息服务等。

4. 营业推广。营业推广是指保险公司通过直接展示和利用产品、价格、服务、投保方式等方面的优点、优惠或差别性，以及通过运用多种激励工具来促进销售的一系列方式方法的总和。营业推广的对象主要包括消费者、保险中介人和推销人员三类，其优点在于能迅速刺激消费者的保险需求，鼓励其采取投保行动。

第二步 确定保险促销策略

保险企业在开展促销活动时，需要根据促销活动运作的方向，选择并确定促销策略。保险公司的促销策略主要有三种类型：推式策略和拉式策略及组合策略。

1. 推式策略。推式策略也称为推动策略，主要是通过以人员促销为主的促销组合，将保险产品推向保险市场，其目的在于说服保险营销中介，使他们接受保险公司及其产品，从而使保险产品渗透进各分销渠道，最终抵达消费者。其运作方式见图3－4。

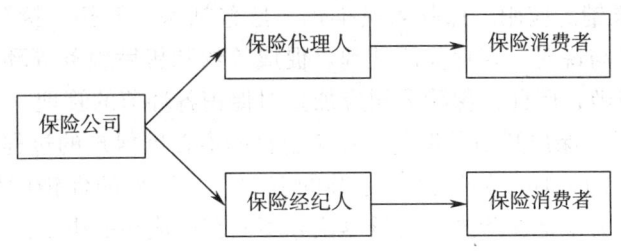

图3－4 推式策略运作方式

保险公企业采用推式策略，应视分销渠道的不同而不同。采用经纪人分销渠道的保险公司，如果经纪人为某特定产品制定了特殊的销售目标，那么，可以将有关特定产品促销的一些费用给经纪人作为补偿。采用代理人分销渠道的保险公司，可以开展销售竞赛来推销新产品，并对优胜者予以奖励。不论采用何种特殊的促销手段，所有推动策略都是面向分销渠道成员，而不是直接面向产品的购买者和消费者。

2. 拉式策略。拉式策略也称为牵引策略，是主要通过广告将消费者吸引到企业的产品上来的促销策略。这种策略首先设法引起消费者对产品的需求和兴趣，使消费者向保险营销中介询购这种产品，最后导致中介人向保险公司提出代销要求。其运作方式见图3－5。

保险企业运用拉式策略是为了控制向消费者介绍公司及其产品的方式。当采用拉式

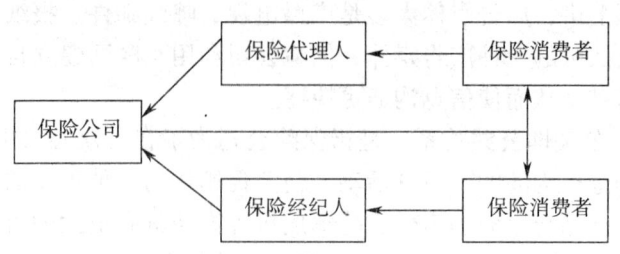

图 3-5 拉式策略运作方式

策略时,分销渠道成员通常负有将公司信息反馈给消费者的义务,因此,信息的内容和效果会因分销渠道成员和具体情况的不同而不同。

3. 组合策略。组合策略是保险企业根据促销需要,对推式策略和拉式策略进行适当的选择和综合编配而采用的一种综合促销策略。各种促销工具各有其长处与短处,保险公司促销的重点在不同时期、不同商品上也各有区别。因此,在制定促销策略时,保险公司应根据自身促销目标、险种特征、险种的生命周期、保险市场竞争等具体情况,将各种促销方式有机结合,综合运用。

第三步 应用保险促销策略

根据保险促销工具的不同,保险企业在具体应用促销策略时,也应采取各不相同的决策和方法。

1. 保险人员推销的应用。保险人员推销一般包括保户开拓、接触前的准备、接触、保险建议书的制作与说明、客户异议处理、促成签约和售后服务等环节。每个环节都关系到保险促销的成败,因此,保险公司应加强对促销各环节的管理。

(1)保户开拓。保户开拓是识别、鉴定合格的潜在准保户的过程。保户开拓是保险人员推销中最重要的一环。如果没有足够的客户源,以后的促销就好比无源之水。因此,保户开拓的能力也是保险推销人员尽快和不断获得成功的决定性因素。

(2)接触前的准备。保险推销人员应尽可能多地了解潜在客户的情况,在与客户接触之前应做好充足的准备,包括确定拜访对象、拜访时间、拜访路线、电话约访、服饰与所携带工具检视、心理建设等。

(3)接触。推销员应懂得如何会见客户和向客户致意,从而使双方关系有一个良好的开端。这包括推销人员的仪表、如何开始谈话和随后说些什么最为得体。推销员可考虑穿着与客户相似,对客户表现出殷勤有礼和关心,避免一些令人分心的举止。开头话应明确肯定,接着便可谈一些主要问题,如某种保险的好处等,吸引客户的注意和好奇心。

(4)保险建议书的制作与说明。根据与准保户接触所了解的信息,保险推销人员可以提供几种方案,并说明每种可供选择方案的成本与收益,以适应准保户的需求。保险推销的核心是方案说明,即向准保户传达促销信息的行为,目的是作出解释、刺激兴趣并动员准保户购买建议书中推荐的那些险种。

（5）客户异议处理。推销人员在介绍险种或要求客户投保时，客户会有所抵触，这种抵触往往是心理上或逻辑上的。心理上的原因包括抗拒外来干涉、喜欢自己早已形成的习惯、不感兴趣、不愿放弃某些东西、对别人的不愉快的联想、反抗受人支配的倾向、先入为主的想法、不喜欢作出决定、对金钱的神经过敏态度等。逻辑上的原因可能包括对价格、对某些产品或公司的特点存有异议。要对付这些异议，推销人员应坚持一种积极态度，向客户澄清这些异议，向客户提出一些使他们不得不回答其所持异议的问题，否定他们所提异议的正确性，或把异议转变为购买的理由。

（6）促成签约。在此阶段，推销员应设法达成销售交易，应懂得如何识别客户发出的可以成交的信号，包括客户的身体动作。在促成时机出现时，应当机立断、果断促成。如果促成不成功，也应为下次促成留下机会。

（7）售后服务。促成签约后，保险推销的过程并没有完结，相反，进入了一个新阶段——售后服务阶段。对保险产品的销售而言，良好的售后服务具有十分重要的意义，它不仅关系到保险合约的续保率，而且对保险推销人员进一步开发客户、树立保险公司乃至整个保险行业的良好形象都有重要影响。

2. 广告促销的应用。保险公司管理层在制订一个广告战略计划时，必须作出五个方面的决策：确定广告的目标或使命、预算广告费用、决定广告信息、选择广告媒体和评估广告效果。

（1）确定广告目标。广告目标是指在一个特定的时期针对特定的目标对象确定的传播任务，它往往要根据有关目标市场、市场定位以及营销组合的决策来确定。

【知识链接 3-11】

广告目标的类型

广告目标一般有以下三种类型。

1. 以告知为目标。保险广告的目标是将有关保险行业、保险公司、保险商品方面的信息及时、准确地告诉公众，让消费者知晓。以告知为目标的保险广告称为告知型保险广告，告知型广告有助于提高保险公司及其险种的知名度。保险广告要告知公众的信息主要包括公司名称、徽标、重大保险事故的理赔情况、新险种面世的时间及内容。告知型广告一般用于新的险种，说明它的特点和给客户带来的利益，或者告知客户投保、索赔等有关手续，或者纠正客户对公司存在的误解，或者直截了当地宣传保险公司的特点。告知型广告策略的关键是研究公众的心理，把握广告时机。

2. 以说明为目标。保险广告的目标是向公众说明险种的基本内容、特色。以说明为目标的广告称为说明型广告，该类广告一般在激烈竞争的保险市场中，为了争夺市场份额，提高客户对某些产品或公司品牌的偏好而采用。

3. 以提醒为目标。保险广告的目标是提醒客户别忘了在适当的时候购买某种保险产品或在保险期满时续保。以提醒为目标的广告称为提醒型广告。这种广告不一定直接介绍某种保险产品，往往通过对保险公司形象的宣传引起人们对公司的关注和兴趣，从而产生购买欲。

(2) 预算广告费用。广告费用的预算是指在某一时期内促销费的预算中用于支付广告宣传的费用,主要包括市场调研费、广告设计费、广告制作费、广告媒体使用租金等费用的预算。

【知识链接 3 – 12】

广告预算的方法

广告预算的方法通常有四种。

1. 量力而行法。即保险企业确定广告预算的依据是它承受得起的资金数据。也就是说,在其他市场营销活动费用被优先分配之后,尚有余额再供广告之用。这种预算方法虽然较为稳妥,但忽视了广告作为一种重要的促销手段所具有的促进销售的功能。因此,保险企业在做广告预算时应充分考虑需要花费多少广告费才能完成销售指标。

2. 销售额百分比法。即保险企业按照销售额(销售实绩或预计销售额)的一定百分比来计算和决定广告开支。这一方法的主要好处是可以促使保险企业管理人员根据单位成本、产品售价和销售利润之间的关系去考虑企业的经营管理问题。

3. 竞争均势法。即依据竞争对手的广告费用来决定自己的广告费用。采用这一方法的前提条件是:保险企业必须能获悉竞争者广告预算的可靠信息;竞争者的广告预算能代表保险行业的集体智慧;维持竞争均势能避免保险企业间的广告战。

4. 目标任务法。即保险企业根据它运用促销所想达到的目标制定其促销预算。具体包括:明确具体的促销目标;确定为达到这一目标所必须执行的工作任务;估算执行这种工作任务所需的各种费用,这些费用的总和就是广告预算。

(3) 决定广告信息。企业需要通过广告传播的信息是多种多样的,如企业形象、产品特色、服务质量等。保险企业必须决定着重传播哪些信息,并根据拟传播的信息选择传播的方法和途径,包括广告内容、广告创意、广告语言、广告图像、广告音响五个方面。广告内容是为达到某种目的需要说明的思想和概念。好的广告内容要求有鲜明的广告主题、客观的广告诉求、有效的广告承诺。广告创意是以创造性的思维方式,通过意象表达的广告内容的创作构思。广告语言、广告图像、广告音响都要与所表达的广告内容相关、妥帖、生动和富有创造性。

(4) 选择广告媒体。广告媒体是在广告者与广告宣传对象之间起媒介作用的物质手段,包括视觉媒体、听觉媒体和视听两用媒体。视觉媒体的主要特点是对人的视觉器官进行信息刺激,影响人们的心理感知过程,从而使广告信息在受众中留下深刻的印象,如报纸、杂志、海报、招贴、挂历等。听觉媒体的主要特点是通过对人的听觉器官的信息刺激,激发人们的心理感知过程,从而使广告信息在听众中留下印象,如广播、宣传车、录音、电话等。视听两用媒体的主要特点是通过对人视觉器官和听觉器官的双重信息刺激,激发人的心理感知过程,从而使广告信息在消费者中留下较为深刻的印象。

【知识链接 3-13】

广告媒体选择的影响因素

在选择广告媒体时,应考虑以下因素。

1. 目标市场的特点。选择保险广告媒体要注意与目标市场的协调一致。这种协调一致表现在两个方面:一是根据目标市场的地理区域选择广告媒体,即广告媒体的传播范围必须与目标市场的地理区域相一致。二是根据消费者习惯接触的媒体选择广告媒体。

2. 产品的特点。由于保险产品比较复杂,保险产品很少通过广播媒体进行广告宣传,而是经常借助一些印刷媒体来传播具体险种的专业信息。

3. 各种媒体的特性。每种媒体的成本各不相同,且各具特色。其特点主要体现为以下三个方面。

(1) 媒体传播能力。包括媒体传播的数量和质量。传播数量主要指广告传播的覆盖面、到达率,如报刊发行量、广播电视的收听收视率等。传播质量主要指传播的权威性、影响力,媒体本身的声誉、广告表现上的特长等。

(2) 媒体传播时机。传播时机的选择主要应考虑两点:一是传播时间。不同的广告时间有不同的视听率和读者率。如我国中央电视台晚上 7 点新闻联播前后一段时间是广告传播的黄金时间。二是广告的传播时令。如我国春节前一段时间是购买的高峰,也是保险广告传播的良好时机。

(3) 媒体的传播费用。不同的媒体广告费用不同。即使同一媒体的不同时间、不同版面、不同位置,收费标准也不同。一般而言,媒体费用与传播能力正相关。但广告宣传不能单纯考虑费用一个因素,而必须将费用与效果联系起来分析,分析媒体费用与预计可达到观众(听众)、读者数量之间的关系。因此,从媒体传播费用角度看媒体选择,应综合考虑媒体传播费用、企业支付能力、目标市场范围和营销战略决定的竞争需要等因素。

(5) 评估广告效果。评估广告效果可以帮助保险公司确定广告活动是否达到了宣传目的,比较不同广告活动、不同广告作品及不同广告媒体的效果,确定广告所起到的重要作用,并寻求改进今后广告的方法。

【知识链接 3-14】

广告效果的评估方法

评估广告效果,一般可在事前、事中和事后进行测试,各个阶段都有相应的评价方法。

1. 事前测试。通过进行传播前的测试,了解在未来的传播过程中会引起客户什么样的反应。事前测试的方法有:

(1) 业务测试。目标市场的一些成员被出示几则印刷广告作品,其中,至少有一则是测试广告,然后请他们尽可能地回忆每一则广告的内容,以测定该广告在捕捉注意力、与其他广告竞争、传递信息以及被公众了解、记忆等方面所具备的能力。

(2) 直接比较测试。将一些广告作品出示给目标市场的成员,然后让他们根据广告对其注意力的吸引程度、兴趣、激发程度、对公司产品的态度,给每则广告打分。

(3) 实验室测试。要求客户看或听一则或几则广告,与此同时,研究人员对客户生理反应进行记载,如眼睛的转动、心跳、血压等。

(4) 提前播出测试。将广告放在实际环境中向一个特定的目标细分市场播出,然后让客户对产生的效果进行评估。

2. 事中测试。即在广告执行过程中,对广告效果进行测定,主要方法有:

(1) 销售地区实验法。将销售地区分为试验城市与控制城市,然后,在实验城市进行广告宣传,经过一段时间后,再将试验城市与控制城市的销售情况相对比,以知晓广告效果。

(2) 分割测定法。将两则广告分别刊登在一张报纸或杂志的各半个版面上,然后将报纸或刊物寄给读者,最后根据反馈回来的信息比较两则广告的销售效果。

3. 事后测试。即对广告活动进行之后的状况予以评定与检查,主要方法有:

(1) 回忆测试,是衡量客户对广告记忆情况的测试,又分为无辅助回忆测试和有辅助回忆测试两种方法。前者用于确定曾接触过某一特定广告的客户,在无任何人员提示的情况下,是否仍记得这则广告;后者是客户被提示一些信息,以唤起对某一特定广告的记忆。

(2) 认知测试,向客户出示其以前曾接触的广告,看是否记得。

(3) 态度测试,即通过调查问卷、检查表等调查工具,监测人们对广告的态度与看法,并比较客户接触广告前后所持的观点。

3. 保险公关促销的应用。保险企业主要可按照下述步骤开展公关促销。

(1) 确定公关促销的目标。保险公司公关促销的目标一般包括四项:一是提高保险公司的知名度,二是建立公司信誉,三是激励销售队伍和中介人,四是降低促销成本。保险公司应根据其促销的整体目标来确定其公关促销策略的目标。

(2) 选择公关促销的活动方式。根据公关目标选择适宜的公关促销活动方式对保险企业来说是十分重要的。如果保险企业期望达到的目标是提高公司的知名度,就应当选择那些有一定轰动效应的活动方式,如新闻报道、新闻发布会等。

【知识链接 3-15】

公关促销活动方式

保险公关促销的活动方式灵活多样,主要有以下常见的开展活动的方式。

1. 保险新闻活动。保险新闻活动包括保险新闻报道、保险新闻发布会、保险新闻摄影等具体活动方式。新闻宣传具有社会影响面广、公众容易理解和信任、传播成本低的特点。因此,保险公关的一个重要职责是发现或创造有关公司、产品及人物的新闻。充分利用新闻宣传的方式提高保险及保险公司的知名度和美誉度。

2. 保险赞助活动。保险赞助活动是保险企业以不计报酬的捐赠方式出资或出力支持某一项社会活动或一种社会事业的保险公共关系专题活动。保险赞助活动包括体育赞助、社会公益事业赞助、文化生活活动赞助、教育事业赞助等活动形式。保险公司通过这些赞助活动,既有助于树立保险企业形象、提高企业信誉,也有利于增进与公众之间的情感融通,为自身发展创造良好的社会环境。

3. 庆典活动。庆典活动是保险企业围绕重要节日或重大事件举行庆祝的一种公共关系专题活动。庆典活动具有热烈、隆重、庄严的特点,容易引起公众的注意,有利于扩大保险企业的知名度。保险企业的庆典活动通常有三类:一类是节日庆典,包括法定节日和企业成立周年日等;二是开工、竣工典礼,包括新设施奠基、落成、开业等;三是签字、颁奖、授勋仪式,它是以举行重大保险合同签字仪式或表彰先进、授予荣誉为载体的公共关系实务活动。

4. 联谊活动。联谊活动是为便于与会者互相学习与交流、调节和活跃生活而举办的一种有一定数量人员参加的融各种文体活动为一体的聚会。保险企业举行联谊会,有助于协调与各方面的关系。常见的保险联谊活动有以游戏为主的游艺会或游园会,以娱乐和表演为主的联欢晚会,以跳交谊舞或集体舞为主的舞会,以恳谈为主的茶话会。其中,茶话会和舞会是联络保户关系最常见的形式。

5. 竞赛活动。竞赛活动也是保险企业进行保险营销的重要公关手段之一。参加电视台、广播电台等机构组织的大型竞赛活动,可以为保险企业创造公开亮相的机会,为公众了解各方面的知识、宣传保险企业经营宗旨提供良好的途径。

(3) 实施公关计划。实施公关计划,要取得内外各相关部门的配合。如新闻活动,就应该首先争取新闻机构的配合。此外,公关人员还应该处事灵活,当发生意外事件时能临危不乱,恰当地解决问题。例如当公关宣传涉及各种层次的特别事件时,如大型典礼、新闻发布会、全国性竞赛等,需要格外慎重。

(4) 评估公关效果。由于公关作为促销工具经常与其他促销工具混合使用,从而使得衡量公关的效果非常困难。如果它被作为唯一的促销工具单独使用,则它的效果是比较容易评价的。

【知识链接 3 – 16】

公关促销活动效果评价指标

公关促销活动效果评价指标主要有:

1. 展露。衡量公关效果的最简易的办法是看它在媒体中展露的次数。
2. 知晓、理解、态度的转变。一个更好的衡量方法是看公关活动引起的知晓、理解、态度的转变。例如,有多少人能想起听说过这种新产品?有多少人向别人转告过它?有多少人听说该产品后改变了主意?
3. 销售额和利润额。如果能得到销售额和利润额的话,则用它们来衡量公关促销的效果会更为准确。

4. 保险营业推广的应用。保险营业推广是一种适宜于短期推销的促销方法,其直接的结果便是促进保险企业保费收入的增加,因此,营业推广被保险公司广泛运用,因为它的促销效果明显。营业推广主要包括两种类型：消费者促销与业内促销。

（1）针对投保人的营业推广。是指以投保人（包括个体与团体）为对象举办的各种推广活动。主要方式有：①续保优惠。保险企业对那些连续在本企业投保的老客户，尤其是那些无险户或出险率较低的客户，采取优惠费率的办法鼓励其续保。②安全奖励。对那些在上一保险期间未发生保险事故的客户，进行安全奖励。这一营业推广办法的典型代表是我国汽车保险条款中的"无赔款优待"。该条款规定，被保险车辆保险期满1年，无论所投保的是基本险还是附加险，若1年内无赔款，在续保时可以享受无赔款减收续保费的奖励，奖励额度为续保险别应缴保费金额的10%。③附送赠品。在客户投保某险种时附带赠送一些物品，所赠的物品可以为该险种配套的附加险（"买主赠附"），也可以是其他物品，如挂历、书包等。④抽奖。抽奖是通过为保户的每次每单投保提供中奖机会，以刺激消费者重复投保的欲望。在大多数情况下，保险企业是就保户的保单号进行幸运抽奖，对中签者予以物质奖励。⑤险种展示会。险种展示会是指营销人员在某一固定场所全天候开展保险咨询服务。展示会的时间长可数天，地点通常选择人员集中的地方，如机关、医院、学校等。展示会节省了客户的交通时间，缩短了保险公司与客户的心理距离，可以吸引大众，还有利于培养新的保险营销人员。但展示会通常只是营销人员与客户交换信息的场所与桥梁，真正的销售是将现场的资料筛选后的继续追踪。⑥说明会。说明会是一种直接到客户所在单位开展的"一对多"的营销方式，通常是散发必要的宣传材料和纪念品，辅之以短则10分钟、长则40分钟的说明，主要向客户介绍个别险种，通过客户之间的相互影响激发购买动机，其成败与主讲者的关系密切。

（2）针对保险中介机构的营业推广。这是以各分销渠道成员如保险代理人、保险经纪人和直销人员等为对象而进行的各种促销活动。其主要目的有两个：一是为分销渠道成员提供销售辅助。分销渠道成员从事保险销售面临的最大挑战是如何向准客户解释其所推销的产品，以及如何能满足他们的特定保险需求。这一方面是因为保险产品可以满足的绝大部分需求，都集中体现为人们尽力避免谈及的各种灾难事故（如死亡、残废）的保障上；另一方面是因为保险条款的复杂性，使得销售人员难以通过口头的方式恰当地解释清楚各种产品的具体运作。为此，保险公司需要为他们提供各种销售辅助，设计出多种多样的促销材料。例如用于解释各险种及其保障范围的小册子或其他宣传材料、列明每一年的保费和现金价值等重要特征的个人投保建议书，等等。二是激励销售人员的销售热情、刺激销售。针对销售人员开展一些促销激励活动，尤其是在销售处于低谷时，对促进销售额的增长非常有效。常用的方法有：①销售竞赛，即开展销售产品的竞赛，对优胜者给予精神和物质奖励，如大会表彰、张榜鼓励、奖金、免费旅游、休假等。②推销奖励，即对达到规定销售量或超额完成者给予奖励或奖赏，如颁发奖金、奖品或给予参加会议的资格等。③红利提成，即为鼓励推销人员积极推销，可以规定按销售额或所获利润提成。④精神激励，即各公司在自己的内部刊物上介绍名列前茅的销售人员的业绩（包括销售额和续保率），来激励销售人员更加努力地销售；或根据销售额的具体情况，确定参加不同层次会议的资格，一般来讲，销售额越高，出席会议的档次就越高，当然，销售人员的声誉也就越高。

四、知识拓展——如何设计保险促销员队伍

人员促销在市场营销组合中担任非常重要的角色，在实现某些市场营销目标方面是极富成效的，但其费用也较高。正因为如此，设计一支优良的促销队伍往往能促使人员推销业绩的提升。

1. 促销队伍目标设计。人员促销的目标包括调查潜在客户、与客户进行联系、推销服务、收集信息等。随着企业对市场导向的日益重视，其推销人员需要有更为明确的以市场为中心和客户导向的思想。推销人员应懂得如何分析销售数据、测定市场的潜在能力、收集市场情报和制订市场营销策略与计划。

2. 促销队伍策略设计。这是一个确定采用哪种类型、哪种销售组合和哪种促销方法最为有效的问题。保险公司要在激烈的保险市场上竞争，必须在策略上部署其销售队伍，这样，就可以在适当的时机以恰当的方式访问适当的对象。保险公司在制定人员促销策略时，可要求其促销人员以下列几种方式与客户接触：（1）推销人员与购买者个别接触，面对面或通过电话与潜在或现有客户交谈。（2）与购买者群体接触，向群体作介绍。（3）推销会议。促销人员把保险公司的有才能的人员带去与一个或多个购买者会见并讨论有关问题，增加相互了解的机会。（4）推销研讨会。保险公司派一个促销小组到客户公司（企业）里为他们举办教育性、咨询性的研讨会，如防灾防火研讨会或在发生保障责任事故时的应急措施研讨会等。

3. 促销队伍结构设计。促销队伍结构是指按销售地区、险种、市场或某些混合因素所构建的促销人员的结构方式。如果某一保险公司只把一种险种推销给分布在许多地区的客户，其促销队伍的组织结构就比较简单，可采用按地理区域划分的促销队伍结构。但如果某一保险公司向多种类型的客户推销多种保险，这就可能需要按险种划分的或按市场划分的多种促销队伍结构。

4. 促销队伍规模设计。要确定保险公司推销队伍的规模，要先估计出可能需要的总的工作量和时间，一旦确定了促销队伍的目标、策略和结构，便可依据估算的工作量和时间来着手考虑促销人员的规模。销售人员人数的增加会使销售量和成本同时增加，所以公司促销人员规模的确定并非随意可定，一般可用工作负荷量法来确定。这个方法包括：第一，根据年度销售量将客户依顺序分为若干级别；第二，确定各个级别客户所需的访问频率（每年对客户访问的次数），这反映了公司与竞争者相比要达到的访问密度有多大；第三，每个级别的客户数乘以相应的访问频率，得出全年的总工作负荷即每年的销售访问次数；第四，确定一个促销人员平均每年可进行的访问次数；第五，将年总访问数除以每个推销人员的平均年访问次数，即可得所需促销人员的数量。

5. 促销队伍报酬设计。为吸引足够数量的促销人员，保险公司应拟订一个具有吸引力的报酬方案。促销人员一般都希望收入稳定，对超额完成任务给予奖励，对他们的工作成效，能结合经历和资历给予合理的报酬。保险公司的管理部门，首先必须对有效报酬方案的报酬水平和内容作出决定。报酬水平必须与销售工作的工种和所需能力的"现行市场价格"有一定的联系。接着公司必须对报酬的各个组成部分，即固定报酬、可变报酬、费用补助和福利待遇作出规定。固定报酬可以是薪金或提存账户，旨在满足推销人员对稳定收入的需要。可变报酬可以是佣金、奖金或利润分成，旨在刺激和奖励人们更加努力地工作。费用补助可使推销人员能够支付包括旅行、食宿和娱乐的费用。福利待遇，如休假工资、生病或意外事故津贴、退休金和人寿保险，旨在提供安全感和对工作的满足感。最高层的销售管理部门必须确定报酬制度中上述组成部分的比重，通常的做法是把推销人员的总收入的70%作为固定收入，余下的30%用做其他的形式。

五、能力拓展

练习1：填写某保险产品广告诉求与创意表。

表3-7　　　　　　　　　　　　　　广告诉求与创意表

开发的新产品：

项目内容	具体内容要素描述	备注
广告的目标		
广告的创意概念		
广告的诉求点（卖点）		
广告的媒体选择		
广告费用预算（万元）		

练习2：填写某保险产品营业推广目标、对象及推广方法表。

表3-8　　　　　　　　　　　营业推广目标、对象及推广方法表

开发的新产品：

活动项目	具体内容要素描述	备注
营业推广的目标		
营业推广的目标人群		
营业推广方法		
营业推广费用预算（万元）		

练习3：填写某保险企业公关活动方案设计表。

表3-9　　　　　　　　　　　　　公关活动方案设计表

训练项目	具体内容要素描述	备注
该公关活动的目标		
该公关活动的主题		
该公关活动的工具		
该公关活动的宣传媒体		
该公关活动的费用预算		

项目4

拟订保险合同

NIDING BAOXIAN HETONG

【项目概述】

保险合同是维护合同双方当事人权利的重要手段，是保障保险活动正常、依法进行的必要条件。本项目通过对三个工作任务实践操作演示以及相关理论知识介绍，详细而全面地介绍了保险合同的订立程序及法律注意事项，保险利益的判断及演示的方法。

【教学目标】

通过本项目的学习，学生应了解签订保险合同的法律程序，理解保险利益在保险合同签订与履行中的重要意义，学会判断客户保险利益的存在与否，能够计算、处理各类实际保险业务中涉及的保费、理赔额与保险利益等计算问题。

【重点难点】

本项目的重点是掌握保险合同订立的法律程序；难点是学会判断客户保险利益是否存在，并对险种的保险利益进行演示。

模块1 订立保险合同

一、学习目标

通过本模块的学习，了解订立保险合同的法律含义及所需经过的法定程序，明确保险合同成立与生效之间的区别与联系,并学会运用相关法律原则及法律规定指导保险实务操作。

二、工作任务

签订一份保险合同。熟悉保险法律事务中订立保险合同的法律程序及所应注意事项。学会运用法律思维、保险法律术语分析保险合同案例,判断合同是否成立与生效。

三、实践操作

【材料阅读】

今天,你的心情非常好。你跟了3个多月的客户陆先生终于认可了你为他们量身定做的保险建议书,邀请你今天下午3点去签订合同。

陆先生家庭是一个3口之家。陆先生35岁,自由职业者,电脑工程师,是家庭收入的主要来源,年收入15万元左右;陆太太32岁,在公司从事文职工作,年收入4万元;孩子3岁,今年准备上幼儿园。

陆先生虽然收入较高,但是经常加班出差,休闲时间少,工作风险性较高;相比较而言,陆太太的收入低很多、稳定性也比较低,虽然有基本的养老、医疗保险,但都是最低的保障。在签约时应着重考虑:第一,此家庭的意外风险保障;第二,儿童长大后的教育资金问题;第三,养老问题;第四,医疗保障问题。

(资料来源:根据 http://iask.sina.com.cn/b/12649421.html 整理编写。)

思考与讨论:

1. 陆先生家庭面临的主要风险是什么?
2. 你作为保险公司的营销员,在跟陆先生签订保险合同时,需注意什么事项?

签订保险合同是指保险人与投保人在平等自愿的基础上就保险合同的主要条款经过协商最终达成协议的法律行为。保险合同的成立需经过要约与承诺两个阶段,在具体的保险经营实务中,表现为下图所示的四个工作步骤。

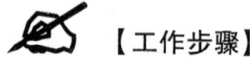【工作步骤】

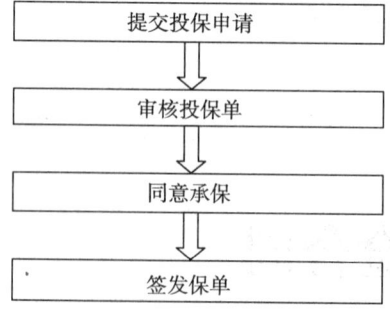

第一步　提交投保申请

订立保险合同与订立一般合同一样,要经历两个程序,即要约和承诺。

在保险合同中，一般以投保人提交填写好的投保单为要约，即投保人为要约人，保险人为受约人。当然，在特殊情况下，保险人也可以是要约人，如保险人接到投保人提交的已填好的投保单后，又向投保人提出某些附加条件，此时，保险人所作出的意思表示并非是完全接受投保人订立合同的意思表示，而是向投保人提出了新的意思表示，这在法律上被视为新的要约。在该情形下，保险人是新的要约人，投保人则为受约人。

【知识链接4-1】

要　约

要约，又称订约提议，是指订立合同的一方当事人向对方提出的以订立合同为目的的建议和要求。发出要约的人称为要约人，接受要约的人称为受约人，受约人可提出新的要约。构成要约的条件是：第一，要约人愿意订立合同的明确意思表示；第二，要约必须向特定的人发出；第三，要约应当是要约人对订立合同及合同主要条款的完整的意思表示。

第二步　审核投保单

1. 审核投保申请。

（1）审核投保人的资格。即审核投保人是否具有民事权利能力、民事行为能力及对标的物是否具有可保利益。根据我国《保险法》的规定，投保人必须具备两个条件：一是具有相应的民事权利能力和民事行为能力；二是投保人对保险标的应具有法律上承认的利益，即可保利益。审核投保人的资格主要是审核后者，即了解投保人对保险标的是否具有可保利益。保险人审核投保人的资格，是为了防止投保人或被保险人故意破坏保险标的，以骗取保险赔款的道德风险。

（2）审核保险标的。一方面，对照投保单或其他资料核查保险标的使用性质、结构性能、所处环境、防灾设施、安全管理等情况。例如，承保企业财产时，要了解厂房地点、厂房结构、占用性质、建造时间、建筑材料、使用年限以及是否属于危险建筑等情况，并对照事先掌握的信息资料核实，或是对保险标的进行现场查验后，保险人方予以承保。另一方面，保险人通过选择保险标的，承保不同类型或不同地区的保险标的将风险分散。也就是说，保险人必须使其承保标的多元化，保险单要覆盖不同的险种和不同的地理区域。例如，台风可能会使保险人在一个地区的赔偿金额大量增加，但是这些索赔将由那些同年没有发生台风的其他地区的保险费来平衡，或是将承保其他险种所获得的保险费用来赔付这个地区的台风损失。

（3）审核保险费率。审核保险费率的目的是按照保险人承担的风险收取合适的保险费。一般的财产和人身可能遭遇的风险基本相同，因此，可以按照不同标准，对风险进行分类，制定不同的费率等级，在一定范围内使用。

2. 控制承保风险

（1）控制逆向选择。保险中的逆向选择（adverse selection），就是指那些有较大风险的投保人试图以平均的保险费率购买保险。或者说，最容易遭受损失的风险就是最可能投保的风险。例如,在人寿保险中,一些身体状况差或职业危险程度高的被保险人积极投保高额的死亡保险和人身意外伤害保险,而一些身体状况好或职业危险程度低的被保险人不愿参加保险或只投保生存保险、养老保险,这种情况就构成了人寿保险的逆向选择。

逆向选择的出险会影响保险企业收支相等、公平合理原则的贯彻,无法保证被保险人权利义务的对等和保险企业业务经营的稳定。

因此,为了防范逆向选择,保险企业在承保时要通过核保进行严格认真的风险选择,对每一个被保险人既要实行以身体健康为中心的医务审查,还要实行以职业和道德为中心的实务审查,然后通过综合评估,决定是否承保及承保的费率。

(2) 控制承保能力。承保能力是指保险人能够承保业务的总量。保险人的承保能力限制了保险公司签发新保险单的能力。保险人保证承保能力的主要途径有:一是保持风险分散。只有通过风险分析与评估,保险人才能确定承保责任范围,才能明确对所承担的风险应负的赔偿责任。二是用特殊的承保技术和经验满足某些险种的承保要求。一般来说,对于常规风险,保险人通常按照基本条款予以承保;对于一些具有特殊风险的保险标的,保险人需要与投保人充分协商保险条件、免赔额、责任免除和附加条款等内容后特约承保。特约承保是根据保险合同当事人的特殊需要,在保险合同中增加一些特别约定,满足被保险人的特殊需要,并以加收保险费为条件适当扩展保险责任;或者是在基本条款上附加限制条款,限制保险责任。通过特殊的承保控制,将使保险人所支付的保险赔偿额与其预期损失额十分接近。三是安排再保险。通过再保险,保险公司可以将保险风险转移给再保险人来增加承保新保险单的数量。可见,再保险对保险公司的承保能力有直接的影响。

第三步 同意承保

保险核保人按照规定的业务范围和承保权限,在审核验险之后,认为投保申请符合公司核保政策,便作出同意承保决定。这一过程即为承诺,此时保险合同宣告成立。但是,不应认为承诺人一定是保险人,如前所述,要约承诺可能是一个反复的过程,投保人与保险人对标准合同条款以外的内容可以进行协商,在这个过程中,承诺人并非一定就是保险人,相反,保险人在某一环节上反而变成被承诺人。

【知识链接 4-2】

承 诺

承诺,又称接受提议,是指受约人在收到要约后,对要约的全部内容表示同意并作出愿意订立合同的意思表示。承诺要约的人可称为承诺人,承诺人一定是受约人,但受约人不一定是承诺人。构成承诺的条件是:第一,承诺必须由被要约人向要约人提出。第二,承诺必须接受要约全部内容的意思表示。第三,承诺必须在要约的有效期限内提出。第四,承诺必须以要约要求的形式作出,同时还要以合理的形式答复。

第四步　签发保单

我国《保险法》第十三条规定："投保人提出保险要求，经保险人同意承保，保险合同成立。保险人应当及时向投保人签发保险单或者其他保险凭证。保险单或者其他保险凭证应当载明当事人双方约定的合同内容。当事人也可以约定采用其他书面形式载明合同内容。"

在保险实务中，保险人的承诺方式通常是按法律规定向投保人签发保险单或保险凭证或暂保单，也可以是保险人直接在投保人递交的投保单上签章表示同意。

【知识链接 4-3】

保险合同的表现形式

根据《保险法》的规定，保险合同的书面形式包括投保单、保险单、保险凭证、暂保单、批单和保险协议书等。

1. 投保单（application）。投保单，又称要保单，是指投保人申请订立保险合同的书面要约，由保险人事先印制，投保人填写。投保单上印制有保险人需要了解的关于保险标的的有关情况的内容，投保人应按照要求如实填写。保险人则根据投保单的情况决定是否承保以及以什么条件承保。一旦保险人决定承保，投保单则构成保险合同的组成部分。

2. 保险单（insurance policy）。保险单，简称保单，是保险人与投保人签订保险合同的正式书面文件，或者说是一种格式化的保险协议书。保险单由保险人制订和印制，在达成协议后交由双方保存。保险单是保险合同的最完整形式，在保险单中，载明了合同当事人双方的权利与义务的具体内容，它是合同双方履约的依据。保险单的内容一般有：

（1）申明事项（declaration）。申明事项即投保人应该说明的事项。如投保人和被保险人的名称、住所，保险标的，保险标的所在地，保险金额，保险期限，风险性质以及投保人的承诺保证等。

（2）保险责任事项（insuring agreement）。保险责任事项指保险人承保的保险责任。如承保的风险责任范围、损失赔偿办法、保险金、赔付等。

（3）除外责任事项（exclusions）。除外责任事项即保险人不承担责任的范围。如故意行为、责任开始之前保险标的的缺陷、不保风险范围等。

（4）条件事项（conditions）。条件事项指当事人双方享受权利而应履行的义务。如保险事故发生后应当采取的合理施救措施并通知保险人，索赔时应当提供的有关单据、证明，索赔时效，代位求偿，争议处理等。

由于有些保险单具有一定的现金价值，发挥着有价证券的作用，因此，保险单又有保险证券之称。如长期人寿保险单。正因为这些保险单具有现金价值，因此可以用做抵押合同的抵押品。

3. 保险凭证（certificate of insurance）。保险凭证，又称小保单，是一种简化了的保险单，它是指保险人签发的证明已经承保的书面证明。保险凭证不印刷保险条款的具体内容，但载明采用或依据何种保险条款，记录有投保人、保险标的、保险金额、保险期间、保险费等项目，便于投保人携带。保险凭证一般应用于汽车保险、货物运输保险、团体人身保险等险种。保险凭证与对应的保险单具有同等法律效力。

4. 暂保单（binder）。暂保单又称临时保单，它是指保险人在签发正式保险单之前，由保险人签发给投保人证明保险人已经承保的书面证明，其法律效力与正式保险单相同。暂保单一般只适用于非人寿保险。

5. 批单（endorsement）。批单是指合同双方当事人就已签订的保险合同进行修改、补充或者增删内容时使用的，由保险人出立的一种书面凭证。在保险合同签订后，在有效期内，当事人有权就合同内容等进行更改。如被保险人的地址发生变更，保险标的发生变化而改变保险金额等情况，保险人都可以以签发批单的形式批改，附贴于原保险单上。批单是合同的重要组成部分，凡是批单上的内容与原保险单内容发生冲突的，以批单为准；后签发的批单与先签发的批单冲突的，以后签发的批单为准。

6. 保险协议书（insurance agreement）。保险协议书是投保人与保险人经协商一致后共同拟订的书面协议。当事人的权利义务在协议书中载明，并由当事人盖章或签字。

需要强调的是，在订立和履行保险合同过程中形成的所有文件和书面材料都是保险合同的组成部分，它不仅包括前面我们介绍的各种保险合同形式，而且还包括投保人的保证，关于保险标的的风险程度的证明、图表、鉴定报告，保险费收据，索赔申请，损失清单，损失鉴定，有关费用支出的发票、收据等。

四、知识拓展——解读新保险法

2009 年 2 月 28 日，十一届全国人大常委会第七次会议表决通过了《中华人民共和国保险法》的修订草案，迄今，《中华人民共和国保险法》完成了第二次修正。和 2002 年版保险法相比，新修订的保险法新增了 29 条。修订后的保险法自 2009 年 10 月 1 日起施行，新修订的保险法更强调保护投保人、被保险人的合法权益。现就新保险法增设保险合同不可抗辩规则、明确被保险财产发生转让时的理赔争议、规范保险公司理赔程序和时限等三大焦点问题进行解读。

1. 新增不可抗辩规则

条例：新保险法增设了不可抗辩规则，规定自合同成立之日起超过 2 年的，保险人不得解除合同，即保险合同成立满 2 年后，保险公司不得再以该投保人未履行如实告知义务解除合同。此规则对于长期人寿保险合同下的被保险人意义重大，可有效保护其权益，填补了现行保险法的空白。

解读：某保险公司的相关负责人表示，有的保险公司为了增加保费收入，大量吸收客户投保，等到出险时却说客户并未履行如实告知义务、拒绝赔付。这样一来，对投保人来说就白白交了大量保费，新增的不可抗辩条款进一步完善了对被保险人的保障。

2. 明确财产转让理赔

条例：新保险法规定，保险标的转让的，被保险人或受让人应及时通知保险人，保险公司自接到通知后30天内可以按照合同约定增加保险费或者解除合同。新保险法还规定，保险公司因保险标的转让导致危险程度显著增加而解除合同的，"应当将已收取的保险费，按照合同约定扣除自保险责任开始之日起至合同解除之日止应收的部分后，退还投保人"。

解读：天津财经大学金融系陈之楚认为，对于财产保险来说，存在较大争议的问题是财产保险合同存续期间，如果保险标的因买卖、赠与等发生转让，转让后发生保险事故，保险公司赔不赔？"以前保险标的发生转让也需要到保险公司进行报备，但是到底如何操作并没有细致规定。新修订的保险法对这方面的规定规避了操作中可能存在争议的一些问题，对保险公司和投保人都是一种保护。"

3. 规范理赔相关问题

条例：新保险法规定，保险事故发生后，投保人、被保险人或受益人提出索赔时，保险公司如果认为需补交有关证明和资料，应当及时一次性通知对方；材料齐全后，保险公司应当及时作出核定，情形复杂的，应当在30天内作出核定，并将核定结果书面通知对方；对属于保险责任的，保险公司在赔付协议达成后10天内支付赔款；对不属于保险责任的，应当自作出核定之日起3天内发出拒赔通知书并说明理由。

解读："投保容易理赔难"是客户集中反映的问题。某保险公司相关负责人表示，之前各家保险公司理赔方面的规定比较模糊，没有具体的时间限制。而新保险法恰恰在这方面给予了明确规范。另外，产生"理赔难"说法的原因也有很多，有的客户在投保时并没有仔细看合同，只是听代理人的介绍，而有的代理人盲目夸大保障范围，这就都有可能在今后为理赔带来难题。

此外，新修订的保险法，对于免除保险公司责任的"免责条款"，强调保险公司应当在保险凭证上作出"足以引起投保人注意"的提示，并对该条款的内容向投保人作书面或口头说明。

（资料来源：http://active.zgjrw.com/News/200933/Insurance/453399158400.html。）

五、能力拓展

练习1：如何认定投保人资格。

某甲，17岁（1986年6月5日生），在校高中生。2003年7月，甲的父母出国探亲，留甲独自在家。一日，甲的同学乙来甲家里玩耍，随同乙一起的还有朋友丙。丙是A人寿保险公司的业务员，在闲聊中丙不断说到保险的好处，甲听后特别感兴趣，想到自己每年都有好几千元的压岁钱没有特别的用处，如果买寿险既可以存钱又可以多一份保障，便于2003年7月23日主动找到丙，要求购买几份两全保险。丙很高兴，当即拿出投保单让甲逐一填写，并就保险合同条款详细地给甲作了解释。甲按照丙的要求提供了全部资料和证件，而且交了头期的保费，丙也给甲开具了收款凭证。7月28日，丙将正式保单交给甲，甲作了签收，并顺手把保单扔进抽屉里。2004年3月，甲的父母回国。甲母在收拾东西时无意间发现了这份保单，在向甲问明情况后，甲母于2004年3月28日到A公司，坚决要求退保。

1. 甲是否有资格作为投保人签订保险合同？

2. 丙在签约时是否存在过错？
3. 面对甲要求购买保险，丙应该怎样做才是最恰当的？
4. 甲母要求退保的请求能否获得支持？
5. 如果甲已经工作，完全靠自己的收入养活自己，则甲母要求退保的请求能否获得支持？
6. 作为保险代理人，你能从这个案例中吸取哪些经验教训？

练习2：保险人何时开始承担保险责任。

2005年2月4日下午，甲向B财产保险公司的保险代理人乙购买了一份家庭财产综合保险附加盗窃保险、家用电器用电安全保险、水渍险、第三者责任险，保险金额共计78万元，保险期限1年。甲在填写好投保单后，当即支付给乙1 450元保费。由于当天是周五，乙收下保险费后称只有等到周二下午（2月7日）才能将保险单送过来，甲表示同意。2月7日上午，甲所居住的地方因雷击造成电线短路，甲家的电器损坏严重，初步计算达1万余元。甲当即向B保险公司报案，同时要求B保险公司赔偿其损失。此时乙还没有回公司办手续。

1. 甲与B保险公司是否订立了财产保险合同？请分析订约程序。
2. 乙以口头方式答应2月7日下午交付保单，口头方式可以订立保险合同吗？
3. 乙作为B公司的保险代理人同意接受甲的投保申请并收取保险费，但B公司并没有收到保险费也没有核保，你认为B公司是否要对甲的损失承担赔偿责任？

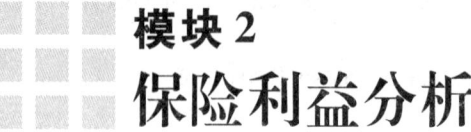

模块2
保险利益分析

一、学习目标

通过本模块的学习，了解保险利益在保险合同签订与履行中的重要意义，学会判断保险利益的存在与否以及在财产保险合同与人身保险合同中，保险利益各有什么特点。

二、工作任务

在拟订保险合同的过程中，学会判断财产保险以及人身保险合同的投保人或者被保险人对保险标的是否具有保险利益关系。

三、实践操作

【材料阅读一】

H省某县T村村民纪爱民拥有一辆福特车，村里有一家村办的灯具厂向他租用这辆车。双方商定：该车平时仍放在纪爱民家里，也归他使用处置，村灯具厂只要他每月把车借给厂里使用5~6次；为获得保险保障，纪爱民同意由村委会向当地保险公司投保机动车辆保险。随后，村委会出面办了投保手续，保险金额为25万元。

在保险期间的某一天，车主纪爱民驾车外出办事，把车停在县城的红心饭店门口。办完事回到停车处，纪爱民发现福特车已被人盗走。村委会获悉后，立即作为被保险人向保险公司提出索赔，要求按照保险金额赔偿车辆被盗损失25万元。保险公司在理赔过程中了解了福特车为谁所有、被谁租用、由谁投保以及保险事故的发生是由谁驾车外出所引起等具体情况后，提出被保险人对福特车不具有保险利益的理由，拒绝承担赔偿责任。合同双方因此发生争议，引起诉讼。

（资料来源：http://zhidao.baidu.com/question/160962723.html。）

思考与讨论：

1. 对这辆福特车，究竟谁具有保险利益？
2. 村委会作为被保险人投保，与保险公司签订的机动车辆保险合同是否有效？村委会是否具备这份保险合同主体的资格？
3. 你认为，应采取哪些投保方式才能使这辆福特车得到保险保障？

【材料阅读二】

从小青梅竹马的夏仲青和邱晓梅一起离开农村到城里打工，两人在打工生活中萌生爱意。几年后，两人于1999年未经登记便以夫妻名义开始同居生活。2002年，为使今后两人生活获得保障，夏仲青以邱晓梅为被保险人向某寿险公司买了一份20年期的两全保险，保险金额为10万元。投保人夏仲青经邱晓梅同意，在保险合同中指定受益人为自己和邱晓梅两人。投保后不久，邱晓梅在外出购物时因车祸意外死亡。事后，夏仲青向保险公司提出索赔，保险公司以投保人和被保险人的婚姻形式不合法为由拒赔。

（资料来源：http://wenku.baidu.com/view/58074b02bed5b9f3f90f1c1a.html。）

思考与讨论：

1. 人身保险中关于保险利益是如何规定的？
2. 甲乙系同居关系而非法律上的夫妻关系。从亲属关系看，甲是否对乙具有保险利益？
3. 抛开夫妻关系不说，对甲和乙之间的同居事实，你认为甲可以乙为被保险人、甲乙为共同受益人投保人身险吗？在本案中，甲是否可以以其他理由申请保险金给付？

保险利益揭示了投保人或者被保险人对保险标的所具有的经济利害关系，它是保险合同成立的基础。学会判断投保人或者被保险人对保险标的是否具有保险利益是保险从业者所必须具备的一项工作能力。正确判断保险利益关系可分为下述几个工作步骤。

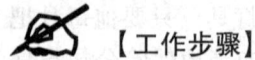【工作步骤】

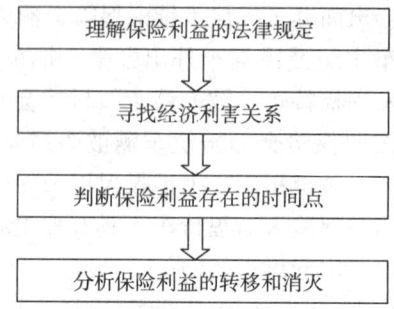

第一步　理解保险利益的法律规定

《保险法》第十二条规定："人身保险的投保人在保险合同订立时,对被保险人应当具有保险利益。财产保险的被保险人在保险事故发生时,对保险标的应当具有保险利益。保险利益是指投保人或者被保险人对保险标的具有的法律上承认的利益。"该条规定指的是保险合同的订立与索赔必须以保险利益为基础。投保人如果以不具有保险利益的标的投保,保险人可以单方面宣布合同无效;保险标的发生保险责任事故,投保方不得因保险而获得不属于保险利益限度内的额外利益。例如,某投保人以与他不相干的人的生命为标的投保,保险人就不应与其订立保险合同。

【知识链接 4-4】

保险利益确立的要件

保险利益的成立,必须符合下列条件。

1. 保险利益必须是法律认可的利益。保险合同是一种民事法律行为,因此,保险利益必须符合法律规定,符合社会公共秩序要求,为法律认可并受到法律保护。例如,在财产保险中,投保人对保险标的的所有权、占有权、使用权、收益权或对保险标的所承担的责任等,必须是依照法律、法规、有效合同等合法取得、合法享有、合法承担的利益,因违反法律规定或损害社会公共利益而产生的利益,不能作为保险利益。

2. 保险利益必须为经济上的利益。财产保险利益必须是可以用货币、金钱计算和估价的利益,保险不能补偿被保险人遭受的非经济上的损失,如精神损失。经济上的利益比较广泛,所有权、债权和担保物权都有可能产生经济上的利益。这些利益,可以基于法律的规定而产生,也可以基于合同的约定而产生。

3. 保险利益必须是能够确定的利益。保险利益必须是经济上已经确定的利益或者能够确定的利益,即该利益应为能够以货币形式估价的事实上或客观上的利益,包括现有利益和期待利益。现有利益是指在客观上或事实上已经存在的经济利益;期待利益又称预期利益,是指在客观上或事实上尚不存在,但根据法律或合同的约定可以确定在今后一段时间内将产生的经济利益。

第二步　寻找经济利害关系

保险利益实质上体现为投保人或被保险人对保险标的所具有的一种经济利害关系。在丰富多样的保险实务中，保险利益主要体现为下述几种经济利害关系。

1. 认定财产保险利益。一般而言，凡属下列情形之一的，可以认定其具有保险利益。

（1）对财产享有物权。物权是指权利人对物享有的直接支配并排除他人干涉的权利，物权一般可以分为所有权、用益物权和担保物权。所有权是典型的物权，是指财产所有人依法按照自己的意志通过对其所有物进行占有、使用、收益和处分等方式，独立支配其所有物并排斥他人非法干涉的永久性权利。用益物权是指依法对他人所有物在合适的范围内以使用、收益为主要内容的权利。通常包括地上权、地役权、典权和永佃权等。我国《民法通则》规定的全民所有制企业经营权、国有土地使用权、采矿权、农村集体土地及其他生产资料的承包经营权也属于用益物权的范畴。担保物权是依法在他人的所有物上为担保债的履行而设立的物权，通常包括抵押权、质权和留置权。用益物权人和担保物权人皆在其权利范围内享有保险利益。

（2）享有债权。债权是请求特定人为特定行为的权利。债权不同于物权的特点之一是债权具有平等性。因此，债权人对于债务人的财产，除设立了担保物权外，并无特别主张之权利。所以，债权人不能以债务人的财产为保险标的投保。但在一定程度上，债权保险利益是得到法律承认的。债权人之所以对债权具有保险利益，是因为债权人在债务人不履行债务时，其利益必然受到损失，符合保险利益的特征。

典型的债权保险利益是信用保险利益。信用保险合同是一种新型的保险合同，由债权人和保险人订立，保险标的是债务人的信用。在债务人不履行债务时，由保险公司代为补偿。

（3）负有法律上的责任。责任利益是指因被保险人依法应承担的民事赔偿责任而产生的经济利益。民事赔偿责任产生的依据主要是合同行为和侵权行为。如在租赁合同中，承租人未按照约定的方法或者租赁物的性质使用租赁物，致使租赁物受到损失的，承租人承担赔偿损失的责任。承租人因对租赁物保管不善造成毁损、灭失的，也应当承担损害赔偿责任。

2. 认定人身保险利益。人身保险的保险标的是自然人的寿命或者身体，其保险利益实质上是指投保人对于被保险人的寿命或身体所具有的利害关系。人身保险的投保人对下列人员具有保险利益：（1）本人；（2）配偶、子女、父母；（3）与投保人有抚养、赡养或者扶养关系的家庭其他成员、近亲属；（4）与投保人有劳动关系的劳动者。

我国现行《保险法》对人身保险利益的确认采取利益和同意兼顾的原则，即投保人以他人为被保险人订立人身保险合同的，是否具有保险利益或者以投保人和被保险人之间是否存在金钱上的利害关系或者其他利害关系，或者以取得被保险人的同意为判断标准。投保人和被保险人之间存在金钱上的利害关系或者其他利害关系，投保人对被保险人具有保险利益；投保人和被保险人之间不存在金钱上的利害关系或者其他利害关系，但被保险人同意投保人为其订立保险合同的,视为具有保险利益。

第三步 判断保险利益存在的时间点

为了维持保险合同的效力,投保人或者被保险人必须对保险标的具有保险利益,但这并不意味着自合同成立到终止,投保人或者被保险人对保险标的都必须具有保险利益,这就是保险利益的时效。

1. 判定财产保险利益的时效。财产保险合同的保险利益要求在保险事故发生的时候具备。如果被保险人在发生保险事故时,对保险标的不具有保险利益,保险人可以因此拒赔。

2. 判定人身保险利益的时效。人身保险合同的保险利益要求在投保的时候具备,而不问发生保险事故时投保人对被保险人是否具有保险利益。因为人身保险的保险期限通常较长,在此期间,投保人与被保险人、受益人的身份关系有可能发生变化,如离婚、解除劳动合同关系等,只要投保人在保险期间按照合同的约定继续缴费,则人身保险合同依然有效。

第四步 分析保险利益的转移和消灭

在保险合同期间,保险利益有可能因为主客观条件发生变化,而产生转移和消灭的情形。

1. 继承。国外大多数保险立法规定,财产保险的投保人或被保险人死亡,其继承人自动获得继承财产的保险利益,不影响保险合同的效力,保险合同继续有效。在我国保险业务实践中,通常承认这种保险利益的转移。在人身保险中,被保险人死亡时,如属死亡保险,即为约定的保险事故发生,保险合同终止。如果是以他人为被保险人的保险合同,若投保人死亡,其保险利益是否移转给继承人,存在分歧。一般认为,若对被保险人的利益专属投保人享有,则不能转移;若不具有专属性,则其保险利益应由其继承人继承,保险利益仍为继承人的利益而存在。

2. 转让。在财产保险中,保险标的的转让是经常发生的。保险标的和保险利益的转移是否影响原保险合同的效力,在理论和各国的法律规定上不尽一致。我国《保险法》规定,保险标的发生转让的,除货物运输保险合同和另有约定的合同外,被保险人或者受让人应当及时通知保险人;若没有履行通知义务的,因转让导致保险标的危险程度显著增加而发生的保险事故,保险人不承担赔偿保险金的责任。在人身保险中,由于保险标的是人的寿命和身体,因此,一般不存在保险利益转让的问题。

3. 破产。在财产保险中,投保人破产,其保险利益转移给破产财产的管理人和债权人,保险合同仍为破产债权人而存在。但各国法律一般规定一个期限,在此期限内保险合同继续有效。超过这一期限,破产财产的管理人或债权人应与保险人解除保险合同。投保人的破产对人身保险合同没有影响。被保险人破产,对人身保险也不产生保险利益的转移问题。

四、知识拓展——保险利益原则与保险业的健康发展

保险利益原则让保险与赌博从本质上划清了界限。赌博是一种用财物作注争输赢的

行为，其结果是额外获利或血本无归。保险利益原则使被保险人只有在发生保险事故后才能在损失范围内获得补偿，这种补偿需以其自身遭受损失为代价，而且得到补偿也不意味着其额外获利。即使是生存保险，被保险人的收益也很有限。对于未获赔款的被保险人而言，其损失的保险费也不多，因为他只不过是分摊了得到赔款者风险损失的一小部分而已。因此，保险利益原则避免了保险向赌博行为的转化。英国历史上曾出现过保险赌博。投保人以与自己毫无利害关系的远洋船舶为标的投保，一旦发生保险事故就可获得相当于投保价值千百倍的巨额赔款，于是人们就像在赛马场上下赌注一样买保险，这就严重影响了社会的安定，于是英国政府于18世纪通过立法禁止了这种行为，维护了正常的社会秩序。

防止道德风险的产生。投保人以与自己毫无关系的保险标的投保，就会出现投保人为了谋取保险赔偿而任意购买保险，并盼望事故发生的现象；或者保险事故发生后，不积极施救；更有甚者，为了获得巨额赔偿或给付，采用纵火、谋财害命等手段制造保险事故，增加了道德风险事故的发生。在保险利益原则的规定下，由于投保人与保险标的之间存在利害关系的制约，投保的目的是为了获得一种经济保障，一般不会诱发道德风险。

限制保险补偿的程度。按照保险利益原则的要求，不但要确定投保人或被保险人对保险标的有无保险利益，而且还要确定投保人或被保险人的保险利益是多大。投保人或被保险人的保险利益不应超过实际保险价值。例如，一辆汽车的实际价值15万元，以此作为保险价值，则作为投保方的车主只对这15万元具有保险利益，在保险事故发生后他只能得到15万元以内的保险赔款。如果车主就该车投保，保险金额为20万元，则车主对于超过15万元的部分即5万元不具有保险利益，投保无效（指对5万元而言）。

五、能力拓展

练习1：判断保险利益是否存在。

2008年3月27日，杨先生通过一家经纪公司从他人处购买二手宝马车一辆，双方签订"汽车产权转让协议"一份，由于在该协议中约定自购车之日起，车辆保险全部由杨先生负责办理，杨先生为了避免问题，立刻通过宝马车4S店为爱车投保了商业保险，但投保时驾驶证的车主仍为原车主，所以保险合同上的被保险人也写的是原车主。就在杨先生为该车办理转移过户时，由于驾驶不慎，该车发生意外事故，杨先生立刻报案申请理赔，保险公司的定损人员随即到场，确定车辆维修工料费共计50 000元，施救费用800元。然而保险公司在审查后，却向杨先生发出了拒赔通知书，拒赔理由为保险条款责任免除条款规定，被保险人机动车转让他人，未向保险人办理批改手续，故不予赔付。

杨先生想不明白，为什么买保险的时候说得好好的，理赔时却不给赔了，而且保费是自己交的，车辆也一直是自己控制使用的，为什么不予理赔呢？无奈之下，杨先生一纸诉状将该保险公司告上法庭。请运用所学知识，分析该案例。

练习2：抵押权人对抵押物是否具有保险利益。

李某与张某同为公司业务员，2003年8月李某从公司辞职后，开始个体经营。开业之初，由于缺乏流动资金，李某向张某提出借款，并愿意按高于银行的利率计息，同时将自己的桑塔纳轿车作为抵押,以保证按时还款。张某觉得虽然李某没有什么可供执行的财产,但以汽车作为抵押,自己的债权较有保证,为防万一,张某要为车辆购买保险,李某表示同意,2003年9月,双方到保险公司投保了车损险,为了方便,投保人和被保险人一栏中,都写了张某的名字。2004年初,李某驾车外出,途中因驾驶不慎发生翻车,车辆遭到严重损坏、几乎报废,李某也身受重伤。得知事故后,张某向保险公司提出了索赔,认为该车的事故属于保险责任,保险公司应当赔偿。保险公司认为尽管该车的损失属于保险责任,但是被保险车辆并非张某所有或使用的车辆,张某对于车辆没有保险利益,根据《保险法》的规定,保险合同无效,保险公司应退还李某所交的保费,不承担赔偿责任。请运用所学原理与知识分析该案例。

模块 3
保险利益演示

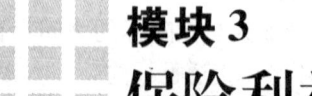

一、教学目标

通过本模块的学习,学生应能熟练处理各类保险业务中所涉及的保费、理赔金额与保险利益等计算问题,并能运用良好的沟通技巧,耐心地对客户的提问一一作出回答与解释。

二、工作任务

能综合运用保险知识,演示不同险种的保险利益。

三、实践操作

【材料阅读一】

1. 中英人寿"金菠萝"终身寿险 A 款的投保规则:

(1) 投保年龄:凡 0 岁(30 天以上)至 65 周岁人士均可作为被保险人;

(2) 保险费:一次性缴费,最低 10 000 元开始投保,以 1 000 元为单位递增;

(3) 投保限额:基本趸缴保险费最高为 200 万元。

2. "金菠萝"终身寿险 A 款的保险利益——因意外伤害事故或疾病导致身故,给付以下两者中金额较高的一项,作为身故保险金:

(1) 所缴纳基本趸缴保险费的 110% 扣除累计已提取的账户价值;

(2) 个人账户当时价值的 101%。

在第 5 个保单周年日,如果被保险人仍然生存,奖励当时账户价值的 5%,并直接加入个人账户。

附:中英人寿示例计算表(见表 4-1)。

表 4-1　　　　　　　　　　中英人寿示例计算表

保单年度	个人账户价值（年末）			身故给付（年末）		
	投资收益演示一（低）	投资收益演示二（中）	投资收益演示三（高）	投资收益演示一（低）	投资收益演示二（中）	投资收益演示三（高）
1	95.258	97.108	98.958	110.000	110.000	110.000
3	101.032	107.039	113.280	110.000	110.000	114.413
5	112.524	123.906	136.176	113.650	125.145	137.838
7	119.374	136.602	155.903	120.568	137.969	157.463
9	126.639	150.599	178.467	127.906	152.105	180.273
10	130.435	158.125	190.978	131.740	159.707	192.888
15	151.189	201.784	267.1819	152.702	203.803	370.497
20	175.229	257.474	375.542	175.982	260.049	379.298

资料来源：中英人寿官方网站。

思考与讨论：根据投保规则，分别以 20 周岁和 30 周岁作为投保年龄：

1. 计算保险费用；
2. 计算保险利益；
3. 分析该保险产品的到期收益率。

【材料阅读二】

1. 太平人寿"金彩人生"黄金 10 年计划的投保规则：
（1）投保年龄：出生满 60 天至 70 周岁人士均可作为被保险人；
（2）缴费方式：每年缴费；
（3）保险期限：10 年、15 年、20 年。

2. 太平人寿"金彩人生"黄金 10 年计划的保险利益：
（1）满期固定收益：基本保险金额×保险期间；
（2）身故保险金：基本保险金额×保单年度；
（3）累计红利：每年根据分红保险业务经营状况确定。

附：太平人寿示例计算表（见表 4-2）。

表 4-2　　　　　太平人寿基本保险金额表（以每年交 1 000 元为例）

投保年龄（岁） \ 保险金额（元） \ 保险期间（年）	10 年	15 年	20 年
0~24	1 065	1 144	1 226
25~30	1 065	1 144	1 225
31~33	1 065	1 143	1 224
34~35	1 065	1 143	1 223
40	1 064	1 142	1 220
50	1 062	1 137	1 210

续表

保险金额(元) \ 保险期间(年) \ 投保年龄(岁)	10年	15年	20年
60	1 058	1 126	1 185
65	1 054	1 115	
70	1 047		

资料来源：太平人寿官方网站。

思考与讨论：根据投保规则，分别以20周岁和30周岁作为投保年龄：

1. 计算保险费用；
2. 计算保险利益；
3. 分析该保险产品的到期收益率。

准确理解条款内容，掌握保费、理赔金额与保险利益的计算方法，并能与客户进行良好沟通，是保险营销人员所必备的素质之一。向客户演示保险利益的步骤如下。

【工作步骤】

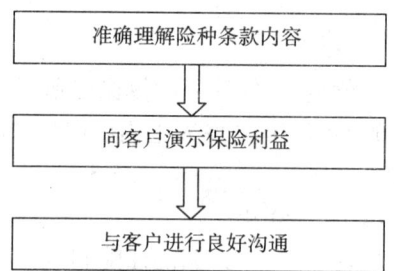

第一步　准确理解险种条款内容

1. 准确理解人身保险条款。现以人寿保险为例，介绍人寿保险的常用条款及准确含义。

（1）不可抗辩条款。不可抗辩条款是寿险特有的条款，这一条款规定：在被保险人生存期间，从保单签发之日起满两年后，除非投保人停止缴纳续期保险费，保险人不得以投保人投保时的误告、漏告、隐瞒等为理由否定保单的有效性。该条款是为了保护被保险人的正当权益。保险合同作为诚信合同，要求投保人在投保时根据实际情况如实告知，如果投保人没有如实告知，保险人有权宣布保单无效。这是为了保障保险人的正当权益。但在实际业务中，由于人寿保险大多是长期性合同，有时确实是被保险人在投保时因为种种原因，遗忘、错漏时填报的情况不够准确详尽，而保险人又没有及时指出，而当被保险人已经衰老或保险事故发生时，强调告知不当而拒绝给付，这就极大损害了被保险人的利益。

（2）宽限期条款。该条款规定：对由于没有按时缴纳续期保费的投保人给予一定期限的宽限期。投保人只要在宽限期内续缴了保费，保单继续生效。若投保人到期没有续缴保费，在宽限期内发生了保险事故，保险人仍给付保险金，并从中扣除当期应缴保费及利息。若宽限期满仍未续缴保费，保单自宽限期终止次日起停止效力。

一般到期没有续缴保费，保单应立即失效，但考虑到人寿保险是长期性保单，在这样一个长时期内，可能会因为一些意外事件影响投保人准时缴费，如生病、出差或经济上一时难以周转等，给投保人一个宽限期，使其能弥补过失或从容筹款；另外，使投保人得到方便、避免保单失效，对保险人来说也可以避免业务损失。

(3) 复效条款。该条款规定：保险单因投保人未能按期缴费导致失效之后，自失效之日起的一定时间内（一般为两年），投保人可以申请复效，经保险人审核同意后，投保人补缴失效期间的保险费及利息，保险合同即恢复效力。保险合同复效后，保险人对失效期间发生的保险事故仍不负责。

复效和重新投保不同，复效时原来的保险合同中权利、义务保留不变，如保险责任、保险期限、缴费标准、满期给付的日期都按原合同规定办理，而重新投保则一切都重新开始，对于投保人来说，由于被保险人年龄的增大，相应费率也要增加，所以复效对被保险人比较有利。

(4) 年龄误告条款。该条款规定：投保人在投保时如果错误地申报被保险人的年龄，保险合同并不因此而无效。但保险事故发生时，保险人可以按照投保人实际缴纳的保险费和被保险人的真实年龄，调整给付保险金的数额。调整的方法一般为按应缴保险费与实缴保险费的比例给付保险金。

在人寿保险中，被保险人的年龄是计算费率的一个重要依据。不同年龄的人由于死亡率的不同，即使他们投保的险种、保险期限以及保险金额都相同，所缴纳的保险费也是不同的。如果投保人误报年龄，所报年龄大于或小于投保时被保险人的实际年龄，所缴纳的保险费必然多于或少于实际应缴保费，造成保险双方权利、义务的不平等，这时就需要对保险余额加以调整。当由于年龄误告而多缴保费时，可以由保险人增付保险金或退还多缴部分保费，当由于年龄误告而少缴保费时一般都由保险人减少保险金额。

(5) 贷款条款。该条款规定：投保人缴付保险费满一定期限后（一般为一年），可以将保险单作为抵押向保险人申请贷款。

贷款金额以不超过保险单当时的现金价值或现金价值的一定比例为限。借款本息超过或等于保单的现金价值时，被保险方应在保险人发出通知后的1个月内还清款项，否则保单失效。当被保险人或受益人领取保险金时，如果保单上的借款本息尚未还清，应从保险金内扣除。

(6) 自杀条款。该条款规定：在签发保单后两年内，被保险人因自杀而死亡，保险人不给付保险金，并退还所缴保险费。如果保单生效两年后被保险人自杀死亡，保险人要承担保险责任，按约定金额给付保险金。

在人寿保险业务中，过去曾一度完全拒绝承担自杀责任。但从保险业务角度考虑，确定保险费的死亡率中包括各种死亡因素，其中也有自杀，因而保险人不应该对自杀完全不负责；同时由于领取死亡保险金的是受益人，对自杀完全不负责会影响受益人的利益。为限制有人蓄意自杀以获取保险金,有必要加以一定期限的约束,一般为两年。在实践中,基本上没有人在投保时就计划好两年后自杀。

(7) 不丧失价值任选条款。该条款规定:当投保人无力或不愿继续缴纳保险费时,保险单上已经积存的责任准备金可以作为退保金以现金形式返还给投保人,也可以作为趸缴保险费将原保单改为缴清保险或展期保险,究竟采用哪种形式由投保人任意选择。人寿保险单中所积存的责任准备金是保险人对投保人的负债,是投保人缴纳保费积存而来的,投保人有权任意支配。即使保单失效,投保人享用保单责任准备金的权利也不受影响。此时,投保人可以选择退保、领取退保金,也可以把责任准备金作为趸缴保费,维持原保单的保险期限和保险责任不变,改变原保单的保险金额,而不需要再缴纳保费,这就是缴清保险;还可以维持原保单的保险余额和保险责任不变,缩短保险期限,这就是展期保险。

(8) 受益人条款。受益人是人身保险中一个非常重要的概念,因此在很多国家的保险条款中都有受益人条款。许多国家在受益人条款中都规定,"如果受益人在被保险人之前死亡,这个受益人的权利将转回给被保险人,被保险人可以另再指定受益人"。这个再指定受益人就是后继受益人。当被保险人没有遗嘱指定受益人时,则被保险人的法定继承人就成为受益人,这时保险金就变成被保险人的遗产。

(9) 自动垫缴保险费条款。本条款规定:投保人按期缴费满一定时期后,因故未能在宽限期内缴付保险费时,保险人要把保单上的现金价值作为借款,自动贷给被保险人抵缴保费,使保单继续有效。如果垫缴保费后投保人仍未缴付,垫缴须继续进行,直到累计的贷款本息达到保单的现金价值的数额为止。此时投保人若再不缴费,保单将失去效力。在垫缴期间如果发生保险事故,保险人应从保险金内扣除保险费的本息后再给付。

2. 准确理解财产保险条款。财产保险与人身保险无论是风险保障的内容还是经营实务运作,都存在很大的不同。保险业务人员在理解财产保险条款内容时,需注意以下几点。

(1) 保险金额的确定。财产保险的保险金额的确定要遵循足额投保的原则,即按照保险标的的实际价值进行投保。保险金额超过保险标的实际价值的称为超额保险,超过实际价值部分的保险金额无效;保险金额等于保险标的实际价值的称为足额保险,当发生保险事故时,按照实际损失进行足额赔付;保险金额小于保险标的实际价值的称为不足额保险,发生损失时,按照保险金额与保险价值的比例进行赔付。

(2) 保险费的计算。在财产保险中,保险费通常按下列公式计算:

$$保险费 = 保险金额 \times 保险费率$$

或

$$保险费 = 基本保险费 + 保险金额 \times 保险费$$

(3) 保险赔款的支付

①赔偿原则。财产保险在进行保险赔款支付时,需遵循一定的原则。财产保险赔偿原则可作如下表述:在财产保险中,保险人按照被保险人所遭受的实际损失进行赔偿,

被保险人不能通过赔偿而额外获利。

被保险人具有保险利益的保险标的,遭受了保险责任范围内的损失,这是赔偿原则适用的前提。这一前提主要包括以下两个方面的含义:第一,损失发生时,被保险人对保险标的具有保险利益,才有可能获得赔偿;第二,被保险人所遭受的是保险责任范围内的损失。如果被保险人保险标的的损失的近因,不是保险责任范围内的灾害事故,那就不属于保险责任,保险人将不予赔偿。

②保险人可以选择的赔偿方式。一般来说,保险人可以选择的赔偿方式有三种:货币赔偿、置换和恢复原状。货币赔偿,是赔偿中最常见的一种方式。由于财产保险中的损失都可以用一定的价值来衡量,保险人可以根据损失的金额,支付相应数量的货币;置换是指保险人还给被保险人一个与损毁标的的规格、型号、新旧程度、性能等相同或相近的标的;恢复原状是指在物质标的遭受损坏后保险人出资把损坏部分修好,使标的恢复到损坏前的状态。

第二步 向客户演示保险利益

现以国寿福禄金尊两全保险(分红型)为例介绍保险利益的演示方法。

1. 背景资料

客户资料:李小姐,28岁,广告设计员,月均收入10 000元,年缴保费12 110元。

客户需求:28岁的李小姐在一家大型广告公司做设计员,10 000元月薪。有社保,未婚。因为深感目前通胀严重、资金缩水,而苦于工作繁忙没时间理财,一直希望找到一种可行的方法,把辛苦打拼赚到的钱稳定增值,提早为将来的养老生活作准备,我把最新的福禄金尊两全保险计划介绍给她,几乎毫无悬念地就被接受了,签下这份保单。

2. 国寿福禄金尊两全保险(分红型)保险利益演示

步骤1:产品介绍

基本保障:国寿福禄金尊两全保险(分红型)为您提供生存金返还、祝寿金、红利、保单借款、高额保障等权益,助您轻松迈向财富自由之路。

产品特性:定期返还见效快、收益递增节节高,约定返本还收益、终身领取不封顶、高额保障倍呵护、坐享红利可复利、保单借款解危机、迈向财富自由路。

投保年龄:出生28天至55周岁

保险期间:终身

缴费期间:10年

领取祝寿金日期:60周岁、65周岁、70周岁三个年龄段任选

保险责任:在本合同保险期间内,本公司承担以下保险责任。

(1)生存保险金。自本合同生效之日起至约定的祝寿金领取日前,被保险人生存每满3年,按基本保险金额的15%给付生存保险金。

(2)祝寿金。被保险人生存至约定的祝寿金领取日,按本合同所缴保险费(不计利息)给付祝寿金。

(3)养老金。自本合同约定的祝寿金领取日起,若被保险人生存至本合同的年生效

对应日，每年按基本保险金额的6%给付生存保险金。

（4）每年分红金。自投保之日起，每年可以分享中国人寿的经营成果，享受保单分红，累积生息或现金领取两种方式。

（5）身故保险金。被保险人于投保1年内因疾病身故，按本合同所缴保险费（不计利息）给付身故保险金，本合同终止。被保险人投保1年后至本合同约定的祝寿金领取日前因疾病身故，按基本保险金额的200%与所缴保险费（不计利息）之和给付身故保险金，本合同终止。被保险人遭受意外伤害，并自意外伤害发生之日起180日内因该意外伤害导致被保险人于本合同约定的祝寿金领取日前身故，按基本保险金额的500%与所缴保险费（不计利息）之和给付意外身故保险金，本合同终止。本合同约定的祝寿金领取日起，若被保险人身故，按被保险人身故时下列两者的较大值给付身故保险金，本合同终止：①基本保险金额；②本合同的现金价值。

步骤2：投保示例

28岁的李小姐投保国寿福禄金尊两全保险（分红型），基本保险金额20 000元，10年缴费，年缴保费12 112元，选择祝寿金领取年龄为60周岁。李小姐的保险利益包括：

（1）固定生存金。60周岁年生效对应日前，生存每3周年，给付3 000元生存保险金。共领取10次，合计30 000元。生存金可以累积生息，按3%复利累积，60岁时达48 944元。

（2）退休祝寿金。若被保险人生存至60周岁生效对应日，返还本金121 120元作为祝寿金。

（3）夕阳养老金。60周岁年生效对应日起，若被保险人生存，每年给付1 200元养老金，直至终身。

（4）每年分红金。自投保之日起，每年可以分享中国人寿的经营成果，终身享受保单分红，累积生息或现金领取两种方式。

（5）疾病身故保障。投保1年内因疾病身故，按所缴保费（不计利息）给付身故金；60周岁前因疾病身故，按二倍保额40 000元与已缴保费（不计利息）之和，即161 120元给付身故金；60周岁领取祝寿金后疾病身故，按基本保额20 000元、保单现金价值，二者较大值给付身故金。

（6）意外身故保障。领取祝寿金前意外身故，按5倍保额100 000元与已缴保费（不计利息）之和，即221 120元给付身故金；领取祝寿金后意外身故，按基本保额20 000元、保单现金价值，二者较大值给付身故金。

（7）灵活周转金。保险期间内，可通过保单借款缓解资金周转压力，解燃眉之急，借款额度达保单现金价值的80%。

第三步　与客户进行良好沟通

在向客户演示保险利益的时候，运用良好的沟通技巧进行解释与说明显得非常重要，在与客户沟通的过程中，要做到以下几点。

1. 清楚解释合同条款的内容，对责任免除条款部分予以明确说明；

2. 耐心解答客户的疑问；
3. 善于运用良好的身体语言进行沟通。

四、知识拓展——人寿保险中常用的计算方法

1. 时间价值的分析与计算。主要包括时间价值的概念、现值与终值的快速折算。资金的时间价值或投资的时间价值是指货币拥有者放弃现在使用货币的机会而进行投资，随着投资时间的推移而得到的最低增值。时间越长，增值越多。从量的规定性来看，货币的时间价值是没有风险和没有通货膨胀条件下的社会平均资金利润率。复利现值与终值的折算关系可以表示为

$$PV_0 = FV_n \times \frac{1}{(1+i)^n}$$

式中，PV 为现值，FV 为复利终值，i 为利率，n 为期数。

2. 各类年金的分析与计算。主要包括年金的概念、年金的类型、

普通年金的现值与终值计算。年金是指每隔一定相同时期，收到或支付相同数量的一笔金额。按收付款的时间不同，年金可分为几种形式：收入或支出在每期期末的年金称为普通年金或后付年金；收入或支出在每期期初的年金称为期初年金或预付年金；收入或支出在第一期期末以后的某一时间的年金称为延期年金或递延年金；无限期定额收付的年金称为永续年金或终身年金。

普通年金的现值计算公式为

$$PVA_n = A \times \frac{1-(1+i)^{-n}}{i}$$

式中，PVA_n 为年金现值，A 为年金，i 为利率，n 为期数。

普通年金的终值计算公式为

$$FVA_n = A \times \frac{(1+i)^n - 1}{i}$$

式中，FVA_n 为年金终值，A 为年金，i 为利率，n 为期数。

3. 各类投资报酬率的计算与分析。主要包括投资与投资收益的概念、投资收益的常用指标、投资报酬率的测算、不同投资项目报酬率的比较与评价。投资一般是指经济主体或个人为了获取经济效益而投入资金或资源，用以转化为实物资产或金融资产的行为和过程。投资涉及的最基本的三方面为投资主体、投资动机和目的、投资载体。投资收益即投资主体通过投资行为在未来获得的超额增值。

计算投资收益的指标有多种，通常是根据所取得的红利或分期取得的红利与投资或分期投资的数额的比值来确定。

4. 各类保费的计算原理与分析思路。主要包括保险费用计算与缴纳的一般方式与方法以及不同保费的分析思路。保险费用简称保费，是指投保人为转移风险、取得保险人在约定责任范围内所承担的赔偿责任而缴付的费用。计算保险费用的基础有保险金额、保险期限和保险费率。保险费率是每一保险额单位与应缴纳保险费的比率，通常由保险公司根据危险因素与损失估计、社会资金收益等厘定。保险营销人员应掌握在不同保险

金额和保险期限下的保险费用计算。

5. 保单现金价值与理赔额的计算。主要包括保单现金价值的概念、保单现金价值、理赔额与保险利益的一般计算方法。保单的现金价值使得保单具有储蓄性和投资性的特点。现金价值是指客户在退保时可取回的金额。保单现金价值取决于被保险人年龄、已保年期、保险期间、缴费方式、缴费金额、保险金额、保险责任等多种因素,与投保人已缴保费的金额没有直接对应的比例关系。长期寿险保单项下保单现金价值,是被保险人缴纳的保险费扣除该保单当年的死亡成本及保险公司的各项经营成本之后的余额。通常情况下,保单的现金价值是保险人为履行合同责任通常提存的责任准备金,如果保户中途退保,即以该保单的责任准备金作为解约的退还金。

理赔额的计算通常要根据保险合同条款及被保险人责任事项来确定。保险利益是指投保人对保险标的具有的法律上承认的利益。分红保险的保险利益主要有保险保障和盈余分配(包括红利)两部分。保险公司通常会对保险利益的计算进行明确规定。

五、能力拓展

练习:演示保险利益。

背景资料:张先生,广告公司管理人员,年薪人民币30万元。张太太,公务员,年薪5万元。女儿,6周岁。张先生一家到目前为止没有商业保险的保障,并且保险意识淡漠。你作为中国人寿保险公司的寿险顾问,请运用你的专业知识为张先生的女儿就以下两款商品进行重新组合,形成新的商品"一生平安",同时解决以下问题。

1. 请问新商品的特色与卖点在哪里?
2. 请计算出本款商品张先生每月应缴多少保费(计算结果保留整数)。
3. 请设置两份"一生平安"进行保险利益演示(假设张先生女儿生存到85周岁,合同约定45周岁领取养老金)。

附:保险条款(节选)

1. 英才少儿保险

第一条 保险合同构成

国寿英才少儿保险合同(以下简称本合同)由保险单及所附条款、声明、批注、批单,以及与本合同有关的投保单、复效申请书、健康声明书和其他书面协议共同构成。

第二条 投保范围

凡年满20至50周岁、身体健康者均可作为投保人,为其出生满60天至14周岁、身体健康的子女或有抚养关系的少儿(以下称被保险人)向中国人寿保险公司(以下简称本公司)投保本保险。

第三条 保险责任开始

本合同自本公司同意承保、收取首期保险费并签发保险单的次日开始生效。除另有约定外,本合同生效的日期为本公司开始承担保险责任的日期。

第四条 保险期间

保险期间为本合同生效之日起至被保险人生存至25周岁的生效对应日止。

第五条 保险责任

在本合同有效期内,本公司负下列保险责任。

一、被保险人生存至18周岁的生效对应日,本公司按基本保额的30%给付成才保险金。

二、被保险人生存至22周岁的生效对应日,本公司按基本保额的30%给付立业保险金。

三、被保险人生存至25周岁的生效对应日,本公司按基本保额的40%给付安家保险金,本合同终止。

四、被保险人于18周岁的生效对应日前身故,本公司无息返还所缴保险费的1.5倍,本合同终止;被保险人于18周岁的生效对应日后身故,本公司一次性给付其尚未领取的生存保险金,本合同终止。

英才少儿保险费率表

保险金额:10 000元　　　　　　　　　　　　　　　　　　　　单位:元人民币

投保年龄	趸缴	年缴
6岁	7 524	723

注:保险费缴至18周岁的生日对应日。

2. 松鹤养老保险

第二条　投保范围

凡65周岁以下的城乡居民均可作为被保险人,由本人或对其具有保险利益的人作为投保人向中国人寿保险公司(以下简称本公司)投保本保险。

第三条　保险责任开始

本合同自本公司同意承保、收取首期保险费并签发保险单的次日开始生效。除另有约定外,本合同生效的日期为本公司开始承担保险责任的日期。

第四条　养老金的开始领取日

开始领取养老金的年龄分为45、50、55、60和65周岁,开始领取日为约定领取年龄的年生效对应日。

第五条　保险责任

在本合同有效期内,本公司负下列保险责任:

一、在本合同约定的养老金开始领取日前被保险人身故,本公司按所缴保险费(不计利息)与现金价值数额较高的给付身故保险金,本合同终止。

在本合同约定的养老金开始领取日后被保险人身故,本公司按所缴保险费(不计利息)给付身故保险金,本合同终止。

二、在本合同约定的养老金开始领取日及以后被保险人生存,本公司依约定于每年的年生效对应日按保险单载明保险金额的10%给付养老金,直至被保险人身故。

三、自本合同约定的养老金开始领取日起,被保险人生存每届满10年,本公司另给付敬老祝寿保险金,首次给付标准为保险单载明保险金额的50%,以后每次的给付标准在前次给付金额基础上按保险单载明保险金额的50%增加。

松鹤养老保险费率表

保险金额：10 000元　　　　　　　　　　　　　　　　　　　　　　　　单位：元人民币

投保年龄	开始领取养老金年龄（20年缴）				
	45岁	50岁	55岁	60岁	65岁
6岁	1 508	1 145	847	606	47

项目5

维护保险客户
WEIHU BAOXIAN KEHU

【项目概述】

本项目主要介绍递送保单的流程、处理抱怨的技巧、处理理赔的流程以及保险营销绩效评价的内容和方法。

【教学目标】

通过本项目的学习,学生应了解递送保险的技巧,掌握处理客户抱怨的流程,明确协助客户做好索赔的主要工作,掌握保险营销绩效评价的程序。

【重点难点】

本项目的重点是递送保单、处理抱怨与处理理赔;难点是如何选取合适的保险营销绩效评价指标,设计适当的评价指标体系。

模块1
递送保单

一、学习目标

通过本模块学习,学生应了解为客户递送保单的流程,掌握获取转介绍的步骤、具体方法及拒绝处理。

二、工作任务

做好递送保单前的准备工作，及时有效地为客户递送保单，熟练地运用获取转介绍的方法及拒绝处理的技巧获取客户的转介绍。

三、实践操作

【材料阅读】

保单是保险契约的凭证。

就整个寿险推销过程而言，只有在客户签收了保单回执以后，推销才告一段落。但作为一名合格的业务员，你一定要知道，签约保单并不意味着推销终结，而是真正意义上"服务"的开始，也是"销售过程"的延伸。就客户的购买心理而言，也只有在客户拿到保单并进行初步研读后，购买才真正获得实现。

因此，你应在公司签单盖章后，尽快将保单送到客户手中。有的业务员在与客户熟悉后，会有一种错觉，以为保险既已生效，这类事情无关紧要。殊不知，恰恰因为这种无关紧要的"不及时服务"，可能会使客户退保。

寿险推销员皮埃尔有一次好不容易说服了保户，保户答应买一份保单。皮埃尔喜出望外地说："请您在这儿签个名吧！先生，当你的大名在此落笔，你就拥有了一份非常可观的寿险保障！您是付现金还是支票？"保户说："付现金！"一切顺利成交！"您在家放心地等吧，明天我就给您送来保单回执。"皮埃尔信誓旦旦地说："这样，您的寿险单就生效了。"然而，皮埃尔却只顾忙着拜访其他陌生的准客户去了。这位客户等了好几天，不见他送保单回执，便起了疑心。给他打电话，恰巧不在，客户心更急了，便打电话到公司投诉。公司马上责成皮埃尔给客户解释。然而已经迟了，客户已决定不投保，要求退回保费。

你千万别学皮埃尔这类业务员，从而因小失大，或掉了西瓜捡芝麻。

（资料来源：http://www.examda.com/bx/yingxiao/20060711/140421992.html。）

思考与讨论：你认为皮埃尔错在哪里？谈谈及时递送保单的重要性。

递送保单是售后服务的第一环节，及时、专业的递送保单服务，可以增强客户良好的购后评价，为建立长期的客户关系及开拓新市场打下基础。

【工作步骤】

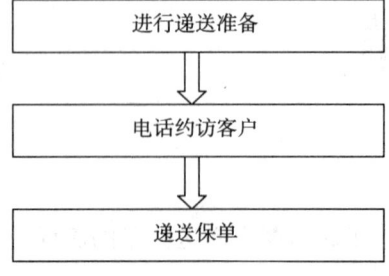

第一步 进行递送准备

1. 检查保单。检查保单是否有误,确保将正确无误的保单送给客户。否则会大大损害公司的形象。

(1) 检查保单载明的内容是否清楚。包括投保人、被保险人、受益人的姓名,保险产品,生存给付或养老金领取方式,保单生效日及保单是否有骑缝章等。

(2) 保单是否与原设计相同,若需特别说明的项目如保险利益、保额、缴费期限等用荧光笔作上记号。

2. 客户档案录入。营销员应该及时将客户有关资料登入客户档案库,分类记录。要录入内容一般包括:(1) 复印保单,以备理赔服务时用;(2) 家庭资料和保单资料等。

这些资料是营销员开展后续工作的基础,如果客户需要营销员帮忙,而营销员连客户的基本资料都没有,甚至根本记不起这位客户,难以想象客户会怎样看待这位营销员及其公司。

3. 资料准备。整齐充分地准备好保单、封套、名片、服务承诺。将保单、名片、服务承诺等资料整理好放入保单封套中。这样不仅方便客户存放,而且也让客户体会到营销员的用心和专业。

4. 准备好话术。递送保单前应准备好话术:说明保单的内容、强调保单价值、回答客户的疑问、准备应对客户的反悔等。

5. 准备转介绍卡。

【知识链接 5-1】

递送保单的作用

递送保单是保险营销人员售后服务的第一项内容。通过递送保单,保险营销人员可以:

1. 重审保险需要。客户在购买保险后,通常会怀疑自己所作的购买决定是否正确,甚至会觉得后悔,这时他们的决定需要被肯定,才能使他们收回疑虑,所以你要向客户重申他们需要保险,使客户的心情平静下来,并对自己所作的决定感到安心。

2. 建立信心。客户有时会抱怨:"保险营销人员在营销的时候总是无所不在,但是每当需要他的时候,他又在哪里呢?"所以你要经常与客户保持联络,诚恳地为他服务,使客户明白你是个真正关心他的朋友。这样不但可以建立客户对你和公司的信心,确定你的专业形象,还可以提高保单的续保率。

3. 征求介绍新客户。客户满意保险营销人员的服务,自然乐于介绍新客户给你。当完成一次推销后,谨记向客户征求介绍新客户。著名的营销人员刚多佛曾指出:卓越的保险营销人员的营销成绩有80%来自忠实客户的推荐或重复购买。他们是通过全面的售后服务,才有此成就的。

4. 营销额外保险。随着时间和环境的改变,客户的家庭状况、职业以及保险需要都会有所改变。能与客户保持密切的联系,便可得知客户的现状。保险营销人员要掌握从改变中带来的机会,为客户检讨已有的保险计划,营销额外保险,以确保客户获得适当和足够的保障。

第二步　电话约访客户

打电话通知客户，并约好递送时间。如此既可防止客户外出造成的拖延，又能证明自己对工作认真负责，同时还可节约时间。

话术范例："张先生（张大姐）您好！恭喜您有了一个完整的保障计划，您的保单已由公司核保通过，发下来了，您看是今天还是明天上午，我专门把保单给您送到单位去？"

【知识链接 5-2】

递送保单的注意事项

1. 亲自递送保单，不要假手他人。
2. 保证充足的递送保单时间与相对独立的空间。
3. 消除客户顾虑，强化客户信心。

第三步　递送保单

做好约访后就开始进行给客户递送保单的接触活动。递送保单的接触活动一般按如下步骤进行。

1. 祝贺客户与递交保单。与客户接触时，首先应祝贺客户。保险公司接受客户投保表明客户身体、财务状况良好，值得祝贺，同时也祝贺他有了全面的保障，可以有效地抵挡风险。

接着递交保单。递交保单时营销员应当着客户的面确认保单上投保人姓名等信息。

话术范例："这是您的保单正本，请您收好，它同银行存折一样，是您的权益的凭证。"

2. 拒绝处理。虽然已经进行到递送保单这一环节，客户也有可能动摇、反悔，这时客户提出拒绝也不足为奇，他们多数是想进一步得到确认，营销员此时要运用"拒绝处理"耐心说服客户，不必慌张或不满。

3. 同客户一起检查保单。引导客户一起检查保单，并作必要的解释。

话术范例如下：

营销员："您的保单我已经检查过了，不过最好还要请您自己检查一下。"

营销员："您看这是保险合同、保险单、缴费收据……"

检查的重点内容：保单文件是否齐备，包括保单封套、保险合同、现金价值表、缴费收据、续期缴费存折、名片；保单内容是否无误，包括投保人、被保险人、受益人姓名、性别、年龄、地址、通信方式，投保险种，保额，保费，收益期，健康告知。

4. 利益确认。递交保单时，结合保单内容强调保单利益，让客户确认保单利益与他的需求相吻合，使客户感到他的需求得到满足，营销员确实为他设计了一份合适的保单,打消客户购后疑虑,增强购后满意度。

营销员可以从以下几个方面进行面谈:(1)有关保单条款的详细解释;(2)此保单如何配合客户所有的保险计划;(3)保户若遭遇不幸但活着而残疾时,保单的作用。

话术范例如下:

"您看,这是×××保险,保额是×××,缴费期是×××,能为您和家人提供×××保障,将来您就可以无后顾之忧了。"

"×先生,您看这一条。这是专门谈如何使用保单的……您看到这一页所列的数字吗?这是您唯一必须尽到的义务——每年所需缴交的保费。假设您中途拒绝缴费,那么很可惜,保单就不会生效了。当然,×先生,您不会这样做的。"

"×先生,当您不幸患了重病或受伤,有必要休养一段很长的时间,以致没有能力继续缴交保费,您的保单还会继续生效。这就是这张保单的价值所在。"

"×先生,您买的不只是我们公司的一份保单,而是一份保障,一份爱心,一份对家庭的责任。真的,我诚挚地恭喜您,您为您自己及您的家庭做了一件好事!"

5. 客户签收。请客户把保单、收据及相关资料收好。

话术范例:"我们为了对客户负责,确保您能在第一时间内拿到保单,在客户拿到时还请您在回执上签字。"(递上回执和笔)

6. 服务承诺。营销员留下名片和服务承诺,增加客户对营销员和公司的信任。服务承诺表明自己愿意随时为客户提供服务,同他分享最新信息,提醒他如有任何方面的问题都可随时联系。

建议强调你的服务时一定要注意:

(1) 不要过于夸张或夸大自己的能力,否则会因兑现不了而引起纠纷;

(2) 在你力所能及且该提供的服务范围内作出许诺;

(3) 切记说到做到!如此才能取信于人。

话术范例:"这是我的名片,请夹在保单封套里保留好,以后如有什么需要,比如咨询、保单变更、理赔等,只要您打个电话,我会立即为您服务。"

【知识链接 5-3】

保单合影法

递送保单是销售流程中的重要环节,在将这张法律合同交与客户时,客户对你和保单的信任是最关键、最重要的。客户签收保单后,营销员可以说:"我们可不可以记载下这一时刻,一来给您留念,二来感谢您让我代表公司为您服务,您看好吗?"数码相机迅速成像,输出照片后贴于保单封套外并附上自己名片,便于客户直接联系自己。

用与客户合影的方式,确定客户对自己与产品的认可,独具匠心。这种方式客户易于接受、感觉良好,可以证实客户在营销员心中的位置,而且照片也可以为营销员作宣传,提升转介绍的可能性,提高被推荐人的认可度。

7. 取得认同。请教客户为什么会选择自己,以及到目前为止客户对服务的满意情况,为以后的营销工作打下基础。

话术范例:"您看还有什么我能为您做的?""您觉得我的服务还有哪些需要改进?"

8. 请求转介绍。请求转介绍是递交保单的关键时刻之一,转介绍对持续销售很重要。获得客户转介绍后的几点注意事项。第一,对客户提到的一些名字,最好马上将其记录下来,比如姓名、职业、爱好、联系方式等,资料越多越细越好,便于了解并接近新客户。第二,对于客户提到的名单一定要及时联系,尽快将结果告诉介绍人,同时表示感谢。若遇到麻烦也告诉他,把他当做知心朋友,他会帮忙出主意的。

【知识链接 5-4】

获取转介绍的步骤、具体方法及拒绝处理

一、获取转介绍的步骤

1. 赞美、建立信任感。(1)赞美并肯定对方对您工作上的支持;(2)约略提及您为他提供的服务;(3)让他感觉保险可以帮助一个人甚至一个家庭。

2. 提出一个范围。(1)由他所熟知的范围谈起;(2)由大范围谈起再谈小范围。

3. 确定名单并搜集此人的相关资料。(1)是谁;(2)与介绍人的关系;(3)联系方式;(4)其他相关资料。

4. 请其给予推荐函或者推荐电话。(1)请对方放心;(2)请其帮您说句好话或写个推荐函及卡片;(3)请其事先同意您可以提及介绍人。

5. 再要名单并搜集资料。(1)再看看是否有其他人;(2)再搜集此人的基本资料。

重点话术:

王先生,能认识您,真是我的福气,像您这么成功的人,实在是我的学习榜样。王先生,不晓得您对我所作的说明或服务感到哪一点需要改进的,请您提供给我参考,好让我能为您提供更多的服务。您觉得刚刚我所谈到的内容能不能帮助一个家庭?有没有什么优点?

王先生,像您人这么好,您是否可以介绍一些人让我去认识一下。王先生,您觉得您的同事里面谁最有投资头脑?

他和您的关系一定很好吧?他结婚了吗?他是不是按揭买房了?我怎样和他联系呢?

王先生,如果方便的话,能否请您帮忙打一个电话,说您有一个服务很好的朋友,可以提供免费专业的保险资讯给他参考,买不买保险无所谓,好吗?王先生,您请放心,我不会打扰他,无论他是否投保我都不会勉强,这点请您务必放心。不知道我在拜访他时,能否提到您的名字?

除了这个之外,您是否还想到了其他人呢?他结婚了吗?

二、获取转介绍的具体方法

1. 直接介绍法

王××,有件事还得请你帮个忙,干我们这一行的,口耳相传很重要,麻烦把周围像您这样成功(年轻有为)(生意做得好的)、像您这样有知名度的朋友推荐几个给我。

王××,这个保险这么好,麻烦你把你的同学、朋友帮我推荐几个,你放心,我不

会打扰他的。

2. 引导介绍法

（1）从专业入手。你是学什么专业的？你有朋友毕业留在杭州的吗？有几个也在××局吗？/××系统吗？/也是在房地产行业吗？

（2）从家人入手。你们兄弟姐妹几个？你是老几？你还有一个姐姐/还有两个妹妹/弟弟吗？都在杭州吗？还是做服装批发生意的？/还是在统计局吗？

（3）从同事入手。你对面的财务科的科长叫什么名字呢？（办公室）

那个老板叫什么名字？帮我介绍一下吧。（肢体动作）

（4）从同乡入手。听你的口音像是××人，你们××人在杭州做生意的多不多？（多）那你熟悉的××老乡在杭州做什么生意呢？（××生意）也是做服装生意吗？

3. 随机介绍法。（1）在客户办公室碰见的人，在办公室的其他人（携带小礼物如台历、手机挂件）；（2）在客户家里碰见的人；（3）在各种社交场合接触的人（婚宴、生日宴、麻将桌）。

三、转介绍的拒绝处理

1."我不知道谁需要保险……"

营销员："分析他人的保险需求是我的工作职责，您只需要告诉我几个名字就可以了。比如说，您认识的人当中有谁最近刚刚结婚的？"

2."等我想到再打电话你……"

营销员："我相信您一定会给我打电话的，但是因为一件小事而耽误您很多时间会让我很过意不去的，其实您只需花2分钟时间，想想在您认为的人当中，最近有谁刚刚晋升吗？"

3."我的朋友不喜欢别人对他喋喋不休……"

"您放心，我们不会勉强您朋友见我，或者购买保险，就好像我约见您都是先征求您同意，才约见您，这样就不会使您为难。请您想想，在您的朋友当中，最近有谁刚刚生了宝宝吗？"

4."我不想把业务员硬塞给我的朋友……"

"我理解，不过如果我们两个一起走在街上，遇到了您的朋友。您该不会不替我介绍吧。所以，我只是希望能认识您的朋友。您的朋友最近有刚刚结婚的吗？"

9. 道别。再次感谢客户的信任。

话术范例："×××，真的感谢您的信任，如果有好的信息一定在第一时间送给您。您有任何问题都可以随时与我联系，再见！"

递交保单是售后服务的第一步，是营销的新起点，将会带来广阔的新空间。递送保单看似简单、容易，其实不然，每个环节、每个细节的工作都可能给客户留下截然不同的印象：或专业、可信，或不负责任、让人怀疑。两种印象会使营销员以后的工作绩效产生天壤之别，所以一定要认真对待，把每一步工作都做到位。

四、知识拓展——递送保单也有小技巧

在销售过程中，当客户购买商品走出商店，似乎也就意味着销售活动的结束。虽然一些品牌商品的厂家也会对客户购买行为进行追踪，但大部分也只局限于一两次电话回访。

对于保险销售而言，营销员所销售的产品从某种意义上说并不是生活必需品，产品的特性要求营销员在销售产品时，更应趋向于产品服务而不仅仅是产品本身。

从客户来看，他们在购买了一件商品后，最常表现出的是显富心理，其次就是对购买行为的证实心理。我们都有过这样的经历：如果是一位女孩子，在购买了一件新衣服甚至是一件小小的饰品后，都会迫不及待地要穿戴起来到朋友或同事面前去"秀一秀"。在朋友或同事面前，即使得到的只是一句礼貌性的赞扬，也可以让女孩心花怒放。当然，如果是一句简单的抱怨，我们的女孩可能会一脸沮丧甚至从此不再以这件新衣或首饰为荣。

从另一个角度来看，客户显富的过程其实也是证实自己购买行为的过程。在生活中许多人会对自己的决策产生怀疑，一些购买者往往会在作出购买决定后再次通过他人的认可来获取信心。所以一些客户在购买产品后，总希望他人对自己的购买行为给予肯定和赞扬，以对自我行为予以巩固——在他人的赞扬声中，客户往往会在自己的购买行为中沉浸一段时间，这种美好的享受绝不会引发客户"退货"的想法。

作为营销员，我们除了通过对客户回访或节日、生日问候等活动，给予客户良好的感受，巩固客户的购买行为外，更要注意在递送保单时的一些技巧，如果处理得好，不仅可以巩固客户的购买行为，更可进一步开发客户的潜在需求或争取客户的转介绍行为，以获得销售的超强效果。

与客户心理相对，一些不成熟的营销员在递送保单时，往往表现得有些画蛇添足。有位营销员曾说起他送保单的事，说去给客户送保单，客户就抓住他一个劲儿地问问题，让他觉得没办法，好好的保单，客户却在送单后第二天就提出来退保。弄得他丈二和尚摸不着头脑，退了保还莫名其妙的。

问题究竟出在哪呢？客户退保并不是毫无原因，而且无论原因有多少，最重要的原因肯定出在这位营销员自己身上。为什么这么说呢？很简单，这位营销员在送达保单时，所面对的是一个想要显富又想求证自己购买行为的客户。这位客户也许在一天前正从他的亲友或同事口中得到一些不利的信息，对其购买行为正懊恼不已。所以只要这位营销员有一句话没说对或有一个问题回答得不令客户满意，那退保的厄运就等着他了。

针对客户和营销员在销售的最后阶段的特点，我们提供给营销员几个小技巧。

首先，在送达保单时将名片置于保单中，对客户说：我的名片在保单中了，请您仔细看一看保单，关键是名字和身份证号及险种名称，因为公司业务太多，偶尔也会有一点点错。当然，我已经检查过一遍，没什么问题的。通过这样的语言，告诉客户选择公司肯定没有错，肯定客户的选择行为，更表明了自己对客户负责任的行为。

其次，在客户确认没有问题时，就告诉客户：我还有很多保单要去送。之后还要去见几位客户，上次把您买的产品给他们简单讲了讲，他们很想了解呢。这样一说，一方面客户不好意思多留你，为自己"走"准备了借口，更重要的是让客户对自己所购买的产品充满信心、巩固购买行为。在后期，即使有什么不良的语言，也不至于直接影响到客户的心理。

最后，离开时别忘了对客户表示感谢，尤其是第二天，最好打个电话给客户，对客户说："昨天忙着去见几个客户，也没在您那多留，保单有什么问题吗？对了，我去见了另一位客户，他们也买了您买的那几个险种。他们都夸您有眼光呢。"这样一说，客户的购买行为就得到了巩固，也不会让客户觉得你送完保单就没有消息而产生不满。当然，面对你的表扬，客户肯定也不会好意思提出退保。

可见，送达保单，不是一个简单的行为，营销员完全可以通过一些简单的语言帮助客户巩固他的购买行为，从营销员的简单的表扬中获得决策信息，从而获得新的销售机会。

（资料来源：http://www.guo8.com/baoxian/200911/22151.html。）

五、能力拓展

练习1：为张先生递送保单并约请转介绍。

人物介绍

营销员：赵璐，入司刚满3个月，中国人寿保险股份有限公司的正式员工

客户：张先生，30岁，某IT公司总经理

基本情况

张先生于周三签单后，赵璐迅速到公司办理了投保手续，经过公司严格核保后同意承保，一周后，保险单发放至赵璐手中，赵璐专门为张先生购买了精美的保单封套和一个充分体现保障特色的礼品，打电话约张先生，与张先生约定于周四下午14:30在张先生的公司见面。之前，赵璐对保险单资料进行了细致的检查，并精心准备了一封感谢函，检查了准备请张先生作转介绍的"客户满意调查卡与推荐卡"。下午14:25，赵璐准时到达了张先生的公司，并请张先生的秘书通报，于14:28在张先生的办公室见到了张先生。

要求：一个学生扮演营销员，一个学生扮演客户进行为张先生递送保单并约请转介绍的情景模拟。

练习2：递送保单异议问题处理。

人物介绍

客户：刘英，年龄33岁，广告公司部门经理，月收入4 500元，已婚，家有一女，5岁。购买产品：安康逸生20万元，安享美年2万元。

拒绝问题

1. 如果哪一天你不做保险营销员了，谁来为我们服务？
2. 出险了怎么办？

要求：一个学生扮演营销员，一个学生扮演客户进行递送保单异议处理的情景模拟。

模块 2
处理抱怨

一、学习目标

通过本模块的学习，学生应了解有效处理客户抱怨的意义，了解客户抱怨产生的原因，掌握处理客户抱怨的原则及处理客户抱怨的流程。

二、工作任务

建立良好的处理客户抱怨的心态，分析客户抱怨的心理与需求，把握处理抱怨的原则，运用处理抱怨的技巧，有效地处理客户抱怨。

三、实践操作

【材料阅读】

面对抱怨：客户总是对的

有时候，客户对你发牢骚，如果你能正确对待，那么这也是一种为客户服务的工作。

只要你能切实地把握时机，那么每当发生抱怨的时候，你就可以加以疏导，这对你是很有益的。所有不满事件的发生，并不都是客户的错误，他的不满可能完全是有理由的。在推销工作中有一句老话："客户总是对的。"这句话在这里也是适用的。如果客户不满，那么就不要再强词夺理地去证明他是错的，应该自行改正错误，自行更换一些能对客户有所裨益的商品。

抱怨有时也常能转变成为一种促进友谊的方法。抱怨产生后，你要立即设法补救，要与客户保持密切的联系，要让客户知道一切进展的情形。当货品寄出时，应立即以电话或以书信通知客户。他们是喜欢这种关切态度的，他们不会忘记任何一个对他热心帮助的推销员。

全世界的推销经验都证明，新生意几乎全来自于老顾客，几乎每一种类型的生意都是如此。假如买了一部新车，就会常觉得自己是"次"代理商。因为你对新车的热情，会跟邻居、朋友及相关的人不断提买车的事，结果成了车商的最佳发言人。

想想看，你的新保户快乐又骄傲于他的收获，他会很热切地谈起这件事，甚至吹起牛来也有可能，他们就是你的最佳公关！

（资料来源：原一平，《原一平给推销员的十一个忠告》，北京，同心出版社，2009。）

思考与讨论： 处理抱怨的基本原则是什么？有效的处理抱怨能为营销人员带来什么？

客户抱怨是客户对商品或服务品质不满的一种具体表现。客户抱怨将有损企业形象。但我们要变不利为有利,对外化解客户抱怨,使客户满意;对内利用客户抱怨,充分检讨与改善,将其化为促进企业发展的一个契机。

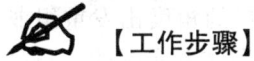【工作步骤】

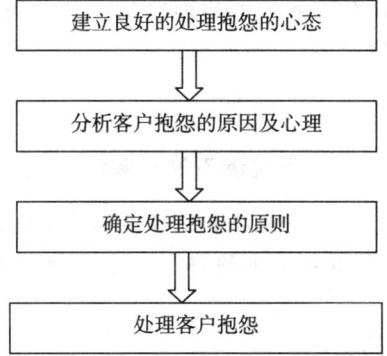

第一步　建立良好的处理抱怨的心态

1. 认识有效处理客户抱怨的意义

(1) 客户抱怨有利于公司进步。有的保险公司不愿听到客户的抱怨,他们认为,只要客户不抱怨,那么他们的产品和服务就是好的,其实这种想法是错误的。客户不抱怨并不代表他们满意。客户不抱怨的原因主要有:第一是因为客户觉得保险公司不能解决,第二是觉得时间成本太高、懒得抱怨。而所有那些向保险公司提出中肯意见的人,都是对保险公司依然寄予期望的人,他们期望公司的服务能够改善。

(2) 客户抱怨是公司维持老客户的契机。老客户是最有价值的客户。据统计,公司一般每年平均流失10%的老客户,获得1个新客户的成本是保留1个老客户成本的5倍。维护老客户、降低客户流失率对公司无疑是极其重要的。客户来抱怨了,是老客户给了公司留住他的机会。客户不满但不抱怨,对客户关系伤害可能更大。管理大师约翰·肖的判断是,在任何一个商家有不愉快经历的客户会将此经历告诉9~10个人,有13%的人会告诉20多个人。在这种口口相传之下,公司的口碑变差,不知不觉间失去了市场。公司每年正常的客户流失率是15%~20%;只要将客户流失减少一半,就能使公司的经济增长率成倍提高。所以,保险公司要尽可能让客户有机会表达他的不满,通过妥善处理客户抱怨赢得客户更高的忠诚度。

(3) 客户抱怨是公司建立忠诚的契机。研究发现,提出抱怨的客户,若问题得到圆满解决,客户重购商品或服务的机会会大大增加,其忠诚度会比从来没有抱怨的客户更高。麦肯锡公司曾做过一项调查,调查结果显示:客户不满意又不投诉,而且还会在你那里购买商品的客户比例仅为9%,而91%的人不会再回来;投诉但没有得到解决的客户,有19%愿意再次回来购买商品;投诉过并得到解决的客户的回头率就上升到54%;而投诉迅速得到解决的客户,则有高达82%的人愿意继续回来购买商品。可见有效处理客户的抱怨，能够为你的公司赢得客户的高度忠诚。

（4）客户抱怨隐藏着无限的商机。从抱怨问题中，保险公司还能发现商机，发现市场的空白点，使公司有机会创造比其他公司更有竞争优势的产品。当前绝大多数公司都已经认识到公司的一切活动要"以客户为导向"，并且在努力从客户的角度出发重组业务和管理流程。但是所有的努力毕竟都是按照公司的内在运作逻辑和体系实施的，与客户真正的需求不可避免地会存在差异。客户抱怨是一个公司澄清客户的真正需求，尽可能消除差异、贴近市场的机会。

【知识链接 5-5】
不投诉不等于满意

客户不抱怨有两种情况：一是对商品和服务满意，二是对商品和服务虽不满但决定不抱怨。感到不满的客户中大部分并不抱怨，吃了亏也不吭声。分析客户不抱怨的原因，主要是客户觉得：

1. 反正问题不是很大，忍了吧。
2. 与其抱怨，不如换个牌子。
3. 抱怨没有用，不可能解决问题。
4. 抱怨太麻烦，耗费时间、精力，不值得。
5. 怕遭到报复、遭人白眼，怕被"踢皮球"、解决无期。
6. 客户认为帮助纠正问题不是他们的责任。

所以，保险公司必须通过多种途径去了解客户，鼓励客户抱怨。

2. 建立良好的处理抱怨的心态

（1）敢于面对、积极主动、以诚相待。勇敢面对是处理好客户抱怨的基础。勇敢的第一层含义是克服烦躁情绪。如果一听到有抱怨就持消极态度，甚至采取回避、逃避的方式，就会使矛盾升级、恶化，事情只会越来越复杂化，更难解决。可能原来只是质询、抱怨，结果因保险营销人员的态度而演变为投诉。勇敢的另一层意义就是鼓励自己，不能怕、不要退缩。在勇敢面对的基础上，采取积极主动的方式，主动联系抱怨人、积极协调，将主动性贯穿于抱怨处理的始末，其中本着以诚相待的心理，这样处理好抱怨才有希望。

（2）耐心倾听、宽以待人、严于律己。耐心倾听是化解矛盾的一剂良药。抱怨人之所以抱怨，往往是因为对于公司或个人处理问题的不满及气愤，积蓄了一肚子的怨气和不平，亟待与人诉说、有人倾听和找人发泄。为此，作为保险营销人员就要给抱怨人一个诉说和发泄的权利和空间。不管在倾听过程中，有多少委屈或是听出有不合理、不正确之处，都不要中间打断，更不能强行制止。倾听过程中，最好是结合抱怨内容，合情合理地给予回应或支持，该自我批评的一定自我批评。倾听之后，要实事求是与抱怨人就抱怨事宜进行沟通。

对于自身问题不但要承认错误，进行道歉，更重要的是要纠正过来，也就是解决保户合理需求，从而维护抱怨人的正当权益。对于抱怨人对公司总体或个别工作人员的误解，应想办法劝解，用事实、例证来减少抱怨人对公司或被抱怨人的不满。例如，换位思考的应用，以此争取抱怨人的理解。关键是处理抱怨过程中，始终应本着严于律己、宽以待人的态度与抱怨人进行沟通，否则可能激化矛盾，引发更多、更大的麻烦，自然不利于解决问题。

（3）克服困难、寻找突破、全程督办。首先找到关键性问题。是误解，通过耐心沟通化解掉。是非问题就讲明道理，将利害关系一一罗列。是难题，就寻找突破口，如攻克堡垒般逐个击破，最终必将全面胜利。

（4）实事求是，不承诺兑现不了或自己能力以外的事情。处理抱怨过程中必须实事求是，绝不能随意应付抱怨人的要求。能做到的敢于承诺，承诺了就要兑现。有可能性却没把握的事情千万不要随口答应，最终做不到，会让抱怨人希望破灭，从而引发更多的矛盾。

第二步　分析客户抱怨的原因及心理

1. 分析客户抱怨的原因。保险客户的抱怨产生的原因主要有以下几个方面：保险本身不符合客户的预期要求、保险营销人员对保险产品的知识不够全面、保险营销人员介绍保险时说明不够清楚、保险营销人员的礼节或方式不当等。

2. 分析客户抱怨的心理。

（1）发泄的心理。客户遭遇不满而抱怨，一个最基本的需求是将不满传递给保险公司，把自己的怨气、抱怨发泄出来。这样，客户不快的心情会得到释放和缓解，恢复心理上的平衡。

耐心的倾听是帮助客户发泄的最好方式；切忌打断客户，让他的情绪宣泄中断、淤积怨气。此外，客户发泄的目的在于取得心理的平衡，恢复心理状态，在帮助客户宣泄情绪同时，还要尽可能营造愉悦的氛围以引导客户的情绪。但是，营造愉悦氛围也要把握尺度和注意客户的个性特征，如果让客户感到轻佻、不受重视，那宁可做一个严肃的倾听者。

（2）尊重的心理。所有客户来抱怨都希望获得关注和对他所遭遇问题的重视，以达到心理上的被尊重，尤其是一些感情细腻、情感丰富的客户。

在抱怨过程中，保险营销人员能否对客户本人给予认真接待，及时表示歉意，及时采取有效的措施，及时回复等，都被客户作为是否受尊重的表现。如果客户确有不当，保险营销人员也要用聪明的办法让客户下台阶，这也是满足客户尊重心理的需要。

（3）补救的心理。客户抱怨的目的在于补救，因为客户觉得自己的权益受到了损害。值得注意的是，客户期望的补救不仅指财产上的补救，还包括精神上的补救。根据我国的法律规定，绝大多数情况下，客户是无法取得精神损害赔偿的，而且实际抱怨中客户提出要求精神损害赔偿金的也并不多，但是，通过倾听、道歉等方式给予客户精神上的抚慰是必要的。

（4）认同心理。客户在抱怨过程中，一般都努力向保险营销人员证实他的抱怨是对的和有道理的，希望获得保险营销人员的认同。保险营销人员在了解客户的抱怨问题时，对客户的感受、情绪要表示充分的理解和同情，但是要注意不要随便认同客户的处理方案。比如，客户很生气时，保险营销人员回应说："您别气坏了身体，坐下来慢慢说，我们商量一下怎么解决这个问题。"这个回应就是对客户情绪的认同、对客户期望解决问题的认同，但是并没有轻易地抛出处理方案，而是给出一个协商解决的信号。客户期望认同的心理得到回应，有助于拉近彼此的距离，为协商处理营造良好的沟通氛围。

（5）表现心理。客户前来抱怨，往往潜在地存在着表现的心理。客户既是在抱怨和批评，也是在建议和教导。好为人师的客户随处可见。他们通过这种方式获得一种成就感。客户表现心理的另一方面是在抱怨的过程中，一般不愿意被人作负面的评价，他们时时注意维护自己的尊严和形象。

利用客户的表现心理，进行抱怨处理时，要注意夸奖客户，引导客户做一个有身份的、有理智的人。

（6）报复心理。客户抱怨时，一般对于抱怨的所失、所得有着一个虽然粗略却是理性的经济预期。如果不涉及经济利益，仅仅为了发泄不满情绪，恢复心理平衡，客户一般会选择抱怨、批评等对公司杀伤力并不大的方式。当客户对抱怨的得失预期与公司方的相差过大，或者客户在宣泄情绪过程中受阻或受到新的"伤害"，某些客户会演变成报复心理。存有报复心理的客户，不计个人得失，不考虑行为后果，只想让公司难受，出自己的一口恶气。

自我意识过强、情绪易波动的客户更容易产生报复心理。对于这类客户要特别注意做好工作。客户处于报复心理状态，要通过各种方式及时让双方的沟通恢复理性。对于少数有报复心理的人，要注意搜集和保留相关的证据，以便客户作出有损公司声誉的事情时，拿出来给大家看看；适当的时候提醒一下客户这些证据的存在，对客户而言也是一种极好的冷静剂。

【知识链接 5-6】

客户抱怨的四种需求

1. 被关心。客户需要你对他表现出关心与关切，而不是感觉不理不睬或应付。客户希望自己受到重视和善待。他们希望与他们接触的人是真正关心他们的要求或能替他们解决问题的人，他们需要理解的表达和设身处地的关心。

2. 被倾听。客户需要公平的待遇，而不是埋怨、否认或找借口。倾听可以针对问题找出解决之道，并能训练我们远离埋怨、否认和借口。

3. 服务人员专业化。客户需要明白与负责的反应，需要一个能用心力解决问题的人，一个不仅知道怎样解决，而且负责解决的人。

4. 迅速反应。客户需要迅速与彻底的反应，而不是拖延或沉默。客户希望听到"我会优先考虑处理你的问题"或"如果我无法立刻解决你的问题，我会告诉你我处理的步骤和时间"。

第三步　确定处理抱怨的原则

只有处理好保险客户的抱怨,才能维护保险营销人员自身和公司的良好形象。下面是处理客户抱怨的几条基本原则。

1. 从根本上解决问题。处理抱怨的最好方法是事先避免客户抱怨的出现。大多数抱怨的产生是由于保险提供的利益与客户的期望不一致。保证客户能正确利用保险是保险营销人员的职业道德之一。保险营销人员对保险保持诚实的态度、不打断客户,尽量让他去说,因为打断可能会引起更深的愤恨。保险营销人员对待客户的态度将最终决定这一事件是否能圆满解决。在仔细倾听客户意见之后拿出可行的解决方案,客户会很高兴,与保险营销人员的合作关系会更加牢靠。

2. 了解问题到底出在何处。客户的许多抱怨是不合理的。无论如何,当客户声称保险有缺陷时还是应该仔细检查保险内容,让客户解释抱怨保险的原因,最后总能找到双方都接受的解决办法。

3. 越快越好。听到抱怨后要立即加以解决。当找到解决办法时,要尽早实施,这就能给客户带来好印象,或至少能减轻不良印象。保险营销人员的处理办法应容易理解,而且也要让客户认识到这一点,应该向客户充分解释决定用这种方法的理由。

4. 全程跟踪。当客户同意处理方案后可以开始实施,这时保险营销人员有责任监控实施全过程。处理保险客户抱怨之后的后续服务对于客户的满意也非常重要。使客户的不满心态平缓下来,如果保住了客户,保险营销人员将来总会获得更大的回报。

第四步　处理客户抱怨

1. 态度诚恳,耐心倾听。先听清楚客户说什么。态度认真、尊重客户,这是第一要义。切忌打断客户,如果有不明白的地方,应该等客户说完了再询问。倾听的过程对客户来说是一个发泄不满和宣泄情绪的过程,因而倾听过程中要有必要的回应,如点头、"嗯"等,表明你在用心听。很多的抱怨是在客户发泄完之后,他的情绪也基本平稳了,此时问题已经解决了一半。甚至很多抱怨,客户仅仅是想找一个人耐心地听取他的抱怨。

很少有客户在抱怨的时候能做到温文尔雅(除了少数涵养极好的客户)。在倾听阶段要有面对客户发火的思想准备。这个时候不要试图去制止客户发火,要尊重他,让他发泄。客户在发泄的过程中心理渐渐恢复平衡,容易回到文明、理性、正常的状态中;相反,如果客户宣泄的途径不通畅,只会让他心里更窝火,他迟早还会再发泄一通,可能还会更加激烈,甚至表现得很极端。

倾听能够传递出理解和尊重,也将会营造一种理性的氛围,感染客户以理性来解决问题。倾听要注意了解客户的真正意图,了解他所认为的真正问题是什么,他这次投诉真正要达到的目的是什么。千万不要主观地认为他是遇到了什么问题,也不要从其语言表面进行判断。

【知识链接 5-7】
倾听的基本技巧

1. 积极主动地处理问题的态度。
2. 保持面带微笑。
3. 保持平静的心情和适合的语速、音调。
4. 认真听取客户投诉，不遗漏细节，确认问题所在。
5. 让客户先发泄情绪。
6. 不打断客户的陈述。

2. 把握客户的真正意图。化解客户抱怨需要了解客户抱怨的真正意图，才可能对症下药，最终化解客户的抱怨。但是，客户在反映问题的时候，常常不愿意明白地表达自己内心的真实想法。这种表现有时是因为客户碍于面子，有时是过于激动的情绪而导致的。

因此，保险营销人员在处理客户抱怨时，要善于抓住客户表达中的"弦外之音、言外之意"，掌握客户的真实意图。以下三种技巧可以帮助保险营销人员。

（1）注意客户反复重复的话。客户或许出于某种原因试图掩饰自己的真实想法，但却又常常会在谈话中不自觉地表露出来。这种表露常常表现为反复重复某些话语。值得注意的是，客户的真实想法有时并非其反复重复话语的表面含义，而是其相关乃至相反的含义。

（2）注意客户的建议和反问。留意客户抱怨的一些细节，有助于把握客户的真实想法。客户的希望常会在他们建议和反问的语句中不自觉地表现出来。

（3）注意客户的反应。所谓客户的反应，就是当保险营销人员与客户交谈时，对方脸上产生的表情变化或者态度、说话方式的变化。

就表情而言，如果客户的眼神凌厉、眉头紧锁、额头出汗、嘴唇颤抖、脸部肌肉僵硬，这些表现都说明客户在提出抱怨时情绪已变得很激动。在语言上，他们通常会不由自主地提高音量、语意不清、说话速度加快，而且有时会反复重复他们的不满。这说明客户处在精神极度兴奋之中。就客户身体语言而言，如果身体不自觉地晃动，两手紧紧抓住衣角或其他物品，则表明客户心中不安及精神紧张。有时客户的两手会作出挥舞等激烈的动作，这是客户急于发泄情绪，希望引起对方高度重视的不自觉的身体表现。

3. 做好记录，归纳客户抱怨的基本信息。包括记录抱怨事实、抱怨要求、抱怨人的姓名和联络方式。记录抱怨人的姓名和联络方式是非常必要的，不然，在抱怨人愤怒地离开、消失在人群中以后，就像在客户群中放了一枚定时炸弹，而你无法把握何时爆炸和破坏力有多大。

同时，记录本身还有双重的功效，既让客户感受到你对他的重视，起到安抚情绪的作用，又能通过记录、询问，将客户的注意力引向客观地描述和解决问题本身，起到移情的作用。

4. 回应客户，对抱怨内容表示理解。首先向客户表明自己的身份，当然视情况也可以在倾听客户抱怨前就表明。回应客户抱怨的一个重要内容是，向客户确认抱怨事实和要求，目的在于确保正确理解客户的意思。回应时，要注意让客户感觉到他的想法得到了你的共鸣。如果是健谈的客户，也可以见缝插针地与客户聊聊抱怨以外客户平时可能比较关心的事情。比如客户讲"公司应该如何提供优质服务"，那么可以引导客户谈服务的话题，不知不觉地让客户转移注意力。如果能够成功转移到客户感兴趣的其他话题上，双方将从一种敌对关系转化为一种交换资讯、交流情感的平等关系上了。拉近与客户的心理距离，处理抱怨要容易得多。客户的情绪比较稳定后，要及时抓住机会重新回到当前的纠纷话题。

但是要注意，对于不善言辞，或者没有兴趣谈其他问题而一心就想解决抱怨的人来说，不要轻易转移话题；否则客户可能会觉得你在回避问题。

【知识链接 5-8】

处理客户抱怨时的自我控制

在处理客户抱怨的时候难免遇到情绪低落或情绪难以把控的时候，这时，就要求保险营销人员做好情绪的自我把控，在这里给大家提供几种把控情绪的自我对话：

1. 我是问题的解决者，我要控制住局面。
2. 客户的抱怨不是针对我，而是针对公司的产品和服务。
3. 保持冷静，做深呼吸。
4. 客户不满意，不是对我不满意，我不能受他影响。
5. 我需要冷静地听客户诉说，虽然他的措辞很激烈。
6. 我需要知道事情的经过和真相，所以我不能激动。
7. 我要用良好的情绪影响他，使他放松，缓和他的紧张心情。

5. 及时答复或协商处理。首先向客户适当表示歉意。即使错不在你的公司，也要致歉，因为道歉是平息客户不满情绪的有力武器。同时感谢客户的抱怨，因为客户是公司的朋友，他们在提醒我们解决公司忽略的问题。

对于抱怨问题，能够立即答复的，马上给予答复，并征求客户的意见。如果需要进一步了解情况，应向客户说明并与客户协商答复的时间。这里，要注意适当留出富余的时间。随后，一定要在承诺答复时间内联络客户、给出答复。如果答复期限到了，还不能给出答复，也一定要联络客户，以免失信于人。

【知识链接 5-9】

处理客户抱怨结束后的自我反省

在每一个抱怨个案处理结束以后，特别是很激烈的投诉处理以后，保险营销人员应考虑以下问题。

1. 为了更好地平息客户的抱怨，我本来还可以说些什么。
2. 我说的哪些话今后应该加以避免。
3. 不要在抱怨处理完了以后反复跟你的同事说："哎呀，今天我倒霉透了，碰到一个丧门星。"这样的话会把你的不愉快带给同事，使你的同事也变得不愉快，影响整个团队的气氛。

6. 留存资料，以作改进。保险营销人员不但要对客户负责，也要对公司负责。把处理客户不满意过程中的事实整理成资料。这对保险营销人员个人和保险公司都是十分宝贵的。因为从中可以吸取经验和教训，引起注意并在工作中改正，可避免今后再听到同类的怨言，使更多的客户满意或高兴。

【知识链接5-10】
有效处理客户抱怨的技巧

保险营销人员在处理客户抱怨时，除了依据客户处理的一般程序外，还要注意与客户的沟通，改善与客户的关系。掌握一些技巧，有利于减少与客户之间的隔阂，赢得客户的谅解。

1. 以不变应万变的技巧。对于客户的抱怨，保险营销人员最好以不变应万变，始终保持一种平和的心态，做到你气我不气、你恼我不恼、心静如水、以柔克刚。

客户抱怨时常常带有情绪，比较冲动，作为员工应该体谅客户的心情，以平常心对待客户的过激行为，不要把个人的情绪变化带到抱怨的处理之中。另外，要坚持认为客户总是有理的，当然，这并不是说客户总是正确的，这是两个不同的概念。其实，一个人不可能永远是正确的，实际上，有些客户的抱怨往往是错误的。但即使是错误的意见，也并非说客户不能抱怨，内容的差误不等于行动上的差误。试想一下，在为了满足需求的前提上，谁最有理由抱怨需求没有得到充分满足呢？当然是客户。作为购买者的客户完全有理由抱怨，哪怕他们的抱怨并不那么正确。不管是大交易还是小买卖，只要把客户的需求作为基点，把服务工作作为变点，一切疙瘩都容易解开。顺着这一思路，只要以不变应万变，就不会在洽谈中窝着冤枉气，也不会争辩真理究竟在谁手里、比试一番谁强谁弱。以不变应万变，这是保险营销人员对待和处理客户抱怨的基点。

2. 以微笑应对客户抱怨的技巧。客户的抱怨对于企业来说，其危害性是不容轻视的，因为抱怨将给客户以极大的消极心理刺激，使客户在认识上和感情上产生对保险营销人员直至对企业的对抗。一个客户的抱怨可以导致一大片客户的尖刻评价，比广告宣传更具有权威性。抱怨直接损害产品与企业的形象，在此，保持微笑应对客户的抱怨是十分必要的。俗话说"伸手不打笑脸人"，保险营销人员真诚的微笑能化解客户的激愤情绪，满怀怨气的客户在面对春风般温暖的微笑时会不自觉地减少怨气，与企业合作，达到双方满意的结果。

3. 以重视的态度应对客户抱怨的技巧。员工在应对客户的抱怨时，一定要以重视的态度来对待，要站在企业生死存亡的高度来看待客户的抱怨，切不可以个别客户抱怨无关大碍的麻痹心理来应对客户。如果轻视客户的抱怨，不仅有损于保险营销人员个人的形象和信誉，同时，也影响到企业信誉，甚至还可能会给企业带来极大的损失。

4. 以非语言沟通应对客户抱怨的技巧。当人感情冲动时，心跳加快，有人双手颤抖、呼吸急促，有人甚至捶胸顿足、又蹦又跳，为的是解心中闷气。这个时候，积极运用非语言沟通平息客户怒气，比用其他方式更起作用。在聆听客户抱怨的同时，积极地运用非语言沟通,可以促进客户的了解。比如,用眼神关注客户,使他感受到被重视;在他讲述过程中,不时点头,表示肯定与支持。这些都可以鼓励客户表达自己真实的意念。当然,还可以运用敬重的方式,比如友善地握手,给人以诚相待的印象,这是应有的礼节。正确的握手姿势与力度,可以控制抱怨客户的情绪,起到镇定的作用,消除对方"指手画脚"的可能,使得双方动口不动手。客户如果一时拒绝握手,员工可以借故反复多次试探,对方盛情难却,现场气氛便会很快融洽起来。在条件许可的场合,员工对抱怨的客户可以略施恩惠,以示安慰,比如泡一杯茶等。

5. 以移情的方式应对客户抱怨的技巧。客户抱怨的时候,总爱寻求旁观者的支持,也就是说抱怨时现场的人越多,他的指责就越苛刻、越离谱,这是客户的一种普遍心理。遇到这种客户员工应迅速将当事人带离现场,到办公室或人群稀少的清静处商谈问题,切莫在公众面前与之争辩,因为在大庭广众面前,保险营销人员纵有千百个理由解释说明,客户也会认为自己"得道多助"。应急的一个办法是当面请客户谅解,这是与客户联络感情的有效方式。如果客户还不能表示完全的同情,保险营销人员至少也应该在某一点上持请求谅解的态度,对客户表述"多亏您的指点……""您有理由不高兴……""对这个问题我也有同感……""感谢您对这个问题的提醒……"这样的话往往会使抱怨的客户息怒消气。

6. 以拖延方式应对客户抱怨的技巧。如果保险营销人员对客户的抱怨一时找不到其中的缘由,或者有些抱怨根本就不能成立,或弄清了缘由但一时无法解决,这时应对客户的最好办法就是拖延了。

碰到此类情况,老练的保险营销人员大多采取拖延的办法,把眼前的纠纷搁置一旁,暂缓处理。特别是遇到冲动而性急的客户时,不要急于马上着手处理抱怨、草率行事。员工可以停顿一下,先与客户谈点别的话题,如天气、社会新闻等,目的是使客户平心静气地提意见,理智地谈问题,这种方法也能有效处理客户的抱怨。

四、知识拓展——难缠客户抱怨处理技巧

1. 难缠客户类型。难缠的客户是一种用分裂的、破坏性的手段来使别人注意自己的心理需求的客户,与这样的人非常难沟通。大多数难缠的客户是因为他们缺乏安全感,实际上他们也有一种被理解、受欢迎、受重视的需求,尽管他们选择了一种不太合适、不太礼貌的方法。难缠的客户类型有:

(1) 易怒的客户。这种客户脾气比较暴躁。

(2) 下流或令人讨厌的客户。

(3) 矜持的客户。矜持的客户会有一些真实想法,但他不愿意说出来,这种人很高傲、很难沟通,不太容易接受保险营销人员的建议。

(4) 霸道的客户。

(5) 批评家。批评家习惯于指责身边的任何事物,他骂来骂去,最后照样买。看待任何商品和服务的时候,都带着批判的眼光,其实属于一种发泄性质。

(6) 喋喋不休的客户。这种客户唠唠叨叨,没完没了。

（7）古怪的客户。他经常会提出些超出保险营销人员想象的问题，甚至根本就摸不清他的思路。保险营销人员给他提供一种服务，平常人都能够接受，但他不愿意接受。有的时候保险营销人员给他提供一些解决方案，但是他不满意，他一定会提出一些属于一般人不会提出的要求。

（8）犹豫不决的客户。犹豫不决的客户在抱怨的时候，往往给出很多解决方案，但又会反复地推翻。

（9）酗酒的客户。就是喝酒以后来享受服务的客户。

（10）爱争辩的客户。

2. 难缠客户的心理分析

（1）他们疲劳和沮丧。

（2）困惑或遭到打击。

（3）在保护自我或自尊。

（4）感到被冷落。

（5）不善于说话或对语言的理解能力很差。

（6）心情不好因而在你身上出气。

3. 常见的客户投诉原因分析

（1）他的期望没有得到满足。

（2）他很累、压力很大或遇到了挫折。

（3）他想找个倒霉蛋出出气，因为他在生活中没有多大的权力。

（4）他总是强词夺理，而从来不管自己是否正确。

（5）你或你的同事对他作了某种承诺而没有兑现。

（6）他觉得如果对你凶一点，就能迫使你满足他的要求。

（7）他做错了事情时，遭到了你或你同事的嘲弄。

（8）他的信誉和诚实受到了怀疑。

（9）他觉得你和你的同事对他没有礼貌或冷漠，或者觉得自己的利益受到了损失，或者觉得你浪费了他的时间。

4. 难缠客户的应对方法

（1）说话不触及个人。要记住客户不是对你有意见，至少看上去是如此。保险营销人员在自己情绪变得不稳定的时候，就会把矛头直接指向客户本人，不再是就事论事，而是互相之间的一种人身攻击。例如：

"你怎么这样，我头一回碰见你这样的营销员！"

"我也没见过你这样的客户，别人什么事都没有，怎么就你这么多事呀？"

"我不是已经跟你说了吗？对不对？"

"我不是已经给你解决了吗，你干吗还不满意？"

保险营销人员在说话的时候，始终不能触及个人，因为保险营销人员必须记住一点，客户不是对你有意见，而是对你的产品有意见，至少从表面看上去是这样的。

（2）对事不对人，做一个问题解决者。对事不对人就是要永远提醒自己，在处理抱怨的时候要解决问题，当把问题解决了的时候，抱怨自然就被化解了。

（3）征求对方意见。征求意见是为了让客户感到受到了尊重和重视。比如说："您看怎么做才会让您满意呀？"

"您觉得怎么处理会比较好呢？"

"您看除了刚才您提的两点以外，还有没有我们双方都能够接受的建议呢？"

征询意见的目的，是了解客户的实际想法。

（4）礼貌地重复。当客户坚持其无理要求时，告诉客户你能做什么，而不是你不能做什么。要不断地重复这一点。

客户坚持他的要求，而这种要求根本就不可能满足时，客户就很容易翻脸。因此这时要避免客户有爆发性的投诉。怎么做呢？礼貌地重复。当客户坚持其无礼要求时，不要直接回绝，而是不断重复告诉他你能做什么，而不是你不能做什么。

五、能力拓展

练习：客户抱怨的处理。

李女士上周在保险公司营销人员介绍下购买了 A 保险产品，这几天有保险公司工作人员多次在休息时间打电话给李女士就同一产品进行回访，并推荐其他的产品，李女士打电话给营销人员对这件事情表达了强烈的不满。

要求：一个学生扮演营销员，一个学生扮演客户进行客户抱怨处理的情景模拟。

模块 3
处理理赔

一、学习目标

通过本模块的学习，学生应明确保险理赔的宗旨和原则，熟悉保险理赔的操作流程，掌握保险理赔的技术要点。

二、工作任务

熟悉保险理赔的操作流程，坚持原则，协助客户做好索赔工作。

三、实践操作

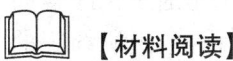【材料阅读】

服务领先销售
——中国人寿保险总公司精英俱乐部金星会员邢台琴的服务体会

我有一位姓黄的客户是某单位的经理，给孩子投了医疗保险。一次孩子因为发高烧住院输液,我闻讯后迅速向公司报案,并买了东西到医院去看望。因为黄经理夫妇都很忙,我就主动在医院陪床护理,出院后,又迅速办完理赔手续。黄经理很感动,就给爱人和自己又买了几份保险,还常在单位夸奖我,影响了他周围许多人,一些人主动找我办理保险业务。使我没想到的是因为这次小小的服务还带来了一份大"团单"。驻廊坊石油管理机构在国外建点施工,要给每个施工人员上20万元保额的人身险。当时几家保险公司同时争夺这项业务,石油管道施工单位的领导也很重视,还成立了调研小组对几家公司进行考察。我的客户黄经理知道后找单位领导极力推荐我,凭借着天时、地利、人和的优势,我从该单位拿下了17万元的保险单。

(尹文莉:《保险营销技巧》,北京,清华大学出版社,2009。)

思考与讨论:做好理赔服务对保险营销有什么特殊意义?

保险理赔时保险人在被保险人发生保险事故、受益人提出索赔请求后,根据保险合同审核保险责任并处理保险金给付的法律行为。保险营销的售后服务在很大程度上体现在处理理赔之中。赔偿问题是保险客户最为关心的问题,也是保险营销人员必须处理的问题。

【工作步骤】

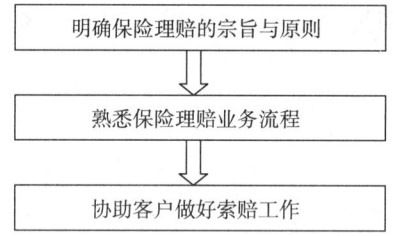

第一步 明确保险理赔的宗旨与原则

1. 理赔的宗旨。理赔的宗旨关系到保险经营的目标和策略。传统观念认为,理赔的宗旨就是服务,即主动、热情、诚恳的工作态度以及在最短的时间内给付保险金。保险事故发生后保户真正的需求是什么?他们所需要的不只是一种服务,还有通过理赔最大限度地落实他们应得的保障。因此,理赔的宗旨是:依据保险条款和现行有效的法律法规,正确、及时地兑现保险合同。具体到理赔实务中是通过快捷、便利、高效的服务来兑现承诺,同时防止骗赔和错赔。

2. 理赔的原则

(1) 重合同、守信用。保险人和被保险人之间的权利和义务关系是通过保险合同建立起来的。在处理理赔案时,对保险人而言,实际上是保险人履行合同中所约定的赔偿或给付义务的过程;对被保险人而言,则是享受保险合同所约定的获得赔偿或享领保险金的过程。所以,保险人在处理理赔案时要重合同、守信用,即按照保险合同中所订的条款处理理赔案。保险合同对保险责任、赔偿处理及被保险人的义务等作了原则性的规定，保险人应遵守条款，恪守信用，既不要任意扩大保险责任范围，也不要惜赔。

（2）主动、迅速、准确、合理。所谓"主动、迅速"，是指保险公司在处理赔案时积极主动、不拖欠，及时深入现场进行查勘，及时审理损失金额，对属于保险责任范围内的损失，迅速估算损失金额，及时赔付。所谓"准确、合理"，就是保险人应正确找出致损原因，合理估计损失，科学确定赔付与否及赔付额度。任何拖延赔案处理的行为都会影响保险公司在客户心目中的声誉，给客户带来不良的精神损伤，从而影响、抑制其今后的投保行为，甚至造成不良的社会影响和后果。因此，保险人在理赔时，应主动了解损失情况，及时赶赴现场查勘，分清责任，准确定损，迅速而合情合理地赔偿损失。

（3）实事求是。被保险人提出的索赔案千差万别，案发原因也错综复杂。对于某些损失发生的原因交织在一起的赔案，有时根据合同条款很难作出是否属于保险责任的明确判断，加之合同双方对条款的认识和解释上的差异，会出现赔与不赔、赔多与赔少的纠纷。在这种情况下，保险人应既要严格按合同条款办理，又不违背条款规定，还应合情合理、实事求是地对不同案件的具体情况进行具体分析，灵活处理赔案。

第二步　熟悉保险理赔业务流程

1. 出险报案。出险报案也称出险通知，是指在被保险人发生保险事故后，知情人将事故情况通知保险公司的行为。

【知识链接 5-11】
报案时应注意的事项

1. 报案期限。《保险法》第二十一条规定："投保人、被保险人或者受益人知道保险事故发生后，应当及时通知保险人。"即向保险公司报案。否则，将可能因为事故现场的破坏或关键证据的灭失导致权利人举证不能，造成理赔困难，并且有关权利人应承担由于通知迟延致使公司增加的查勘、检验等项费用。

2. 报案方式。（1）上门报案：可以由申请人自己直接上门报案。（2）电话（传真）报案：客户因故无法上门报案的，也可以通过电话、传真等现代通信工具向公司报案。（3）营销员转达报案：随着营销员服务理念的不断提升，在客户发生保险事故后，营销员可以在慰问客户时了解客户出险情况，在得到客户认可后向公司转达报案。

3. 报案内容。（1）出险的时间、地点、原因。（2）被保险人的现状及就诊医院。（3）被保险人姓名、保险单号码、投保险种、保额、投保日期。（4）联系电话、联系地址。

4. 及时报案的重要意义。（1）可以提高理赔时效，有利于客户尽快得到保障；（2）避免事故证据材料的丧失；（3）有利于得到公司的积极配合从而使损失最小化；（4）公司的关爱体现保险的价值。

5. 迟延报案的可能后果。（1）不利于索赔材料的及时收集。（2）可能会造成重要证明资料的丢失。(3) 因迟延报案可能增加的查勘费用需客户承担。(4) 事故性质认定的困难而使客户得不到应得的保障。

2. 索赔申请。公司对案件申请能否受理有一定要求。

(1) 确认保单的有效性：核赔人通过电脑系统确认该被保险人（或投保人）的保单是否有效。

(2) 理赔申请人资格的确认：理赔申请应由被保险人或受益人（权利人）提出。

(3) 填写理赔申请书：申请书要求逐项填写，内容真实、完整。

(4) 提交必要的索赔材料：根据出险人的责任类型，协助权利人提供必要的索赔材料。材料不全或缺乏有效性，核赔人将不会立案并会要求补充所需的材料。

【知识链接 5-12】

不同索赔项目应备的材料及获取途径

1. 不同的索赔申请需要哪些证明材料（以平安人寿为例，见表 5-1）

说明：(1) 如受益人委托他人代为办理理赔事宜请出具授权委托书、注明授权范围，同时提供代理人身份证明；(2) 受益人应提供资料原件；(3) 案件所需特殊资料由当地保险公司理赔部门解释。

表 5-1　　　　　　　　平安人寿保险公司的索赔证明材料

申请项目	应备资料	应备资料代码说明
意外医疗（门诊）	1、2、3、6、8、12	1. 保单
意外医疗（住院）	1、2、3、7、8、12	2. 人身险理赔申请书
住院医疗	1、2、3、7、8	3. 被保险人的身份证明
一般住院津贴	1、2、3、7、9	4. 被保险人的户籍证明
癌症住院津贴	1、2、3、7、9、10	5. 受益人身份证明和户籍证明
手术津贴	1、2、3、7、9、11	6. 门诊手册
重大疾病	1、2、3、7、10	7. 出院小结
防癌	1、2、3、7、10	8. 医疗费用收据原件
因患癌症的保费豁免	1、2、3、7、10	9. 医疗费用收据复印件
生命尊严提前给付	1、2、3、7、10	10. 重大疾病诊断证明书
疾病身故	1、2、3、4、5、6、7、13、15、16	11. 手术证明
因疾病身故的保费豁免	1、2、3、4、5、6、7、13、15、16	12. 意外事故证明
意外身故	1、2、3、4、5、6、7、12、13、14、15、16	13. 居民医学死亡证明书
因意外身故的保费豁免	1、2、3、4、5、6、7、12、13、14、15、16	14. 法医学鉴定书或医院鉴定诊断书
疾病残疾（高残或全残）	1、2、3、6、7、14	15. 户口注销证明
意外残疾（高残或全残）	1、2、3、6、7、12、14	16. 尸体处理证明
宣告死亡	1、2、3、4、5、17	17. 法院出具的宣告死亡证明文件

2. 索赔证明材料的获取途径

（1）人身险理赔申请书、授权委托书。在准备提出索赔申请前，可以向当地公司的理赔部门索要上述书面材料并认真填写，受益人亲笔签名。

（2）被保险人、受益人的身份和户籍证明。申请人在准备提出索赔时，应注意到身份证明与关系证明的准备。

（3）"门诊手册或门诊病历"的获得。客户在医院接受医疗服务时，医院会提供"门诊手册或门诊病历"和就医记录，应提醒客户保管好这些材料。

（4）"出院小结或出院记录"的获得。住院治疗的客户，应提醒客户在办理出院手续时要向其主治医生索要"出院小结或出院记录"，这是医院必须提供给病人的住院医疗证明。

（5）"重大疾病诊断证明书或医疗诊断证明书"的获得。如需"重大疾病诊断证明书"或"医疗诊断证明书"，一经诊断明确后，应提醒客户及时向主治医生索要，避免事后索要困难。

（6）"意外事故证明"的获得。客户发生意外事故时，应注意提醒准备"意外事故证明"材料，如意外车祸索赔应向交警部门索要"交通事故责任认定书"；意外被打伤或遭抢劫受伤应提供110报警或公安部门的"事故证明"等。

（7）"居民医学死亡证明书"的获得。客户若在医院内身故，应提醒家属保管好医院出具的"居民医学死亡证明书"，申请身故保险金时必须提供这份文件。

（8）"法医学鉴定书或医院鉴定诊断书"的获得。残废保险金的索赔必须提供残废鉴定证明，合法有效的残废鉴定证明可从司法部门或保险合同规定的医院获得。残废鉴定原则上由客户自行到上述部门进行并得到证明材料，只有当保险公司对鉴定有异议时才会要求重新鉴定。

（9）"户口注销证明"的获得。居民死亡后必须由其亲属到当地派出所进行户口注销，户口注销后派出所会出具一份3联式的"户口注销证明"，向保险公司提出身故保险金索赔时应提供其中的一联。

（10）"尸体处理证明"的获得。城镇居民身故后多是就地火化，尸体火化后殡仪馆会出具一份"火化证"，这可作为"尸体处理证明"；农村居民身故后实行土葬的，可由所在地村委会或当地派出所出具"土葬证明书"。

（11）"宣告死亡证明书"的获得。对于因失踪而推定被保险人"死亡"的案件，可告知家属向当地法院申请被保险人"宣告死亡"，经法院公告和法律规定的等待期后，法院会作出"宣告死亡判决书"。

3. 案件立案。接案人员收到申请人提交的理赔申请书及相关证明材料后，审核理赔申请书填写是否符合要求，证明材料是否齐全；报案时未能确定出险人身份的，应进行出险人身份确认，并对立案审核结果作如下处理。

（1）符合立案条件的，进行立案登记。

（2）证明材料不齐的，向申请人说明原因，并一次性通知其补齐证明材料。待证明材料齐全后，重新审核、立案。

（3）对审核过程中发现的、申请人尚未申请理赔的、公司应承担保险责任的保险合同，应告知申请人补交相关证明材料。待证明齐全后，进行立案登记。

以下案件不予立案：
（1）发生事故者不是保单所载明的被保险人；
（2）保险事故发生时保险合同已经失效；
（3）其他不符合立案条件的案件。

【知识链接 5-13】
立案必须符合的条件

1. 保险事故确已发生。保险事故是否发生是决定是否立案的首要条件，《保险法》第十六条规定："保险事故是指保险合同约定的保险责任范围内的事故。"《保险法》第二十七条规定："未发生保险事故，被保险人或者受益人谎称发生了保险事故，向保险人提出赔偿或者给付保险金请求的，保险人有权解除合同，并不退还保险费。"营销员在一线展业，对客户情况比较了解，当对事故有疑问时有必要提醒客户注意遵守法律，切不可明知有诈还故作不知，造成不可挽回的后果。

2. 事故者是保险单上的被保险人或投保人。事故者是否是保险单上的被保险人或投保人在有些保险单上容易出错。保险营销员一旦了解情况后应及时向客户说明，以免无效受理造成客户不必要的不满情绪。

3. 在保险合同有效期内发生保险事故。对1年期或定期险来说，保险事故是否发生在保险合同有效期内是非常重要的。应依据保险合同上保险期间和事故发生日确定事故是否发生在保险期间内，从而判断是否应予以支持。

4. 理赔申请在保险法规定的时效之内。我国《保险法》第二十六条规定："人寿保险以外的其他保险的被保险人或者受益人，向保险人请求赔偿或者给付保险金的诉讼时效期间为二年，自其知道或者应当知道保险事故发生之日起计算。人寿保险的被保险人或者受益人向保险人请求给付保险金的诉讼时效期间为五年，自其知道或者应当知道保险事故发生之日起计算。"在客户发生保险事故后，应提醒客户注意理赔申请时效，对超时效的理赔申请即使属保险责任，保险公司也不会予以立案。

4. 审核调查

（1）理赔审核。理赔审核是指核赔人审定保险事故及保险责任的行为与过程，是正确给付理算的基础。审核的项目主要有：①保单状况的审核：通过内部电脑系统可以很方便地确认保单的有效性。②被保险人和保障范围的审核：实行这一步骤是为了确定保险人的责任范围和公司应承担的责任，有利于保护公司免遭骗赔和错误理赔，如家庭单中被保险人的认定等。③索赔材料和事故性质的审核：对索赔材料有效性、合法性的认定有利于确定事故的性质和公司应承担的责任范围。④确定损失：遵循保险条款，保护合同双方的利益。⑤确定保险金给付受领人：医疗费用和残废保险金给付按保险条款规定支付给被保险人本人，公司不受理指定；死亡保险金给付必须根据保险合同约定和法律规定支付给正确的受领人。

（2）理赔调查。理赔调查是寿险理赔过程中的一个组成部分，但不是寿险理赔的必经程序，单证齐全、证明材料充分、保险责任明确的案件可以不调查；对于某些赔案来说，案件调查则是一个重要的步骤。在大多数的情况下，核赔人是根据理赔申请书和索赔材料来评估、审核赔案的。只有当核赔人有理由对索赔的某一方面产生怀疑时，才会要求进一步的信息来帮助作出理赔决定；因此，理赔调查的目的不是为了直接确定是否赔偿，而是为作出结论提供必要的信息。

理赔调查的基本原则是迅速及时、实事求是、遵守法制、保守秘密。下列案件必须进行调查：

①需要查勘、提取、保全现场痕迹及物品的案件；
②同一保险事故死伤3人以上或在当地有重大影响的；
③预计身故给付5万元、残疾给付3万元、医疗费用型1万元、津贴型住院15天以上的；
④事故者意外身故或人寿保险合同（长期险）订立后2年内身故，且预计给付或豁免金额在1万元以上的案件；
⑤难以用客观指标、仪器确定残疾（盲、聋、失语等）的；
⑥重大案件赔付后需要继续追踪的；
⑦存在恶意投保、保险欺诈、保险犯罪或其他责任免除可能的；
⑧其他确有调查必要的案件。

5. 理算。理算是指理赔人员在核定保险责任的基础上对于应承担保险责任的案件计算保险金给付金额的行为与过程。除依据法律规定和合同条款外，理算时还应注意以下内容：

（1）当月保费未缴清者，应扣除；
（2）借款本息未还者，应扣除本息；
（3）已预付部分保险金的，应扣回；
（4）有预缴保险费的，应退还；
（5）特定条款规定项目和金额的扣除，如费用型医疗保险条款规定对社保规定范围以外的项目、已从社保或他处得到医疗费用补偿的金额及不合理医疗费用等均不予给付。

6. 结案处理

（1）通知权益人领款。当保险公司对申请人提供的理赔申请资料审核完毕，并作出给付决定时，通过电话、短信通知或寄发理赔领款通知书。此时，保险合同载明的相关权益人便可凭本人身份证件及其他证件到公司办理领款手续。当前，为了切实保障客户的利益，保险公司一般建议选择通过银行转账领取赔款。

当有多个权益人时，每个权益人只能领取自己的那份保险金；在没有其他权益人的委托书时，是不能代为办理领款手续的；通过银行转账领取赔款的，保险公司只能将保险金转入相应被保险人、受益人或法定继承人本人账户中。

（2）拒付处理。若事故不属于保单载明的保险责任或属于免责条款及特约条款中载明的事项，保险公司一般会在核定拒付后 3 个工作日内，向申请人发送拒绝给付保险金通知书。常见的拒赔原因主要有如下 6 种：①未履行按期交纳保险费的义务；②未履行如实告知义务；③事故不属于保险责任范围之内；④所签寿险合同为无效合同；⑤保险事故发生在免责期；⑥缺少必要的索赔单证、材料。

第三步　协助客户做好索赔工作

1. 及时报案，如实反映案情。被保险人在保险有效期间内出险，营销员应督促客户及时向公司报案，并如实反映案情。重大案件要求即时报案。

2. 不轻易向客户承诺。理赔是一个专业性很强、责任重大的工作。客户出险报案时，营销员要热情为客户服务，但在公司对赔案未作出理赔决定之前，不能代表公司向客户作任何承诺，并提醒客户注意以下两点。

（1）客户出险后，必须到公司指定医院治疗（未经本公司书面同意，不得到非指定医院或疗区治疗），否则，公司不负赔偿责任。

（2）客户在治疗时必须提示医院按公费医疗管理部门的规定进行治疗和用药，对于公费医疗管理部门规定的自费项目和药品，公司不负赔偿责任。

3. 提请客户备齐索赔申请材料。营销员应协助理赔部门主动帮助客户备齐索赔材料。同时，要提请客户在法定时间内申请理赔。

4. 帮助客户申请理赔。客户在治疗结束后，营销员要帮助客户申请理赔，帮助客户填写理赔申请书、理赔材料交接凭证、资格确认表等各项理赔材料。但是，授权委托书及理赔申请书一定由权利人亲笔签字。

5. 做好理赔时效的解释工作。平安人寿保险公司的理赔时效为：简易案件 3 个工作日内结案；一般案件 10 个工作日内结案；特殊案件 60 个工作日内结案（理赔时效扣除节假日）。

特别说明：根据《保险法》第二十五条，保险人自收到赔偿或者给付保险金的请求和有关证明资料之日起 60 日内，对其赔偿或者给付保险金的数额不能确定的，应当根据已有证明和资料可以确定的数额先予支付；保险人最终确定赔偿或者给付保险金的数额后，应当支付相应的差额。

6. 及时通知客户领取保险金。理赔案件结案后，营销员要协助理赔部门及时通知客户领取保险金，并告知客户领取保险金所需证件等事宜。

7. 保护客户的个人隐私权。保护客户的个人隐私权是尊重客户，维护公司和个人信誉的重要保证，营销员不能以任何理由或方式向公众透露客户的个人隐私。

8. 协助公司做好拒付案件解释工作。拒付案件大致分为几种类型。

（1）事故不属于保险责任。比如意外伤害险保险条款责任，如果被保险人发生了疾病残疾就不属于保险责任。

（2）事故属于除外责任。比如意外伤害险保险条款责任，如果被保险人发生车祸而被保险人属于无照驾驶，则属于除外责任。

（3）如果赔偿违反保险原则。如果被保险人带病投保而没有履行如实告知义务，投保2年内出险要求赔偿则违反了保险最大诚信原则。

（4）医疗险补偿型保险重复投保。意外医疗、住院医疗属补偿型保险，在多家公司投保或在一家公司投保多份医疗险，其医疗赔付额以实际损失为限，且提供原始发票是赔付的必要条件。

（5）保险欺诈案件。当您的客户被拒付时，首先，要了解拒付的依据；其次，要对客户阐述清楚不能理赔的原因，要让客户了解公司的拒付是依据合同和法律作出决定，并协助理赔人员做好拒付客户的安慰工作；最后，要让客户了解更多的理赔知识，以使客户最大限度地得到其应有的保障，更加信赖公司。营销员串通客户参与保险欺诈或引导客户逆选择等违规行为，理赔部门将提交公司业务品质评议委员会作出处罚决定；情节严重将提交司法机关处理。只有客户诚实投保，才能顺利理赔。

【知识链接 5-14】

协助客户理赔时，营销员应遵循的原则

1. 站在公正立场，不参与作假，不介入案情。有些营销员为了让客户得到赔款主动教客户作假、直接介入案情，一旦被查出，客户多数将责任推到营销员身上。

2. 保持清醒头脑，不要被收买。有些客户为了达到骗保或骗赔的目的，有意收买营销员，答应事成之后有好处，但一旦事情败露，又出卖营销员。

3. 对客户提出的是否可以赔付、赔付多少，不要作承诺。因客户出险后大多数想知道能否得到赔付，这时，营销员需要向客户解释，能否赔付需要理赔人员进一步核实，属于保险责任的一定能够得到赔付。

4. 认真学习理赔相关知识，为客户提供热情周到的服务。客户出险后一般会先通知营销员，营销员得到消息后应及时向公司报案，并告知客户应保留理赔材料。

四、知识拓展——人身保险理赔技术要点

1. 确定保险事故是否发生。报案人员通常以索赔者报告的形式通知被保险人已经死亡，索赔者报告也称索赔申请单。收到索赔报告后，理赔人员便收集信息以证明保险事故是否发生。通常最有力的证明是死亡证明，死亡证明是公认的死亡证明文件。在我国，死亡证明指明了死亡的原因，由医院出具。除死亡证明和索赔申请单外，有时理赔人员还会向被保险人生前的主治医师索取主治医师报告。如果被保险人在可抗辩期内死亡或死于意外，还可能需要验尸报告。

2. 确定是否属于保险责任。（1）保险事故是否发生在保险期内。被保险人的死亡若发生在签发保单之前或保险合同结束之后，保险公司当然不负保险责任，依照保险条款和索赔材料对此进行判断是比较容易的，关键是看是否存在道德风险。（2）被保险人的死亡是否属于除外责任。

3. 计算给付金额

（1）基本死亡保险金。基本死亡保险金即保险单面额，通常保单面额等于基本死亡保险金。但当有年龄误告需调整、有贷款未偿还等情况时，死亡保险金的数额就会发生

变化。

（2）对基本死亡保险金的扣除额。从基本死亡保险金中应扣除的有宽限期内到期未缴的保费、未偿还的贷款及利息等。

（3）附加于基本保险金之上的金额。附加于基本保险金之上的金额包括：意外死亡给付，它是通过意外死亡给付附约的形式为被保险人提供一个在保单面额之上附加死亡给付，代价是支付给保险人意外死亡附加保费；未分红的保单红利；留置在保险公司的累积红利及利息。

（4）年龄误告调整。在核赔时，理赔人员要核实已故被保险人的年龄，以确定所缴纳的保费是否准确地反映了保险人所承担的风险。核实的信息来源包括身份证、户口簿以及被保险人的子女的年龄、被保险人的退休日期等。发现年龄有误时，应根据所缴的保费计算按其真实年龄所能购买的保险保障，即保险金额。

4. 给付保险金。在大多数情况下，将死亡保险金支付给被保险人指定的受益人，赔案即告结束。但也时常出现一些问题，需要理赔人员去解决。

（1）受益人的问题。如果未指定受益人，则应将保险金支付给被保险人的法定继承人；如果受益人死亡又未指定另一受益人，则视同未指定受益人；如果受益人丧失受益权，处理方法同上；如果受益人失踪，则通常以受益人所居住地区的法律处理；如果受益人变更，则以变更后的受益人为准。

（2）需要特别处理的赔案。①相冲突的索赔者。如果有来自两方或多方的索赔者领取保险金，理赔人员应该依保险条款办事，并向他们提供有关该赔案的完整信息，把道理讲清楚。假如索赔者不接受，则可以启用法庭裁定给付，即将保险金呈交给法庭，由法庭裁定恰当的保险金受益人。②共同财产。有关共同财产的法律规定，配偶任何一方都有权均分另一方在婚姻期间所得的收入和财产，若配偶一方在婚姻期间为自己购买了寿险，其以家庭收入支付保费，则该保单被认为是共同财产。所以，若该保单的受益人为保单所有人的配偶，则该保险金是该配偶的独立财产；若该保险金为被保险人的遗产，则应该视为共同财产。③离异。在世界上的大多数国家，夫妻离异并不改变其配偶作为受益人的指定，但在美国的一些州的离婚成文法，却规定离异后自动撤销原配偶的受益人资格，除非在离异后或在离婚裁决中重新将原配偶指定为受益人。④同时死亡。被保险人与受益人同时死亡，且无法确定死亡的先后顺序时，保险人假定受益人死于被保险人之后。

5. 拒赔。以下情形保险人可以拒赔：死亡发生在保险期限之外；死亡发生在可抗辩期内，而且在投保时有重大不实告知；在免责期内自杀；在意外伤害险中，死亡不属于意外。

五、能力拓展

练习：河南新密人张某，分别于 2005 年、2006 年参加×××保险公司的某终身保险、分红保险等，共计风险保额 140.88 万元。2009 年 2 月 25 日下午 6 时许，被保险人驾车从郑州返回新密，行驶到一高速大桥处时，后方车辆与其追尾后发生车祸，被保险人经医院抢救后无效死亡。2009 年 2 月 26 日接到报案后，鉴于案情重大，×××保险公司一方面安排专人前往客户家中慰问；另一方面要求调查人员尽快查明案件情况，协助客户办理理赔手续。2009年4月19日，其受益人在保险营销员的协助下准备好各项理赔证明后向×××保险公司提出理赔申请。此案件的金额较大，根据保险公司权限的设置需报总公司进行审批，尽管层层审批耗时较多，但保险公司在案件调查充分、事实清楚的前提下，于2009年4月28日不到10天时间按条款约定赔付身故保险金140.88万元。

因为保险公司重合同守信用、积极主动为客户服务的行为使客户感动，客户在领取保险金时主动投保了保额40万元的保险。

1. 出险后的理赔需要准备哪些证明材料？理赔的基本流程怎样？
2. 谈谈你对及时、主动地做好理赔服务对保险营销的重要性的理解。

模块 4
评价保险营销绩效

一、学习目标

通过本模块的学习，学生应认识保险营销绩效评价的作用，了解保险营销绩效评价的内容和方法，掌握保险营销绩效评价的程序。

二、工作任务

了解保险营销绩效评价的功能，掌握保险营销绩效评价程序，结合具体情况，设计适当的评价指标体系。

三、实践操作

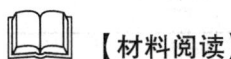【材料阅读】

过程与结果并重——保险电话营销绩效管理

随着国内保险电话营销业务的广泛开展，对于保险公司来说，无论是采用公司自建的运作模式或是外包提供商的服务模式，目前均面临缺乏成熟行业经验借鉴的问题。保险电话营销中对TSR的绩效管理工作，成为业内普遍关注与交流的重点之一。

从目前各保险公司的电话营销业务开展状况来看，其绩效管理工作重点普遍落实在对电话营销人员最终销售业绩的定期考核上，呈现出一种重视结果管理而忽略过程管理的绩效管理倾向。

一、结果绩效管理模式及问题所在

在目前的绩效管理模式下，管理人员主要通过对月底报表的统计分析，以TSR的月度保单数量和销售额为决定性的考察指标,把握整个营销团队以及个人的绩效状况,从而制订下一阶段的营销计划。在结果目标管理体系中,这种只注重业绩结果考察的绩效管理模式具有一定的普遍性,但同时存在片面和粗放的一面。

1. 在营销业绩发生急剧变化的情况下,对于营销管理人员来说,如果缺乏平时对整个营销过程的全程监控,那么将难以迅速找出业绩下滑的原因所在。其间,不仅会涉及时间成本、资金成本等问题,同时还将延误相关解决方案的出台,对项目的正常运转产生一定的影响。

2. 由于员工个体之间存在入职状况和成长周期的差异,每个员工的营销技巧各有不同,单从最终销售业绩进行数字考核,难以发现导致业绩发生逆转的不同原因所在。

3. 结果指标绩效管理会一定程度上将诱导 TSR 为了从数量上达到业绩指标要求,从而单纯地依靠电话营销的概率销售来实现相关业绩指标,忽视了客户培育以及关系营销。

结果表明,从一个较长周期来看,单纯的结果 KPI 考核会严重降低营销业绩质量,并且在一定程度上造成数据资源的浪费以及运营成本的增加。

二、过程与结果并重的绩效管理模式及运作

对于保险电话营销的绩效管理,不仅要重视销售业绩的结果考察,同时要注重过程管理,达到保险电话营销绩效管理的结果与过程并重。在结果绩效管理中,管理人员从 TSR 每月的保单销售数量、销售业绩、投入产出比等结果 KPI 对员工绩效进行评定,具体结果以相关报表形式进行呈现。但是,造成结果优劣的深层次原因却无法通过这些书面的数字得以充分说明。在数字背后,销售业绩的好坏其实是营销人员工作态度、销售技巧、综合能力等多种因素共同作用的结果,是过程对结果的影响。

因此,在电话营销的绩效管理中,对运营过程的绩效把握可以从营销人员的工作态度、销售技巧、综合能力三个方面进行相关的过程 KPI 制定,形成更为具体的考核指标,以便为员工的周期绩效考核提供定性和定量的分析依据。具体过程 KPI 制定见表5-2。

表5-2　　　　　保险电话营销过程 KPI 指标分类表

分类	影响因素	考核指标	描述
定量统计	工作态度	呼出量	每日陌生客户拜访量
		在线时长	每日通话时长
	销售技巧	预约率	预约客户数量/每日陌生客户拜访量
		拒绝率	拒绝客户数量/每日陌生客户拜访量
		弃单率	口头承诺购买却中途放弃客户量/每日陌生客户拜访量
		投诉率	客户对 TSR 工作的不满意投诉
定性评分	综合能力	脚本执行能力	监控通过在线监听及录音抽测进行评分
		客户需求相应能力	
		客户满意度	定期客户回访的调查评分

在形成了具体的过程 KPI 考核体系，整个电话营销的运营过程变得更为可控和有序，管理人员可依据每一较短周期甚至每天的过程 KPI 数值显示状况，及时发现问题所在并采取相关措施予以解决。

1. 从概率销售的角度来看，要挖掘出一定规模的具有明确保险需求的客户群体，要求 TSR 必须达到一定的呼出量和在线时长以提供量的保障。同时，电话营销还具备客户培育的一面。客户培育工作进行的好坏，可以直接从营销人员最终成功量与期间数据使用量的比率得到体现，严格控制这一比率，有利于加强数据管理和成本节约。

2. 营销过程中预约率和拒绝率的高低则较好地反映了销售技巧水平，过高的比率表明营销人员无法在陌生拜访中降低客户警觉性，难以引起潜在用户的共鸣并建立长久联系。此时，必须及时开展针对相关员工的销售技巧培训。

3. 弃单率是口头承诺购买却中途放弃的客户量与每日陌生客户拜访量的一个比率。造成弃单率过高的主要原因包括 TSR 对客户口头承诺的曲解以及客户及时跟进工作的疏忽两个方面。因此，TSR 首先必须明确客户的真实反应，积极引导客户明确其保险需求。在客户已口头承诺购买保险产品的前提下却最终失去了该客户，对于背后所涉及的与客户保持适时的沟通，对客户进行积极的正面引导，为客户提供完善的服务等工作应得到重新审视。

4. 最后，要对营销人员的综合能力有一个全程的把握。加强项目 QC 的现场监管工作，重点考察脚本执行能力以及现场反应能力，对录音抽测进行及时的问题总结，避免引起操作不当而造成的失误。此外，对于营销人员的绩效管理，除了从其自身的各项表现进行考核，被访客户的满意度评价也将是员工绩效一个较好的侧面评估。

总之，绩效管理在保险电话营销管理中处于一个核心地位，对充分发挥和调动营销人员的工作积极性、提高整体绩效起到非常重要的促进作用。绩效管理是一项持续而系统的管理行为，对业务运营过程的绩效管理和最终销售业绩的考核具有同等重要的地位，应该贯穿于公司经营管理工作的全过程。结合赛迪呼叫多年来保险电话营销管理的实践经验，这种过程与结果并重的员工绩效管理模式对于提升营销团队的整体绩效水平效果显著。但是，对于不同的项目执行以及处于不同职业成长周期的员工个体，在绩效管理中，具体的管理模式和结果或过程 KPI 设定将会有所区别。赛迪呼叫将在今后的管理理实践中，不断加强成功经验的积累，期待有更多与大家共享。

（资料来源：http://www.51callcenter.com/newsinfo/159/5460/。）

思考与讨论：对于电话营销来说，结果绩效管理模式存在哪些问题？应采用什么样的绩效管理模式？这种绩效管理模式有什么优势？

保险营销绩效评价就是对营销渠道、部门及其员工的工作状况和结果进行考察、测定和评价的过程。利用营销业务发展的信息，通过绩效评估系统，对营销发展作出评价，有利于采取措施纠正偏差，保证营销目标的顺利实现。

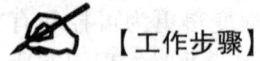
【工作步骤】

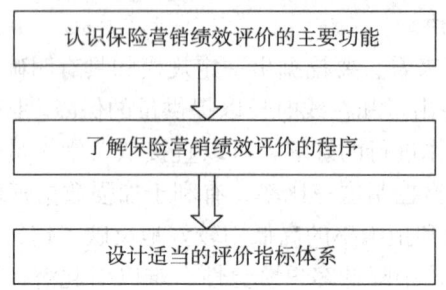

第一步　认识保险营销绩效评价的主要功能

保险营销绩效评价是促进保险服务工作、提高行销效率的重要手段，其主要功能体现在：

1. 控制功能。通过考评，为营销管理提供一个客观公平的标准，并依据这个考评的结果决定员工和部门的晋升、奖惩、调配等。

2. 激励功能。考评能产生一定的心理效应，起到激励、督促的导向作用。通过考评，无论对成绩突出者还是落后者，都会起到鞭策他们尽心竭力完成任务的作用。

3. 开发功能。绩效考评是按已定的绩效标准进行的，考评结果显示的不足之处就是培训需求。

4. 沟通功能。管理者把考评的结果反馈给被考评的员工和部门，听取他们的申诉和看法，提供了领导和员工之间的沟通机会，有利于增进领导和员工相互之间的了解。

第二步　了解保险营销绩效评价的程序

保险营销绩效评价的程序包括以下六个步骤。

1. 选定评价主体，即确定是由营销管理者自我评价还是由企业内部的相关部门进行评价。

2. 选定评价时间，即评价的次数、每次评价的具体时间及各次评价的间隔时间。

3. 界定评价范围，即确定是对营销活动的全部内容（包括产品、费率、促销、销售渠道的组合）进行评价，还是就营销活动的某一方面（如促销方面）进行深层次分析。

4. 设计评价表格，列出评价的范围以及进行评价要了解的详细内容。

5. 进行评价工作，提出评价报告，揭示实质性问题并提出建设性意见。

6. 将评价报告提交有关部门。

评价表格可参考表 5-3、表 5-4。

表 5-3　　　　　　　　　　　　　营销人员评价表

职位	员工姓名		评价时间		
指标类型	评价指标	分数	评价主体	得分	合计
业绩情况	客户购买率	20	直接主管		
	客户需求满足率	10	客户		
	佣金收入	20	直接主管		
业务能力	访问计划	10	直接主管		
	访问准备	5	直接主管		
	接近客户技巧	5	直接主管、客户		
	沟通技术	5	直接主管、客户		
	时机把握	5	直接主管、客户		
专业知识	行业知识	5	直接主管、同行		
	消费心理	3	直接主管、同行		
	宣传广告	3	直接主管、同行		
	市场调查	4	直接主管、同行		
态　度	全局观念	2	直接主管		
	市场观念	1	直接主管、同行		
	成本观念	1	直接主管、同行		
	自我开发意识	1	直接主管		
合　计		100	最终得分		

表 5-4　　　　　　　　　　　　　销售队伍效率评价表

指标类型	分配标准	评价指标	分数	得分
人员数量	根据各地客户所需的销售时间和客户量配置	客户数	10	
		拜访所需时间	10	
		拜访频率	5	
人员质量	1. 业务员能力应与当地主体客户能力及要求一致 2. 各地均应配置具有梯队结构的营销人员队伍	销售工作年限	5	
		对客户的熟悉程度	10	
		销售技能	20	
		指导技能	5	
时间分配	有效销售占总工作时间的比例	有效工作时间	10	
销售预算	根据客户销售活动所需成本及客户量配置	客户获取成本	5	
		客户维持成本	10	
网点建设	根据当地市场潜力及网点功能设计配置	市场规模	5	
		增长率	5	
合计			100	

第三步　设计适当的评价指标体系

目前的销售和利润业绩并不一定能完整反映营销效益，营销中的广告、促销、销售队伍管理等方面的工作，都有一个一定时间、一定空间和一定规模的绩效问题，也就是营销的投入与产出比率。一个公司或一个事业部的营销效益可以从营销导向的五种主要属性上反映出来，即客户哲学、整合营销组织、充分的营销信息、战略导向和工作效率。对每一种属性都加以衡量，则可以得出营销效益评分。

【知识链接 5-15】

保险营销绩效评价的主要指标及
影响指标值的相关因素

1. 保险营销绩效评价的主要指标

（1）总体营销方向。包括过去、现在与未来财务业绩数据，如新单保费、续期保费、市场份额、契约失效率等，根据销售目标衡量和评价实际销售业绩。

（2）营销市场。公司要辨别主要的市场，并判定其对市场进行渗透的有效性，这主要是通过人均保费、件均保费等指标来判断。

（3）产品。包括公司营销人员推销的产品是什么，公司险种组合的趋势是什么，各险种的保费收入是多少等指标。

（4）销售渠道。包括各种销售渠道的营销业绩如何，发展趋势是什么，专属代理人的忠诚度如何等指标。

（5）营销费用—销售额比率。营销费用是指从事营销活动的各种职能所发生的费用支出，如广告、营销调研、促销等支出。营销费用与销售额的比率是指营销费用与销售额之间的比率。通过营销费用与销售额的比率分析，能使营销管理者确定各营销职能领域在促销中的费用情况，从而找出潜在的经营问题。

（6）补偿。对各类营销人员的激励补偿情况。

（7）培训。为各销售渠道提供的各种培训情况、培训的效益状况、投入产出比。

（8）营销队伍效率。如每位营销人员平均每天进行销售访问的次数，每次销售访问平均所需时间，每次销售访问的平均收入，每次销售访问的平均成本。

2. 影响指标值的相关因素。保险营销绩效评价不仅需要进行上述指标计算测定，还需要进行相关定性分析，对影响指标值的相关因素进行全面评价。

（1）营销市场份额分析。本企业的销售业绩并不能代表公司相对于竞争对手的绩效情况，因而在营销管理中必须追踪营销的市场份额。衡量营销业绩的好坏，不仅要着眼于企业自身销售业绩的增减方面，而且必须综合分析市场竞争的变化与竞争对手的变化。营销市场份额分析包括对潜在营销市场份额、有效营销市场份额、合格营销市场份额与已渗透营销市场份额的分析。

（2）客户满意度追踪分析。这是一种定性的营销控制手段，是通过专门的机构来追踪客户对本企业产品及服务态度的一种分析方法。通常采用的方式有：意见和建议制度,即收集来自保户的各种口头和书面意见与建议,将其汇总并进行相应分析,制定出相应措施;客户调查,即定期向随机抽取的客户进行问卷调查,将有关信息反馈给营销管理者;客户固定样本调查小组,即选定某些客户作为固定调查对象,让他们定期通过电话或信函陈述对服务或产品的看法。

(3) 客户服务质量测定。通过测定服务人员为客户提供服务的速度、频率以及准确程度等来对客户服务工作进行评价。常用测评内容包括:一是处理工作的时间,即完成客户服务所用的时间。处理客户服务工作时间的长短反映了保险公司对客户要求的敏感程度,可以体现出保险公司对客户的重视程度,处理客户服务工作所用的时间越少,客户对保险公司的满意度也就越高。二是电话等待时间,即客户等待公司客户服务人员给予帮助的时间,电话等待时间越短,客户服务工作的效率越高。三是已完成业务数量,即在一定时间内客户服务工作人员完成的客户服务工作的数量,该数量的多少是客户服务工作效率高低的重要表现。四是差错率,即在处理客户服务工作中出现差错的比率,它是衡量客户服务工作质量的重要标准。五是投诉率,即由于对客户服务工作不满而进行投诉的数量在所在客户服务总数中所占的比率。

四、知识拓展——KPI 指标法

1. 定义。企业关键业绩指标(key performance indication,KPI)是通过对组织内部某一流程的输入端、输出端的关键参数进行设置、取样、计算、分析,衡量流程绩效的一种目标式量化管理指标,把企业的战略目标分解为可运作的远景目标的工具,是企业绩效管理系统的基础。KPI 可以使部门主管明确部门的主要责任,并以此为基础明确部门人员的业绩衡量指标。建立明确的切实可行的 KPI 体系是做好绩效管理的关键。

2. 来源。KPI 指标与 CSF(critical success factor)同为衡量和评价企业目标的工具,CSF 是指组织内外部环境因素,对组织实现既定目标有主要影响。KPI 是可以度量的标准,用来衡量组织绩效是否达到 CSF 标准。每个 CSF 可以拥有多个 KPI。

3. 演变。CSF 由麦肯锡公司的 D. 罗纳德·丹尼尔在 20 世纪 60 年代提出,80 年代,斯隆管理学院的 Jack F. Rockart 对这些概念进行提炼加工,实现了大众普及。

4. 应用。首先,明确企业的战略目标、找出企业的业务重点。这些业务重点是评估企业价值的标准。确定业务重点以后,再找出这些关键结果领域的关键业绩指标(KPI),将这些关键业绩指标定为企业级 KPI。其次,各系统的主管对相应系统的 KPI 进行分解,确定相关的要素目标、分析绩效驱动因数(技术、组织、人)、确定实现目标的工作流程、分解出各系统部门级的 KPI,确定评价指标体系。最后,各系统的主管和部门人员将 KPI 进一步细分,分解为更细的 KPI 及职位的业绩衡量指标,这些业绩衡量指标就是员工考核的要素和依据。

在设计绩效指标时必须注意几个重点:(1)绩效指标设定,最好不超过 7 个。(2)绩效指标分解,必须从公司战略目标层层分解到部门及岗位。(3)绩效指标权重必须依照公司对于各部门侧重的工作重点不同而有所差异。(4)绩效指标定义及目的必须详细说明。(5)绩效指标设定必须依照工作层级、性质不同而有所差异。(6)绩效指标考核标准必须详细说明分数计算方法及规则。

五、能力拓展

练习：设计营销绩效评价指标体系，评价营销绩效。

假如你是某保险公司的一名营销内勤管理人员。现在1年中的第二季度即将过去，公司要求对该季度的营销绩效作出评价，为下季度营销工作任务指标的修正提供依据。经理让你负责本季度营销绩效的评价工作。

要求：设计营销绩效评价指标体系，进行本季度营销绩效评价工作。

参考文献

[1] 杨华书、徐平：《保险营销实训》，北京，中国劳动社会保障出版社，2006。
[2] 秦仲阳：《保险行销技能训练课程》，广州，广东经济出版社，2005。
[3] 陈企华：《保险推销员口才技巧全书》，北京，中国纺织出版社，2002。
[4] 伍德：《保险行销人》，北京，中国城市出版社，1997。
[5] 王绪瑾：《保险学（第二版）》，北京，经济管理出版社，2001。
[6] 麦德思销售顾问中心：《保险业务员销售方法与技巧》，广州，广东经济出版社，2005。
[7] 姚海明：《保险营销理论与案例》，上海，复旦大学出版社，2002。
[8] 王淑英：《保险营销》，北京，中国人民大学出版社，2001。
[9] 张志廷：《保险市场营销指南》，北京，经济管理出版社，2000。
[10] 李星华、吕晓荣：《保险营销学》，大连，东北财经大学出版社，2005。
[11] 黄景清：《保险营销员成功营销宝典》，北京，中国经济出版社，2004。
[12] 万峰：《寿险销售技巧》，北京，中国金融出版社，2003。
[13] 徐昆：《保险市场营销学》，北京，清华大学出版社，2006。
[14] 菲利普·科特勒：《市场营销管理》，北京，中国人民大学出版社，2001。
[15] 张红霞：《保险营销学》，北京，北京大学出版社，2003。
[16] 林木雄：《保险公司打造强势品牌的战略选择》，载《中国保险》，2008（3）。
[17] 章金萍：《保险营销》，北京，中国金融出版社，2006。
[18] 尹文莉：《保险营销技巧》，北京，清华大学出版社，2009。
[19] 陈兰芬：《保险营销实务》，北京，电子工业出版社，2011。
[20] 田蕊：《保险客户服务》，北京，清华大学出版社，2011。
[21] 何惠珍：《保险基础》，北京，科学出版社，2010。
[22] 李先国、曹献存：《客户服务实务》，北京，清华大学出版社，2006。
[23] 李兵：《保险营销》，北京，中国金融出版社，2010。

高职高专金融类系列教材

一、金融专业基础课子系列

货币金融学概论	周建松	主编	25.00元	2006.12出版
货币金融学概论习题与案例集	周建松 郭福春等编著		25.00元	2008.05出版
国际金融概论	方洁 刘燕	主编	21.50元	2006.08出版
（普通高等教育"十一五"国家级规划教材）				
商业银行业务与经营	王红梅 吴军梅	主编	34.00元	2007.05出版
保险学基础	何惠珍	主编	23.00元	2006.12出版
金融市场实务				
证券投资概论	王静	主编	22.00元	2006.10出版
（普通高等教育"十一五"国家级规划教材/国家精品课程教材·2007）				
证券投资实训与实验				
（普通高等教育"十一五"国家级规划教材辅助教材）				
金融法概论	朱明	主编	22.00元	2006.08出版
（普通高等教育"十一五"国家级规划教材）				
金融企业会计	唐宴春	主编	25.50元	2006.08出版
（普通高等教育"十一五"国家级规划教材）				
金融企业会计实训与实验	唐宴春	主编	24.00元	2006.08出版
（普通高等教育"十一五"国家级规划教材辅助教材）				
合作金融概论	曾赛红 郭福春	主编	24.00元	2007.05出版
网络金融	杨国明 蔡军	主编	26.00元	2006.08出版
（普通高等教育"十一五"国家级规划教材）				

二、商业银行子系列

商业银行客户经理	刘旭东	主编	21.50元	2006.08出版
商业银行综合柜台业务	董瑞丽	主编	34.50元	2008.09出版
（国家精品课程教材·2006）				
商业银行综合业务技能	董瑞丽	主编	30.50元	2008.01出版
商业银行中间业务	张传良 倪信琦	主编	22.00元	2006.08出版
商业银行审计	刘琳 张金城	主编	31.50元	2007.03出版

三、国际金融子系列

新编国际金融	徐杰芳	主编	39.00元	2011.08出版
外汇交易实务	郭也群	主编	25.00元	2008.07出版
国际结算	靳生	主编	31.00元	2007.09出版
国际结算实验教程	靳生	主编	23.50元	2007.09出版

国际结算（第二版）	贺 瑛　漆腊应	主编	19.00元	2006.01出版
国际结算（第三版）	苏宗祥　徐 捷	编著	23.00元	2010.01出版
国际融资实务	崔 荫	主编	28.00元	2006.08出版
国际贸易与金融函电	张海燕	主编	20.00元	2008.11出版

四、保险子系列

人身保险	池小萍　郑祎华	主编	31.50元	2006.12出版
财产保险	曹晓兰	主编	33.50元	2007.03出版
（普通高等教育"十一五"国家级规划教材）				
保险营销	章金萍	主编	25.50元	2006.12出版
保险营销实务	章金萍　李 兵	主编	21.00元	2012.02出版

五、投资理财子系列

理财学（第二版）	边智群　朱澍清	主编	39.00元	2012.01出版
（普通高等教育"十一五"国家级规划教材）				
投资银行概论	董雪梅	主编	34.00元	2010.06出版
金融信托与租赁	蔡鸣龙	主编	30.50元	2006.08出版
公司理财实务	钭志斌	主编	34.00元	2012.01出版

六、金融素质教育子系列

金融应用文写作	李先智　贾晋文	主编	32.00元	2007.02出版
金融职业道德概论	王 琦	主编	25.00元	2008.09出版
金融职业礼仪	王 华	主编	21.50元	2006.12出版